新疆农村结构性贫困治理与乡村振兴统筹衔接问题研究

◎ 苏武峥　主编

中国农业科学技术出版社

图书在版编目(CIP)数据

新疆农村结构性贫困治理与乡村振兴统筹衔接问题研究 / 苏武峥主编 . --北京：中国农业科学技术出版社，2025.1. -- ISBN 978-7-5116-7304-6

Ⅰ. F323.8；F327.45

中国国家版本馆 CIP 数据核字第 2025755N81 号

责任编辑　崔改泵
责任校对　李向荣
责任印制　姜义伟　王思文

出 版 者　中国农业科学技术出版社
　　　　　北京市中关村南大街 12 号　　邮编：100081
电　　话　(010) 82109194 (编辑室)　 (010) 82106624 (发行部)
　　　　　(010) 82109709 (读者服务部)
网　　址　https://castp.caas.cn
经 销 者　各地新华书店
印 刷 者　北京虎彩文化传播有限公司
开　　本　170 mm×240 mm　1/16
印　　张　16
字　　数　261 千字
版　　次　2025 年 1 月第 1 版　2025 年 1 月第 1 次印刷
定　　价　80.00 元

◁━━ 版权所有·翻印必究 ━━▷

《新疆农村结构性贫困治理与乡村振兴统筹衔接问题研究》

编 委 会

主　　编：苏武峥

副 主 编：陈玉兰　包艳丽

参编人员：赵　鑫　蒋国伟　张利召　李琼诗
　　　　　丁建国　程红梅　许士东　李　志
　　　　　李云云　高　媛　摆　晶　孙　旭

序

在新中国成立以来的 70 余年发展历程中，中国共产党带领全国人民坚持不懈地开展反贫困斗争。反贫困方式由新中国成立初期的救济式扶贫，到改革开放之后的开发式扶贫，再到脱贫攻坚阶段的精准扶贫；反贫困目标从"温饱"到"基本小康"再到"全面小康"，扶贫工作取得了举世瞩目的成就。到 2020 年，全国脱贫攻坚战取得全面胜利，现行标准下近 1 亿农村贫困人口全部脱贫，贫困县全部摘帽，困扰中华民族几千年的绝对贫困问题得到历史性解决，让亿万群众摆脱了贫困束缚，书写了人类减贫史上的奇迹，为开启全面建设社会主义现代化国家新征程奠定了坚实基础。脱贫攻坚的胜利标志着以习近平同志为核心的党中央在团结带领全国各族人民创造美好生活、实现共同富裕的道路上迈出了坚实的一大步。但脱贫摘帽不是终点，而是新生活、新奋斗的起点。在向第二个百年奋斗目标迈进的新阶段，需要继续巩固拓展脱贫攻坚成果，接续推进乡村全面振兴，着力解决乡村发展不平衡不充分问题，不断缩小城乡区域发展差距，进而实现人的全面发展和全体人民共同富裕。实现第二个百年的奋斗目标任重道远。

反贫困治理是一项系统工程，帮助贫困地区改变贫困面貌，摆脱发展困境，帮助贫困人口提升自我发展能力，仅仅依靠个体、区域、民间等力量不足以实现贫困区域的整体性改变，需要国家强有力干预，需要实施国家战略和国家行动。而结构主义反贫困理论强调的就是国家的有效干预、政府的社会动员和资源再分配。脱贫攻坚至今，中国在国家反贫困治理过程中采取了有针对性的结构性"靶向治理"举措，有效缓解了中国农村多维结构贫困状况，在一定程度上重塑和建构了反贫困体系中促进和实现乡村持续发展的"有利结构",尤其是脱贫攻坚期间实施的一系列"超常规"反贫困治理举措,可以被视为对常规科层组织管理的一次有效突破。在巩固拓展脱贫攻坚成果、接续推进乡村全面振兴过程中,在区域发展、农业产业产、乡村社会福利、城乡融合、生态环境治理等诸多方面依然面临着一系列结构性衔接难点和挑战,迫切需要学界和业界深入开展农村结构性贫困治理与乡村振兴衔接问题的研究。

新疆的南疆四地州是国家原深度贫困地区,《新疆农村结构性贫困治理与乡村振兴统筹衔接问题研究》这本书以新疆南疆四地州为研究对象,立足于脱贫攻坚和乡村振兴"两大战略"衔接交汇期这一大背景,将结构性贫困治理与乡村振兴衔接统筹问题,置于南疆乡村丰富而生动的国家反贫困治理与乡村振兴的实践和多重复杂的政治、经济、社会、文化结构网络场景下,运用社会经济调查方法和手段,通过收集详实的一手经验材料和调查问卷样本,采用定性和定量相结合的分析方法,从农村结构性贫困视角,提出"贫困结构的解构(构成表现与形成机理)——结构性反贫困治理的解析(治理效应与衔接耦合)——结构性衔接治理体系的建构(衔接逻辑与实现路径)"总体研究架构。本书对新疆南疆农村结构性贫困现象、形成机理与成因进行了深入剖析,对反贫困治理效应、耦合衔接度进行了量化测评,从结构性视角系统建构了农村结构性贫困治理与振兴衔接逻辑和治理体系。

作者为支撑这本著作所进行的过程性、整体性研究不仅见证了中国脱贫攻坚全过程,而且对脱贫后的脱贫成果巩固拓展、衔接乡村全面振兴也进行了很好的探讨,还有助于我们更好地理解南疆地区复杂的社会经济文化结构。这本书中的研究结论和建议对持续深化和拓展农村结构性贫困和反贫困理论,推进乡村全面振兴具有较好的实践借鉴价值,对我国农村结构性贫困治理研究而言是一项不可或缺的重要补充。

2024 年秋季于北京

前　言

本书以新疆南疆四地州为研究对象，立足于脱贫攻坚和乡村振兴"两大战略"衔接交汇期这一大背景下，将结构性贫困治理与乡村振兴统筹衔接问题置于南疆乡村丰富而生动的国家反贫困治理与乡村振兴的实践和多重复杂的政治、经济、社会、文化结构网络场景下，运用社会经济调查方法和手段，通过收集详实的一手经验材料和调查问卷样本，采用定性和定量相结合的分析方法，从农村结构性贫困视角，提出"贫困结构的解构（构成表现与形成机理）—结构性反贫困治理的解析（治理效应与衔接耦合）—结构性衔接治理体系的建构（衔接逻辑与实现路径）"总体研究架构体系。旨在为南疆四地州推动乡村全面振兴，实现农业农村现代化提供新的思路和政策建议。

研究发现：（1）中国共产党的历代领导集体都高度重视反贫困工作，始终将反贫困工作纳入党和社会事业发展的全局加以部署推动。同时，通过脱贫攻坚战略的全面胜利完成，总结出一系列行之有效的脱贫攻坚好经验好做法，为当前和今后推动乡村全面振兴实践提供了重要经验借鉴。（2）在长期的历史变迁中，南疆四地州在空间地理、社会经济、公共服务、乡村治理等方面表现出多维度结构性贫困状况，且贫困结构之间与贫困结构内部有其内在的运行机理，存在相互建构、勾连、碰撞、叠加、演变和再生的特征。正是由于历史上长期存在的城乡二元社会结构、经济结构、治理结构等发展失衡而引发的资源性错配和连锁反应，最终形成的"结构性不利"带来了贫困问题。（3）新中国成立以来 70 余年反贫困实践一再证明，反贫困是一项复杂的系统工程，仅仅依靠个体、区域、民间等力量不足以实现贫困地区的整体性脱贫致富，需要国家强有力的干预，需要实施国家战略和国家行动。而结构主义反贫困理论强调的就是国家的有效干预、政府的社会动员和资源再分配。南疆四地州农村结构性反贫困治理，尤其是脱贫攻坚期间实施的一系列"超常规"反贫困治理举措，可以被视为国家对科层组织管理的有效突破。（4）本研究采用定性定量分析方法发现，脱贫攻坚以来，南疆在乡村发展、乡村建设、乡村治理和空间地理条件改善方面所采取的一系列结构性治理措施，对农户生计能力和乡村治理均具有显著的正向影响效应。2020年以来，南疆四地州结构性贫困治理与乡村振兴耦合协调状况由脱贫攻坚期间的中度失调类型向基本协调转变。但在巩固拓展脱贫攻坚成果、推进乡村全面振兴的过程中，南疆四地州统筹衔接过程中依然面临着诸多结构性衔接张力。（5）农村社会结构性治理是一项系统动态工程，在农村结构性贫困治理与乡村振兴过程衔接中，在脱贫攻坚阶段重点是"不利结构"的破解，消除绝对贫困问题；在巩固脱贫成果阶段重点是通过"有效治理结构"的拓展，防止出现规模性返贫问题；这两者属于扶贫工作体制范畴，遵循的主要是行政主导下的资源分配机制。在推动乡村全面振兴，实现共同富裕阶段重点是通过"有利结构"大规模建构的过程，促进城乡融合发展和农业农村现代化，实现共富共享，共同富裕；后两者属于农村工作体制范畴，遵守的主要是市场运行下的要素配置机制。总之，结构的含义不仅仅是要打破一些传统固有的不利结构，更要善于搭建一些新的有利结构，以实现由量向质的突破。换言之，在新的发展征程上结构主义不仅是用来分析问题的，更是要用来解决问题。（6）农村结构性贫困治理与乡村振兴统筹衔接，要科学把握从巩固拓展脱贫成果，到推进乡村全面振兴，最终实现共同富裕不同阶段的重点任务和推进时序，注重从空间地理、产业发展、公共服务、城乡融合、乡村文化等多维并举，多目标平衡，从接续性、根本性、长期性上一体化推进结构性治理衔接路径。同时，坚持系统观念，注重从观念上、主体责任上和保障体系等方面进行全方位衔接。

　　鉴于此，为推动南疆四地州农村结构性贫困治理与乡村振兴高效统筹衔接，本研究从建立低收入人口常态化帮扶机制，深入持续推进南疆农业供给侧结构性改革，加大产业链条化、融合化、集群化发展政策扶持，完善城乡融合发展机制、畅通城乡要素流动，深化社会帮扶机制、推动区域平衡协调发展，建立完善农民主体性培育机制、提升农户内生发展动力等方面提出应对策略。

编　者
2024 年 8 月

目 录

第1章 导 论 (1)
1.1 研究背景 (3)
1.2 研究意义 (5)
1.3 研究思路与内容 (7)
1.3.1 研究思路 (7)
1.3.2 研究内容 (8)
1.4 研究方法与技术路线 (10)
1.4.1 研究方法 (10)
1.4.2 研究技术路线 (11)
1.5 研究创新与不足 (11)
1.5.1 研究创新 (11)
1.5.2 研究不足 (13)

第2章 相关理论与文献综述 (15)
2.1 相关研究理论 (17)
2.1.1 结构性贫困相关理论 (17)
2.1.2 衔接相关理论 (20)
2.2 研究文献综述 (22)
2.2.1 农村结构性贫困研究综述 (22)
2.2.2 农村结构性反贫困治理研究综述 (30)
2.2.3 脱贫攻坚同乡村振兴衔接研究综述 (34)

第3章 农村反贫困历程与脱贫成效经验 (39)

3.1 农村反贫困历程 (41)
3.1.1 中国农村反贫困历程 (41)
3.1.2 新疆农村反贫困历程 (50)

3.2 脱贫攻坚取得的成效 (57)
3.2.1 中国农村反贫困成效 (57)
3.2.2 新疆脱贫攻坚成效 (61)

3.3 脱贫攻坚主要经验做法 (63)
3.3.1 坚持中国共产党对脱贫攻坚的集中统一领导,始终秉承以人民为中心的发展理念 (63)
3.3.2 充分发挥中国特色社会主义制度独特优越性,构建起全社会大扶贫治理格局 (64)
3.3.3 坚持"精准扶贫、精准脱贫"基本方略,是打赢脱贫攻坚战的制胜法宝 (64)
3.3.4 明确落实层层目标责任,发挥广大党员领导干部无私奉献和拼搏进取的大无畏精神 (65)
3.3.5 坚持开发式扶贫,将发展产业和就业作为实现脱贫的重要抓手 (66)
3.3.6 调动贫困群众脱贫致富的内生动力,激发各族群众越是艰险越向前的顽强意志 (67)

3.4 小结 (68)

第4章 新疆农村结构性多维贫困表现 (71)

4.1 空间地理环境 (73)
4.1.1 自然环境条件 (73)
4.1.2 交通区位条件 (75)

4.2 经济发展水平 (76)
4.2.1 区域经济发展 (76)

4.2.2　农业经济发展 ………………………………………… (78)
　　4.2.3　农户生计条件 ………………………………………… (79)
4.3　社会公共服务 ………………………………………………… (80)
　　4.3.1　农村基础设施 ………………………………………… (81)
　　4.3.2　农村教育水平 ………………………………………… (83)
　　4.3.3　农村医疗卫生水平 …………………………………… (84)
　　4.3.4　农村社会保障 ………………………………………… (84)
4.4　乡村社会治理 ………………………………………………… (86)
4.5　小结 …………………………………………………………… (87)

第5章　新疆农村结构性贫困形成机理与历史归因 ……………… (89)
5.1　农村结构性贫困形成的内在机理 …………………………… (91)
　　5.1.1　时空的弱势积累 ……………………………………… (91)
　　5.1.2　行动主体与外部交换系统的负向互构 ……………… (93)
　　5.1.3　风险与脆弱性的耦合叠加 …………………………… (96)
　　5.1.4　多重结构负向勾连互构 ……………………………… (99)
5.2　农村结构性贫困形成的历史归因分析 …………………… (101)
　　5.2.1　城乡二元经济社会结构长期延续性影响 ………… (101)
　　5.2.2　贫困地区被甩出现代化发展的良性轨道 ………… (105)
　　5.2.3　"三农"长期处于结构性弱势地位 ……………… (107)
5.3　小结 ………………………………………………………… (111)

第6章　新疆农村结构性反贫困治理效应 ……………………… (113)
6.1　农村结构性反贫困治理效应 ……………………………… (115)
　　6.1.1　充分发挥制度优势，实现对科层管理结构的有效
　　　　　突破 …………………………………………………… (115)
　　6.1.2　实施易地搬迁帮扶和对口援疆，缓解区域空间
　　　　　贫困问题 ……………………………………………… (117)
　　6.1.3　发展新产业新业态，努力重塑区域产业与市场

　　　　结构 ·· (119)

　　6.1.4　加强基础设施和公共服务建设，乡村发展能力

　　　　　不断提升 ·· (121)

　　6.1.5　赋权增能，农户内生发展动力不断增强 ··················· (124)

6.2　农村结构性贫困治理效应实证评价 ···································· (125)

　　6.2.1　样本数据统计描述 ··· (125)

　　6.2.2　研究假设与模型构建 ·· (130)

　　6.2.3　结构性治理效应实证结果分析 ·································· (132)

6.3　小结 ·· (143)

第7章　新疆农村结构性贫困治理与乡村振兴衔接耦合度评价 ······ (145)

7.1　衔接耦合协调度实证评价 ·· (147)

　　7.1.1　数据来源与指标体系建构 ······································· (147)

　　7.1.2　数据处理与评价方法 ··· (149)

　　7.1.3　耦合协调时序和空间耦合度评价 ····························· (151)

7.2　衔接面临的结构性难点与挑战 ·· (163)

　　7.2.1　脱贫农户规模性返贫潜在风险依然存在 ·················· (163)

　　7.2.2　空间区域发展结构性障碍依然明显 ·························· (165)

　　7.2.3　农业产业发展结构性问题突出 ································ (167)

　　7.2.4　乡村社会福利建设结构性短板明显 ·························· (169)

　　7.2.5　县域城乡融合中存在多维结构性张力 ····················· (171)

7.3　小结 ·· (172)

第8章　新疆农村结构性贫困治理与乡村振兴统筹衔接体系

　　　建构 ·· (175)

8.1　衔接演进建构与运行逻辑 ·· (177)

　　8.1.1　衔接演进建构 ·· (177)

　　8.1.2　衔接战略逻辑 ·· (177)

　　8.1.3　衔接运行机理 ·· (183)

8.2 结构性治理多维衔接路径 ………………………………… (186)
 8.2.1 空间地理结构性衔接路径 ……………………………… (186)
 8.2.2 产业发展结构性衔接路径 ……………………………… (190)
 8.2.3 公共服务结构性衔接路径 ……………………………… (193)
 8.2.4 城乡融合结构性衔接路径 ……………………………… (196)
 8.2.5 乡村文化建设结构性衔接路径 ………………………… (199)
8.3 衔接支撑保障体系建构 …………………………………… (200)
 8.3.1 观念衔接 ………………………………………………… (201)
 8.3.2 主体责任衔接 …………………………………………… (201)
 8.3.3 支撑保障衔接 …………………………………………… (203)
8.4 小结 ………………………………………………………… (204)

第9章 研究结论与政策建议 …………………………………… (207)
9.1 主要结论 …………………………………………………… (209)
9.2 政策建议 …………………………………………………… (214)

参考文献 ………………………………………………………… (221)
后　记 …………………………………………………………… (237)

第 1 章

导　论

第1章 导 论

1.1 研究背景

长期以来，新疆南疆四地州是一个集民族地区、边境地区、贫困地区于一体的特殊区域，是新疆经济社会发展相对落后的地区，也是国家确定的原"三区三州"深度贫困区，是脱贫攻坚期间新疆乃至全国扶贫开发工作中最难啃的"硬骨头"。"十三五"期间，党中央、国务院对南疆工作高度重视，特别是第二次中央新疆工作座谈会把南疆四地州发展稳定问题提升到国家总体战略高度，给予特殊政策扶持。2017年6月23日，习近平总书记在山西太原市主持召开深度贫困地区脱贫攻坚座谈会，提出"区域发展必须围绕精准扶贫发力。深度贫困地区的区域发展是精准扶贫的基础，也是精准扶贫的重要组成部分，必须围绕减贫来进行"。在以习近平同志为核心的党中央坚强领导下，新疆维吾尔自治区党委和政府深入贯彻落实习近平总书记关于扶贫工作的重要论述要求，坚决贯彻落实党中央决策部署，在《南疆四地州片区区域发展与扶贫攻坚"十三五"实施规划》的引领下，攻坚克难、扎实工作，经过几年的不懈努力，南疆四地州脱贫攻坚和社会经济发展取得了骄人成果。新疆维吾尔自治区人民政府于2020年11月公告，经过评估考核后，将满足贫困县退出标准和条件的新疆莎车县等10个县纳入脱贫县序列（王汐牟，2018），这也标志着南疆四地州65.61万户、267.74万现行标准下的贫困人口全部脱贫、3 242个贫困村全部退出、26个贫困县全部摘帽。2020年12月3日，习近平总书记宣布："经过8年持续奋斗，中国如期完成了新时代脱贫攻坚目标任务，现行标准下农村贫困人口全部脱贫，贫困县全部摘帽，消除了绝对贫困和区域性整体贫困。"至此，南疆四地州"两不愁三保障"突出问题得到解决，各族群众生产生活条件得到大幅改善，片区内各族人民同全国人民一道迈入小康社会。这也成为开展本研究的宏观现实背景。

"十四五"时期，我国进入全面建设社会主义现代化国家的新阶段，也标志着我们正式向着第二个百年奋斗目标迈进。这五年新疆重点任务是巩固拓展脱贫攻坚成果，推动乡村振兴，实现社会长治久安（韩文秀，

2020）。早在2017年新疆开展脱贫三年攻坚战初期，乡村振兴战略在党的十九大上首次被提出，战略总要求是"产业兴旺、生态宜居、乡风文明、治理有效、生活富裕"十六字方针。党的十九大会议明确要求，要从体制机制上建立健全城乡融合发展，将农业农村发展摆在优先位置加以推动。此外，会议明确要求要统筹推动民族地区、边疆地区、革命老区和贫困地区发展，大力实施区域协调发展战略（刘长江，2018）。同时，明确进入新时代后我国社会的主要矛盾发生了根本性变化，过去国家主要矛盾是"人民日益增长的物质文化需要同落后的社会生产之间的矛盾"，但进入新时代，国家主要矛盾已经转变为"人民日益增长的美好生活需要和不平衡不充分的发展之间的矛盾"（姜芳，2018）。2018年，为全面贯彻《中共中央、国务院关于实施乡村振兴战略的意见》，新疆维吾尔自治区党委组织编制印发了《新疆维吾尔自治区乡村振兴战略规划（2018—2022年）》，明确到2020年乡村振兴取得重要进展，制度框架和政策体系基本形成。2020年党的十九届五中全会也提出，优先发展农业农村，全面推进乡村振兴，实现巩固拓展脱贫攻坚成果同乡村振兴有效衔接。在同年的第三次中央新疆工作座谈会上，习近平总书记强调，要持之以恒抓好脱贫攻坚和促进就业两件大事。要健全完善一项机制，接续推动一项衔接，即防返贫监测帮扶机制，脱贫攻坚与乡村振兴有机衔接。要从脱贫人口的内生性动力、自我发展的活力上发力，确保脱贫的可持续性和发展能力（汪洋，2020）。可以说，"十三五"以来国家和自治区制定出台的这一系列政策措施，也成为课题组选择开展本研究的重要宏观政策背景。

此外，从2016—2018年，课题组主要成员连续每年六次前往新疆南疆喀什地区疏勒县开展"民族团结一家亲"活动，期间住在当地村委会周转房、农户家中，与乡村干部、村民同吃同住同劳动。课题组有幸持续深入喀什地区贫困乡村开展实地调查，与村干部深入交流，深入农户家中进行走访调研，了解南疆乡村基层治理、脱贫攻坚、"访惠聚"驻村工作和村级产业发展等情况。2017年，课题组成员前往和田地区墨玉县开展扶贫情况实地调查，分别前往县委农办、扶贫办、农业农村局、发改委、人社局等部门座谈，从县域层面了解当地扶贫工作中存在的问题和困难。2019

年，受新疆维吾尔自治区发展改革委委托，课题组主要成员开展南疆现代农业发展情况调研，随同调研组对南疆各地州进行了整体调研走访，分别前往南疆和田、喀什、克州（为克孜勒苏柯尔克孜自治州的简称，下同）、阿克苏和巴州（为巴音郭楞蒙古自治州的简称，下同）五地州，对南疆五地州16个县市近30个农业经营主体进行了实地走访和调研。正是在"十三五"期间，课题组成员几乎不间断地对南疆乡村进行深入走访和实地调研，逐步对南疆贫困治理有了更为深刻的认识，在调查中观察到的很多现象也引发了课题组的深思。尤其对新疆南疆这样一个边疆民族贫困地区，在长期的历史演变中这种大规模的贫困现象除了个体因素以外，是否还存在某种结构性因素制约？这些结构性因素的表现和运行机理是什么？国家在脱贫攻坚期间对南疆乡村产业、农村基础设施、贫困户给予了极大的帮扶，2020年脱贫攻坚目标任务完成后，贫困治理的效果如何？持续性如何？与乡村振兴工作如何衔接推进？带着这些疑问和思考，课题组最终选择了以南疆四地州为研究对象，并成功申请立项开展南疆四地州农村结构性贫困治理与乡村振兴统筹衔接问题课题研究。本研究通过挖掘南疆四地州长期贫困生成背后的结构性根源，从结构性视角深入分析南疆农村贫困治理效应，测度与乡村振兴的统筹衔接度，提出统筹衔接结构性治理实现路径，为新时期新疆推动乡村全面振兴、迈向共同富裕提供有价值的理论借鉴和政策参考。

1.2 研究意义

在理论意义上，本研究对贫困恶性循环理论、二元经济结构理论、中心—边缘理论、社会情景理论、协同治理理论、耦合协调理论等进行了系统梳理，对国内外空间贫困、社会经济转型贫困、城乡二元贫困、贫困代际传递、脱贫攻坚与乡村振兴衔接等问题进行了文献综述研究，在此基础上明确提出了对农村结构性贫困的概念内涵的认识、多维表现形式和形成内在机理。同时，构建了结构性治理衔接逻辑机理，这些理论内容的提出深化了对农村结构性问题的认识，丰富了中国特色农村反贫困理论的内涵。

因此，本研究对持续深化和拓展农村结构性贫困和反贫困理论，推进乡村全面振兴都具有一定的理论意义和理论价值。

在现实意义上，南疆四地州所在的喀什、和田、克州和阿克苏地区是新疆脱贫攻坚主战场。"十三五"末，南疆四地州全部完成了脱贫目标任务，与全疆、全国同步实现了消除绝对贫困问题。截至2020年底，南疆四地州65.61万户、267.74万现行标准下的贫困人口全部脱贫、3 242个贫困村全部退出、26个贫困县全部摘帽。"十四五"时期，也是南疆四地州全面建成小康社会、完成第一个百年奋斗目标、向第二个百年奋斗目标迈进的第一个五年，这一时期重点任务是巩固拓展脱贫成果，衔接乡村振兴，实现社会长治久安（韩文秀，2020）。为此，这一时期开展南疆四地州农村结构性贫困治理与乡村振兴统筹衔接问题研究，对这一地区巩固拓展脱贫攻坚成果、衔接乡村振兴具有积极的推动作用和现实借鉴价值。其次，本研究能为南疆四地州农村减贫和乡村振兴提供结构化治理的新视角和新思路。贫困问题本身又是一项复杂的社会问题，其产生涉及政治、经济、社会、文化和生态等不同领域和学科。比如由于贫困地区所处的恶劣自然气候环境、地质灾害和交通设施条件落后，导致区域空间性贫困；因农业生产条件差、传统农业长期占据主导、市场化发展水平不高等，引起经济发展水平低，区域发展相对滞后；因长期的城乡二元结构，导致乡村基础设施和公共服务投入不足，社会保障和公共服务水平低，引发城乡二元结构性贫困等。而这对于地处边疆民族地区的原深度贫困地区来说，其贫困的产生有其复杂的社会经济因素，仅从一个或几个因素就贫困谈贫困问题，其解释力还不够强，对这些特殊地区贫困成因与反贫困治理的认识还不够深刻，尤其是进入到巩固拓展脱贫攻坚成果、推进乡村全面振兴的新阶段，更需要用新的视角、新的思路推动反贫困治理，促进乡村全面振兴。再次，本研究从长远看是南疆四地州推动农业农村现代化、迈向共同富裕的内在要求。实现农业农村现代化是乡村振兴的重要任务，也是需要达成的重要目标。新疆维吾尔自治区提出要建设农业强区，这其中重要的任务就是要实现农业现代化，但在南疆四地州农业现代化推进过程中，面临着水土资源紧张、种植模式传统、产业化水平低等一系列农业供给侧结构性矛盾，需要对这些结构性问题进行深入探讨，寻求长期有效的应对策略。同时，由于长期的城乡二元发展政策，导致乡村发展缓慢，城乡融合发展滞后，结构性短板非常明显。加之在农业现代化和农村现代化过程中，缺乏推动二者互促互进的政策机制，从而出现城乡二元结构长期存在的现象，农业和农村二元发展结构非常明显。通过对南疆四地州农村结构性贫困治理与乡村振兴统筹衔接问题的深入研究，剖析这些区域在脱贫攻坚目标任务完成后，推动农业农村现代化，迈向共同富裕的过程中面临的诸多社会经济结构性矛盾问题，提出结构性治理长效举措就显得尤为迫切。

1.3 研究思路与内容

1.3.1 研究思路

本研究按照提出问题、分析问题、解决问题的总体思路，围绕"贫困结构的解构（构成表现与形成机理）—结构性反贫困治理的解析（治理效应与衔接耦合）—结构性衔接治理体系的建构（衔接逻辑与实现路径）"这一总体架构体系，从农村结构性治理视角出发，立足于南疆四地州脱贫攻坚和乡村振兴"两大战略"衔接交汇期大的时代背景，以南疆四地州脱贫乡村、脱贫人口为重点研究对象，通过相关理论文献分析，在明确了农村结构性贫困治理相关概念的基础上，从历史的视角阐述了新疆农村反贫困治理历程，总结了新疆及南疆四地州脱贫攻坚成效、取得的有益经验和做法。结合南疆地区发展状况，从空间地理、经济发展、公共服务、乡村治理等多维度，分析南疆四地州存在的多维结构性贫困表现。运用"中心—边缘"理论、"行动—结构"互构理论、"风险—脆弱性"耦合理论等，解构分析南疆四地州农村结构性贫困形成机理与历史归因。立足"两大战略"衔接过渡期，采用结构方程模型（SEM）、耦合协调度模型，对南疆四地州农村结构性反贫困治理效应、农村结构性贫困治理与乡村振兴衔接耦合度进行了定性与定量解析，明确了四地州农村结构性贫困治理与乡村振兴衔接中面临的结构化挑战和困难。面向巩固拓展脱贫成果，推动乡村全面振兴，迈向共同富裕新征程、新任务，分别从衔接动态演进建构、衔接运行逻辑机理、结构化多维衔接路径、衔接保障体系等方面，建构了南疆四地州农村结构性贫困治理与乡村振兴统筹衔接体系。同时，凝练提出主要研究结论，最终提出相应政策建议。旨在为南疆四地州推动乡村全面振兴，实现农业农村现代化，迈向共同富裕提供新思路和相应政策建议。

1.3.2 研究内容

本研究围绕农村结构性贫困治理与乡村振兴统筹衔接问题，主要开展了以下几方面内容的研究分析。

一是相关理论与文献综述研究。系统阐释了贫困的恶性循环理论、低水平均衡理论、二元经济结构理论、经济增长不平衡理论、"中心—边缘"理论、社会情景理论、协同治理理论、耦合协调理论、整体性治理理论等相关理论，为后续开展结构性贫困问题研究、统筹衔接乡村振兴提供理论支撑。同时，对农村结构性贫困与反贫困治理提出了相应认识。通过查阅国内外相关文献资料，梳理国内外学者对空间贫困、社会经济转型贫困、城乡二元结构贫困、反贫困治理、脱贫攻坚与乡村振兴衔接等问题的研究综述。

二是归纳总结农村反贫困历程与脱贫成效经验。分析了中国及新疆农村反贫困历程，回顾了新中国成立以来中国反贫困的五个历史发展阶段，以及改革开放后新疆反贫困历程大体经历的五个阶段。同时，提出了中国及新疆脱贫攻坚取得的主要成就，总结出六大方面脱贫攻坚期间形成的一系列行之有效的好经验、好做法，为当前和今后推动乡村全面振兴实践提供重大经验借鉴。

三是开展农村结构性多维贫困分析。采用历史统计数据、文献资料比较分析，分别从空间地理环境、经济发展水平、社会公共服务、乡村治理四个方面对比分析了2010年以来南疆四地州、全疆平均水平在主要社会经济方面发展状况与差距，分析了四地州农村发展中存在的多维结构性贫困表现。

四是分析农村结构性贫困形成机理与历史归因。充分运用贫困相关理论，分别从贫困农户时空弱势积累，导致"低水平生存性均衡"的自我维持；贫困群体行动与结构内向互构，带来经济社会转型下"经济性贫困陷阱"的持续卷入；风险与脆弱性的耦合叠加，导致贫困乡村抗逆力持续减弱；贫困乡村生计系统中存在的多重结构负向勾连与互构，共四个方面深入分析了导致农村结构性贫困产生的内在机理和运行逻辑。同时，从历史的视角分析了导致农村结构性贫困形成的历史缘由。

五是开展南疆农村结构性反贫困治理效应评价。重点从大扶贫格局的构建、易地扶贫搬迁、新产业新业态发展、乡村基础设施和公共服务建设、增权赋能等方面，分析脱贫攻坚至今南疆四地州反贫困治理效应。同时，采用结构方程模型，围绕南疆乡村自然环境和社会经济状况，选取了乡村空间地理环境、乡村发展、乡村建设、乡村治理、农户生计转化能力、结构性治理效应共6个潜变量、26个观测变量，开展南疆农村结构性贫困治理效应实证评价分析。

六是开展农村结构性贫困治理与乡村振兴衔接耦合度评价。运用协同理论、系统学理论，引入物理学耦合分析方法，解析南疆区域结构性贫困治理与乡村振兴在有效衔接过程中的内在逻辑与耦合关系，分析相互作用、互相影响的关联程度，确定二者在时空范围内的有效耦合协调程度。在此基础上，从结构性视角提出影响南疆四地州结构性贫困治理与乡村振兴有效衔接的难点与面临的挑战。

七是构建农村结构性贫困治理与乡村振兴统筹衔接体系。根据结构性衔接面临的难点和挑战，结合南疆四地州乡村振兴现状，站在面向巩固拓展脱贫成果、推动乡村全面振兴和迈向共同富裕的发展需求，从衔接动态演进建构、衔接运行逻辑机理、结构化多维衔接路径、衔接保障体系等方面，构建南疆四地州农村结构性贫困治理与乡村振兴统筹衔接体系。

八是提出研究结论与政策建议。结合本研究重点章节内容，围绕研究技术路线，重点从八个方面提出研究主要结论。从建立低收入人口常态化帮扶机制；持续深入推进南疆农业供给侧结构性改革；加大对农产品加工流通与平台建设政策扶持；完善城乡融合发展体制机制，畅通城乡要素流动；深化社会帮扶机制，推动区域平衡协调发展；建立完善农民主体性培育机制，提升农户内生发展动能共六方面提出结构性治理政策建议。

1.4 研究方法与技术路线

1.4.1 研究方法

1.4.1.1 文献资料收集

本研究充分利用支撑单位作为新疆授权的农业科技查新资质和查新点的优势，拥有中国知网 CNKI、万方中文数据库、维普中文科技期刊、Web of Science 等系列中外文数据库资源，进行研究文献检索和查询收集。同时，利用在中国农业科学院访学机会，在中国农业科学院国家农业图书馆馆藏库、布瑞克、同花顺等数据库检索大量相关文献资料。通过查阅相关学术论文、硕博论文报告等文献资料，了解了翔实的中国和新疆农村反贫困历程，以及农村贫困相关理论和现状，为本研究提供理论基础和研究文献支撑。同时，研究团队利用为南疆四地州做脱贫攻坚规划、乡村振兴规划、产业发展规划等契机，深入到南疆四地州贫困县市及乡村，收集了大量一手经验材料和调研数据，为系统开展文献资料分析奠定了扎实基础。

1.4.1.2 调查研究法

围绕主要研究内容，设计了"南疆四地州农村反贫困治理效应"调查问卷。2023年课题组成员分三组深入到南疆四地州喀什、和田、克州、阿克苏 10 个县市 15 个村开展了实地问卷调查工作。共发放调查问卷 650 份，有效问卷 616 份，有效率为 94.77%。其中，喀什地区有效样本数量为 231 份，和田地区为 175 份，阿克苏地区为 104 份，克州为 106 份。调查样本对象中脱贫户 435 户，占比 70.6%，其余为一般户 106 户、监测户 75 户，分别占比 17.2%、12.2%。调查问卷内容包括农户基本特征、农户家庭生计状况，农户对脱贫攻坚以来乡村生态环境改善、乡村发展、乡村建设、乡村治理、农户生计能力提升和治理效果的认知满意情况进行了全面调查。同时，通过与乡镇干部、村干部和被调查农户近距离访谈，尽可能深入了解每一位受访者对南疆脱贫攻坚、巩固脱贫成果和推动乡村振兴的认识和理解，为本研究开展量化分析提供了扎实的数据和经验材料支撑。

1.4.1.3 定量分析法

在开展南疆四地州农村结构性反贫困治理效应分析中，通过在南疆四地州脱贫乡村采用随机抽样方法开展问卷调查，获取定量分析样本数据。在此基础上，构建南疆农村结构性反贫困治理效应结构方程模型（SEM），分析脱贫攻坚至今农村结构性贫困治理效应。在开展农村结构性贫困治理与乡村振兴衔接耦合度评价中，通过构建贫困治理与乡村振兴耦合协调度指标体系，采用2010—2021年南疆四地州统计数据，运用耦合协调模型，测量分析南疆区域结构性贫困治理与乡村振兴有效衔接中的时空耦合度。

1.4.2 研究技术路线

研究的技术路线见图1-1。

1.5 研究创新与不足

1.5.1 研究创新

第一，研究思路上具有一定创新性。本研究首次将结构性贫困概念引入南疆四地州相对贫困地区，对四地州农村多维贫困表现、贫困形成机理及归因、结构性治理效应、衔接耦合度协调评价、结构性贫困治理与乡村振兴统筹衔接体系建构进行了系统深入研究分析。提炼形成"贫困结构的解构（构成表现与形成机理）—结构性反贫困治理的解析（治理效应与衔接耦合）—结构性衔接治理体系的建构（衔接逻辑与实现路径）"总体思路架构体系，从结构性视角揭示贫困生成本质与反贫困治理效应，建构统筹衔接逻辑与实现路径，其具有一定的创新性。

第二，研究理论建构上具有一定的创新性。本研究构建了结构性贫困"时空弱势积累"运行机理、"行动—结构"内向互构运行机理、"风险—脆弱性"耦合叠加运行机理和结构性贫困多重结构负向勾连互构运行机理，并对这些机理的互构关系进行了深入讨论，其具有一定的创新性。

◇ **新疆农村结构性贫困治理**与乡村振兴统筹衔接问题研究

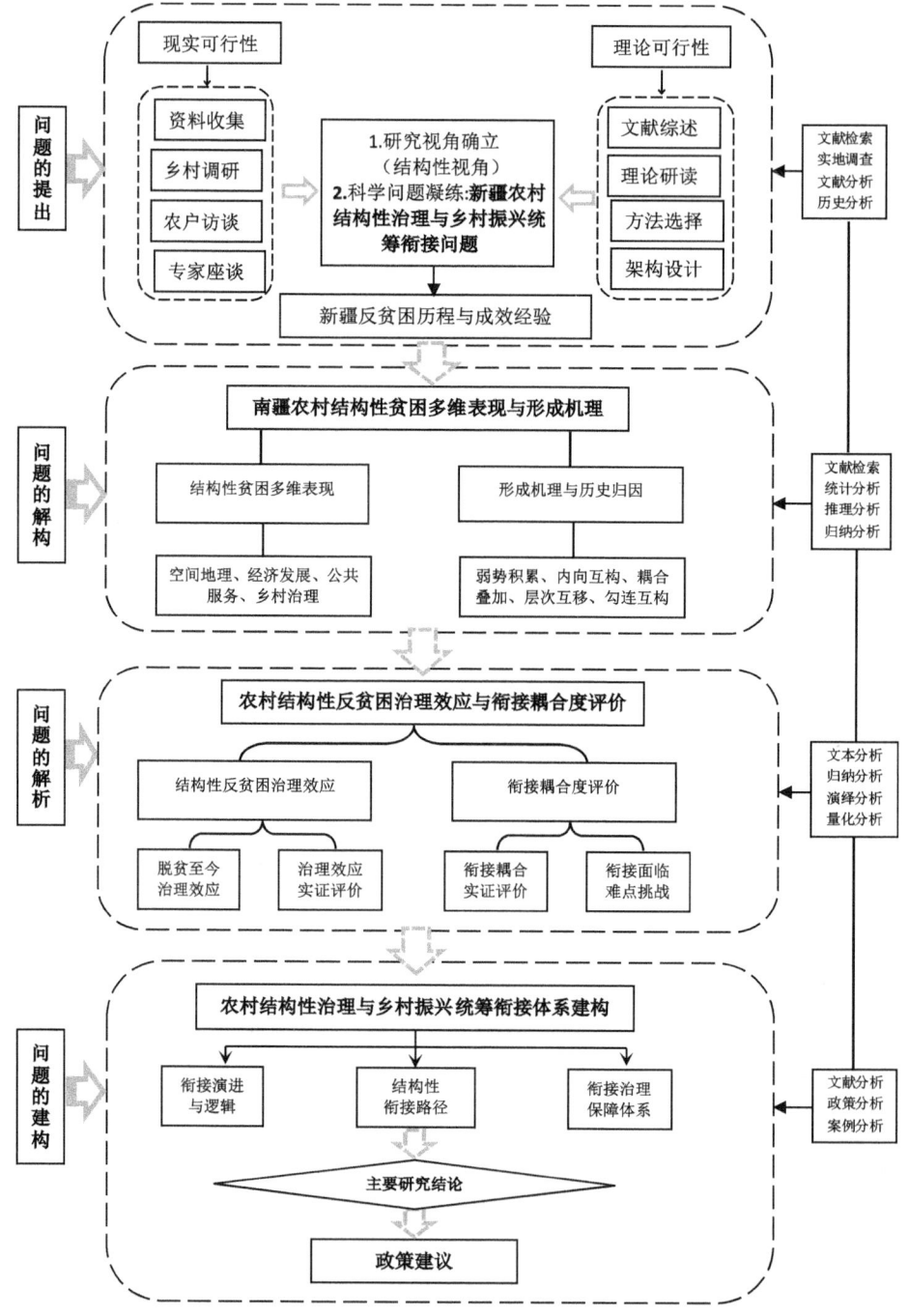

图 1-1 农村结构性贫困治理与乡村振兴统筹衔接研究技术路线

第三，研究对农村结构性反贫困理论起到一定的拓展深化。本研究认为结构的含义不仅仅是要打破一些传统固有不利结构，更要善于搭建一些新的有利结构。换言之，在新的发展征程上结构主义不仅是用来分析问题的，更是要用来解决问题的。研究认为，农村结构性治理将始终贯彻于从脱贫攻坚到乡村振兴，再到扎实推动共同富裕这样一个不断演进变化的动态全过程之中，并要与其实现有效自治性衔接。这些问题的深化讨论，有利于进一步丰富和拓展我国农村反贫困理论体系内容。

1.5.2 研究不足

第一，理论阐释与实践经验材料结合有待提升。由于研究团队对公共管理基础理论知识、农村社会学理论知识掌握并不十分扎实，对有些理论的理解还不够深入，在对所研究问题运用相关理论与实际经验材料结合描述时，融合不够紧密，挖掘不够深入，不能够很好地利用社会与经济学相关理论去阐释现实经验问题。

第二，本研究在开展农村结构性贫困治理与乡村振兴衔接耦合度评价中，由于受到获取指标数据的限制，在开展农村结构贫困指标体系和乡村振兴指标体系建构时，指标选取的精准性、科学性还有待进一步优化。此外，由于受新冠疫情影响，项目研究进展较原计划有所延长，在一定程度上影响了部分成果的发表交流。

第三，本研究在总体衔接路径与政策体系建构中，重点是聚焦在巩固拓展脱贫攻坚成果，衔接推动乡村全面振兴阶段。而针对从脱贫攻坚到推动乡村全面振兴，再到迈向共同富裕，不同阶段存在的结构性衔接难点，应采取的不同实现路径和应对策略的精细化研讨并不充分，这方面需要在今后的研究中进一步深化拓展。

第 2 章

相关理论与文献综述

2.1 相关研究理论

2.1.1 结构性贫困相关理论

贫困问题是一个世界性难题，一直备受各国专家、学者和政府的持续关注，"反贫困"是世界各国的共同目标。如何消除贫困，一直是全世界人民的共同愿望。第二次世界大战以后，各国都面临着经济重建和摆脱贫困的难题，社会学家、经济学家也都对此问题进行了相应的理论探讨。其中，早在1943年，"大推进理论"由英国经济学家罗森斯坦·罗丹提出；"贫困恶性循环理论"和"低水平均衡陷阱理论"分别由美国经济学家纳克斯、纳尔逊于1953年和1956年提出（王亮亮，2015）。美国经济学家赫希曼和伊曼纽尔·沃勒斯坦还分别提出了"不平衡增长理论""中心—边缘"理论等。

2.1.1.1 贫困恶性循环理论

"贫困恶性循环理论"是美籍经济学家哥伦比亚大学教授纳克斯于1953年在其著作《不发达国家资本的形成》一书中提出。纳克斯认为，"资本匮乏"是阻碍发展中国家发展的关键因素。发展中国家长期贫困的原因，并非国内资源不足，而是因为在经济的发展中存在互相联系、互相作用的"循环"。"恶性循环理论"从供给和需求两个方面进行了阐述：供给方面，一国由于经济不发达，人均收入低，致使人们会降低大部分收入用来消费，很少一部分能留下来用于储蓄，从而导致了储蓄能力低，低储蓄能力会直接造成资本不足；资本不足又会导致生产规模难以扩大，从而劳动生产率就难以提高，生产率高低直接影响到产出高低，产出低又造成收入低，形成了"低收入→低资本形成→低收入"恶性循环。在需求方面，发展中国家经济实力相对落后，人均收入水平低，导致居民消费能力和商品购买力偏低，呈现出恶性循环现象，即"低收入→低购买力→低投资引诱→低资本形成→低生产效率→低产出→低收入"（郑和平，2001）。如此所述，一个国家的贫困是因为它本身就不富裕。

2.1.1.2 低水平均衡陷阱理论和大推进理论

美国发展经济学家纳尔逊提出了"低水平均衡陷阱"理论，他运用数学模型，以发展中国家为对象，在研究人口增长、人均资本、产出增长与人均收入增长关系时发现，当人口增长率过高、超过收入增长率时，当人均收入降低时，当存在低效率生产方式和缺乏可开垦的土地时，就会产生"低水平均衡陷阱"现象（林小如等，2014）。该理论主要论述了发展中国家和贫困国家落后的主要原因是人均收入低，人口相对较多，资本稀缺；探讨了发展中国家和经济不发达地区发展缓慢的原因，分析了资本稀缺对经济增长的阻碍。

"大推进理论"是罗森斯坦·罗丹在《东欧和东南欧国家工业化的若干问题中》提出的。他认为，发展中国家政府的各个部门必须同时行动，对经济发展进行大规模投资，以平衡国民经济发展和增长。要实现收入水平、劳动力就业和经济增长同步提升目标，国家就必须进行大规模有效投资，推动经济大发展，尤其对发展中国家，只有这样才能克服资本供给不足和需求不足的困境，才能有效规避发展障碍，加快步入工业化进程，带动整个国民经济社会均衡发展，从而使贫困区域走出贫困恶性循环陷阱（王慧等，2012）。

2.1.1.3 二元经济结构理论

"二元经济结构理论"是英国经济学家刘易斯于1954年在其《劳动无限供给条件下的经济发展》一文中提出。他认为，发展中国家并存着劳动生产率低、收入低的传统农业经济体系和劳动率高、收入也相对较高的非农业生活两种不同的经济体系，这两种明显差异的体系构成了"二元经济结构"，也在一定程度上反映了各部门之间的发展不均衡。发展中国家传统农业人口过剩，耕地数量有限，农业占经济发展的很大比重，传统农业技术相对落后，生产到一定数量之后，就无法再增长了，有时甚至是负增长，就会出现一定的过剩劳动力。由于大量过剩劳动力导致发展中国家经济发展长期处于低水平，造成贫富差距。在现代工业体系中，工业部门具有可再生性的生产资料，生产规模扩大和生产速度提高可以超过人口增长，劳动边际生产率高于传统农业生产率，便可以吸收农业剩余劳动力。工业部门所支付的劳动力价格只要比农业部门的收入略高一些，农业剩余劳动力就会选择到工业部门去工作，这样保持此过程直到工农两部门把剩余农业劳动力吸收完，工业部门可以支付较少的劳动报酬，把多余的资本再投入到扩大再生产的过程中，可以吸收更多的农民到工业部门创造价值，把剩余劳动力变成一个良性循环，促进农业剩余劳动力的非农转移，使二元经济结构逐步消减。这是发展中国家摆脱贫困走上富裕的唯一途径。

2.1.1.4 经济不平衡增长理论

"不平衡增长理论"是非均衡增长理论之一，是美国经济学家赫希曼1958年在《经济发展战略》一书提出。其核心内容包括"引致投资最大化"原理、"联系效应"理论和优先发展"进口替代工业"原则。赫希曼认为，发展的道路是一条"不均衡的链条"，发展中国家现有的资源和相应类型企业比较短缺，而且农业等相关基础产业发展比较薄弱，平衡增长理论是不可行的。这些国家不可能把本就稀缺的资源投资到同一处，应优先选择具有战略意义的产业部门投资，把有限资本和资源集中起来投资到可以帮助带动整个经济发展的产业如工业、能源，优先发展这些利润率较高、有较大发展前途的产业，以此为动力逐步扩大对其他产业的投资，带动其他产业发展。同时，一个国家不同地区的发展有一定的优先次序，不同地区要有不同的平衡增速。在大城市集聚了一些主导产业和创新行业，形成了由技术和资本高度集中的规模性经济效应，自身具备快速增长优势。为此，这些地区就应该优先得到较快发展，发展起来后再通过技术创新、资本扩散等最终拉动其他部门和地方发展（汪斌等，2005）。

2.1.1.5 "中心—边缘"理论

地区的发展包括中心地区、半边缘地区和边缘地区的发展。纵观世界，有先进有落后，有发达、欠发达、不发达国家。在这种关系中，中心国家和边缘国家的关系是不平等的，边缘国家由于自身的发展限制只能在很多方面依附于中心国家。"中心—边缘"理论是对现阶段世界结构分级的反映，资本主义国家其统治和影响世界的手段从赤裸裸的暴力掠夺转向了国际经济贸易。在近代早期，一些西方国家通过工业化快速发展率先进入现代化，其大量资本累积通过进行海外殖民掠夺而得到，使发达资本主义国家与不发达或欠发达国家之间的不平等关系日益强化。表面看来，世界各国经济贸易是建立在平等和自由基础上的，各国在国际市场上和平且平等地参与商品交换，发达国家也努力向全世界刻画这样一种假象。虽然有的国家富有，有的国家正在发展，有的国家相对贫穷，但是欠发达和不发达国家在国际经济贸易中因为没有雄厚的资本导致没有主动权，从而经常遭受不平等的待遇。"中心—边缘"结构是不平等的，中心区域的发达国家利用这不平等关系把其他周边国家获得的利益常常占为己有，并且不仅仅是在经济方面，在政治、文化等各个方面的支配和控制也是如出一辙。中心区域的发达国家在这一结构中处于有利主导地位，而其他发展中国家和贫困国家不管是停留在外围还是被纳入"中心—边缘"结构之中的"边缘"，都无法获得相对自由的发展机遇。事实上，绝大部分国家都在这样的结构中发展生存。

2.1.2 衔接相关理论

2.1.2.1 协同治理理论

"协同治理理论"是一门新兴的交叉理论，且具有广泛的应用范围，它包括在物理学、化学、生物学、天文学、经济学、社会学以及管理科学等许多方面。协同学的创立者是联邦德国斯图加特大学教授、著名物理学家哈肯。1971年，哈肯提出协同的概念，1976年发表《协同学导论》，系统地论述了协同理论。协同论认为，在千差万别的系统中，尽管其属性不同，但在整个环境中，各个系统间存在着相互影响而又相互合作的关系，其中也包括通常的社会现象，例如，不同单位间的相互配合与协作、部门间关系的协调、企业间相互竞争，以及系统中相互干扰和制约等。由于协同论研究领域广阔，可应用在许多不同的学科，并且在看似完全不同的学科之间增进"相互了解"和"相互促进"。所以，协同论就成为社会科学研究的重要工具和方法。

2.1.2.2 耦合协调理论

"耦合协调"是"耦合"与"协调"两个不同的理论观点。"耦合"概念，最原始是指电路元件在能量和信息传输过程中相互影响、相互作用和分工协作的过程，这是一个物理学概念；后来"耦合"概念被逐步推广应用到生态学、农学、生物学、地理学等诸多领域（王敏等，2017）。"耦合度"侧重反映各系统或各事物之间的关联程度；"协调"单字面意思是指正确处理组织内外各种关系，为组织正常运转创造良好的条件和环境，促进组织目标的实现，"协调度"则侧重反映系统的整体功效与协同效应。"耦合协调"合在一起阐述的是某两个事物或者系统之间存在一种相互作用、相互影响的关系，可以反映事物之间、系统之间存在相互依赖、相互制约的程度。耦合协调理论也常常用于分析不同事物之间的协调发展程度，比如新型工业化与城市化之间的耦合关系，农业科技创新与农业产业发展之间的耦合关系，区域经济发展与居民生活之间的耦合关系等（袁玉洁，2020）。

2.1.2.3 整体性治理理论

"整体性治理"概念最早由希克斯提出，而整体性治理理论由社会学中的组织协调思想结合"新涂尔干"主义理论而形成。该理论以整合、责任和协调为治理机制，以公民实际需求为导向，以现代化信息数字技术为治理手段，把分散于不同层级部门的破碎和分散信息进行有机整合，为区域发展和国民经济发展提供整体性高效治理（卞海霞，2013）。按他提出的说法，此理论从三个方面进行了研究：一是以综合组织为载体，需要各政府部门之间协调沟通解决问题；二是以公众为中心，政府部门联合群众，通过协调整合，一起解决问题；三是以整体为中心，解决碎片化管理问题，各政府部门不仅需要与公众对接，还需要与各专业机构对接，对专业化问题进行定向管理。所以，在某种程度上，"整体性治理理论"是建立在政府组织基础上的理论，以此对公共管理提供了一种新的有效治理方式。

2.2 研究文献综述

2.2.1 农村结构性贫困研究综述

2.2.1.1 空间结构贫困与边疆民族地区贫困

20世纪50年代，空间经济学理论逐步产生，其中比较有代表性的人物是哈里斯和缪尔达尔，他们提出一个地区经济发展水平与其所处的地理空间环境密切相关。世界银行的雅兰和瑞福林（Jalan et al., 1997）通过对1985—1990年中国南方四省微观数据量化分析发现，地理因素是导致"空间贫困陷阱"（spatialpovertytraps，缩写SPT）的主要原因。在空间贫困理论中，两位学者提出了"地理资本"这一重要概念，可以说其集合了空间地理因素中的多重差异，包括空间区域范围内存在的教育水平、文化水平、社会保障条件、制度政策等各类差异要素，而这些要素最终可以集聚整合到空间地理位置禀赋差异来集中解释。

国内学者对空间贫困研究主要用于分析少数民族地区的贫困现象，认为空间区域是造成贫困的主要因素，并引入了国外学者提出的"地理资本"概念，用于解释贫困区存在的各种问题。陈全功（2011）以我国民族自治区典型地区为例，说明民族地区空间贫困的主要特征，提出扶贫开发中要高度重视这种空间贫困，改变扶贫思路。朱明熙等（2008）以四川凉山彝族地区为例，分析少数民族贫困形成的八大原因，其中"一是自然环境恶劣……四是基础设施条件差……五是居住条件差……"这就很好地说明了空间地理因素在民族地区贫困中的重要影响。王明黔等（2011）认为，西部民族贫困地区面临的贫困问题是一个复杂的系统工程，它涉及政治、经济、民族、宗教、历史、文化等各方面。

边疆民族地区，特别是原深度贫困区是典型的空间贫困地区，在脱贫攻坚时期，我国边疆民族地区主要分布在"三区三州"深度贫困地区。包括西藏、新疆南疆四地州和四省藏区，即"三区"地区；甘肃临夏州、四川凉山州和云南怒江州，即"三州"地区。这些区域大多分布在中国边疆地区和少数民族集中集聚区。首先，关于深度贫困概念、贫困特征研究上，牛胜强（2017）、覃志敏（2017）均认为深度贫困区是指区域经济整体发展落后缓慢，基础设施和公共服务严重滞后，村两委治理能力弱，村庄合作经济组织缺乏、村集体经济薄弱，当地居民住房、医疗、教育等基本需要普遍得不到满足的生活状态。孙向文（2018）认为，长期患病人群、孤寡老人和残疾人多为深度贫困群体，这些群体不仅受教育水平相对低，而且技能相对缺乏，表现出"无业可扶、无力脱贫"的状态。李小云等（2018）认为，深度贫困地区特征表现为贫困持续久、贫困程度深和多维性，同时贫困具有"顽固性"，即贫困具有长期性和代际性特点，难以在短时期内摆脱贫困，或脱贫后容易再次返贫。李俊杰等（2018）指出，"三区三州"具有贫困面广、脱贫难度大、贫困发生率居高不下、贫困类聚、区域发展劣势明显、发展位次较差、人均可支配收入和消费支出低、对扶贫政策具有高依赖性等特征。其次，关于深度贫困的致贫因素、脱贫困境研究方面，牛胜强（2017）认为，深度贫困区致贫的因素主要有自然地理条件差、基本公共服务落后、人力资本积累不足、区域经济发展滞后、组织化程度极低等诱因。郑长德（2018a）认为，深度贫困区农产品结构单一、产业化程度低，长期封闭和文化教育水平落后，贫困人口思想因循守旧且封闭与保守落后。左停（2018）认为，"贫"与"困"在深度贫困地区相互影响、相互作用。尤其是因"困"而出现致贫现象。这些地区"困"突出表现为经济发展水平低下、基础设施不健全、社会公共服务供给能力不足和自然生态环境恶劣，这些困局成为贫困人口"可行能力"的重要限制性因素。

2.2.1.2 社会经济转型贫困与农民结构性贫困

社会经济的快速转型发展会带来社会经济转型贫困。孙立平（2002）认为，在20世纪80年代改革过程中，是体制变革推动着社会结构转型，在这个过程中，各种新生社会力量逐渐成长起来，如各种"民营企业家"和私营企业主、职业经理人员、技术专家阶层和白领群体以及知识分子等，这些新生社会力量，都是体制变革的产物。20世纪90年代以来，新形成的社会力量及其组合关系已经逐步定型，这些群体形成了相当的规模，并且各群体之间或阶层之间的边界也日渐清晰，群体内部也开始形成初步的认同。孙立平（2007）认为，当前，体制改革的效果越来越受多元化社会力量的影响，而且在这样一个多元化社会环境之中，各类社会力量逐步形成和定性。在一项政策或改革措施出台前后，社会上往往都会出现很多争议，但无论这些争议结果如何，人们发现在政策或措施明确制定实施后，利益受损者也依然是那些处在不利地位的人，受益者依然是那些已经获益的人；这种结果与以前几乎没有太大差异，与这些政策或措施的取向无关，这在现实生活中是一种扭曲现象。崔凤等（2003）认为，社会分化过程中弱势群体的凸显，其根本原因与社会分化是一致的，即制度变迁。制度变迁是指由计划体制向市场体制的转变，市场体制是一种竞争机制，在市场竞争中，人们所提供的劳动的数量和质量是决定其收入报酬的主要因素，对于弱势群体更是如此，然而弱势群体从整体上来看，人力资本较差，这就使他们在市场竞争中处于非常不利的地位。陆汉文（2015）、陈锡文（2015）和李小云（2015a）等学者认为，随着社会经济转型发展，尤其是市场化进程的深入推进，由于贫困群体自身能力制约，进而加剧了农村结构性贫困的程度，造成了贫困人群逐步被边缘化，最终阶层结构趋于固化。

经济社会加速转型，必然带来农民结构性贫困，有关农民结构性贫困问题国内主要学者也做了相应研究。刘鹏（2002）提出了中国农民阶层结构性贫困概念。他认为，由于中国社会受历史、政治、经济、人文等因素综合作用而积淀的全能主义政治经济制度、人治精神的传统社会结构，在向以物质依赖为基础人的独立性现代社会转型过程中，与普适性的宪政秩序、具有法治精神的现代社会结构之间存在着激烈的冲突，形成了独特的转型社会结构及其经济绩效。同时，他认为农民结构性贫困表现为农民阶层贫困，中国农民阶层的贫困性问题是因制度结构与体验结构之间缺乏张力和弹性，其结构内部存在深层次缺陷，这种弱势的农民阶层相对于城市居民而言，处于一种畸形的生存状态。朱慧涛（2005）认为，在农民工结构性贫困问题上，城市流动农民工群体，可以被看成是一种结构性贫困状态,这种贫困表现为结构性制度贫困、结构性体验贫困、结构性物质贫困和结构性法制贫困等,尤其是在中国社会转型期,这个群体是中国社会的一个庞大流动人群,也是社会流动的主要群体,总体上他们在城市中处于社会经济底层,属于城市中底层群体。李小云(2015b)指出,在机会、资本、利润的场域中,存在凭借资源、资本、技术、关系、信息和权力优势而优先获益的群体,机会不再平等,初始条件也不再平等。邢成举等(2019)认为,无论在村庄和个体层面都存在结构性贫困现象。研究发现,经济资本、政治资本和社会资本在不同村庄层面存在差距,也就出现了村庄层面的精英俘获,富裕村庄得到更多扶贫资金和资源,贫困村则只能获得较少的扶贫资金和资源;而生活在村庄内部的贫困户受经济、社会、政治等结构性因素的制约,同样难以与扶贫资源和项目顺利对接,在社会阶层中的结构处境使得其难以跨越既有的障碍和制约,其贫困具有显著的结构性特征。从结构性贫困视角看,民族地区贫困的现实带有深厚的结构烙印,而这种结构性困境体现在生态、经济、金融、人力、社会等方面的结构性资本的不足,正是多维度结构上的弱势状况导致民族地区较高的贫困发生率,从而形成深度贫困。

2.2.1.3 城乡二元结构贫困与社会排斥性贫困

随着中国农村社会变迁和贫富差距拉大,这个时代出现了明显的二元现象,使得社会有变成一个撕裂社会的潜在风险,从表面上看表现为居民收入差距过大、贫富差距明显。而在整个社会变迁中,首先是城乡二元结构对农村贫困人口的持续贫困具有重大影响。郭英勇(2002)、国平(2009)提出,把城乡二元结构等制度和体制而造成的当前这种相对于城市居民而处于弱势地位的农民阶层畸形生存状态下,产生的农民阶层贫困称之为中国农民结构性贫困。从制度上看,城乡二元结构下会产生僵化的户籍制度、土地使用制度、发展理念和滞后的制度创新;从治理上看,城乡二元结构下农民缺乏相应的法制和社会保障,权力结构缺乏相应弹性,治理方式相对传统;从发展理念上看,刘岚丽(2015)提出,城乡二元结构导致农民不思进取的意识,城市公职人员在行政观念及自身激励约束上存在问题等，这些都是导致农村和农民贫困的主要成因。潘泽泉（2009）研究发现，在1978—1984年家庭联产承包责任制推进阶段，就出现了制度性贫困，学术界对农村发展问题根源讨论中，也有一种话语模式，即，贫困生产和再生产的原因主要在于计划经济下的城乡二元分治制度，长期的城乡二元分割导致了农村的城市化缓慢和环境恶化，同时也造成了社会各界对农村破除城乡二元分割制度壁垒的忽视。张等文等（2014）从城乡二元制度角度论述说明，二元结构制度是导致农村结构性贫困的根本因素，认为在城乡二元结构下，与城市公民相比，农民不仅在物质生活上相对贫困，而且在权利享有上也相对贫困。在政治、经济、社会和文化权利上的不足和缺失，是中国农民权利贫困的现实具体表现。同时，他提出城乡二元结构是导致农民权利贫困的主要根源，在城乡二元结构下，农民权利更容易导致被忽视，农民自身权利意识也相对较薄弱，农民应该享有的法律救济得不到应有保障，农民作为一个组织会出现集体性失声等现象。其次，在社会转型发展中形成了弱势群体和贫困阶层。陆汉文（2015）认为，当前中国扶贫形势正在发生结构性变化，经济增长带动减贫的包容性发展格局渐行渐远，贫困结构化特征和贫困问题泛政治化风险凸显。同时，他认为中国社会主义市场经济经历了30多年的快速发展之后，面临劳动力数量优势、成本优势逐步丧失，资源过度开发利用与环境污染加剧等挑战；由于回报率较高的部门和产业需要较高素质技能的劳动力，而贫困人口受各种因素限制无法对自身和子女进行有效的人力资本投入，大多只能在低端劳动力市场从事简单密集型劳动，这就出现了贫穷再生产贫穷，社会阶层结构逐步趋于固化趋势。陈锡文（2015）认为，在减贫历程中发挥了基础作用的农业也遭遇巨大挑战，农业生产成本不断增加，农产品价格高出国际市场价格，农业补贴黄箱政策已逼近极限，农业资源环境压力已然过大。李小云（2015a）认为，当劳动密集型产业边缘化、资本技术密集型产业逐步走上经济舞台中央的时候，贫困恶性循环的陷阱就可能出现。

英国学者Townsen等（1971）提出了"社会剥夺"概念，他也是将社会排斥理论用于贫困分析的早期学者。唐丽霞（2010）在发表的《社会排斥、脆弱性和可持续生计：贫困的三种分析框架及比较》中提到，20世纪

60—70年代早期，法国学者在分析福利性社会政策时引入了社会排斥的概念。他们认为，当一个人被排斥于社会保险制度之外时，就可以称为社会排斥。英国学界认为，当个体或群体被认为未能有效充分参与主流社会或被当时社会认为十分必要活动时就可以被界定为社会排斥。曾群等（2004）认为，社会排斥常常被用于描述个体在参与社会活动时被排挤出的过程，或者由于属于弱势群体，而遭遇不利境遇。欧洲委员会认为，一位公民权利没有得到充分保障或被否认时，就可以被认为受到了社会排斥。社会剥夺体现在基本生活设施、必备食物、应必备的基本服务和基本活动存在缺乏和不足等现象，而这一现象是被社会公认或风俗习俗认为应该享有的；到后期，社会剥夺的内涵在物质层面都有所体现。到20世纪90年代，在贫困、失业、两极分化等问题研究中，社会剥夺的概念也被广泛应用。之后这一概念逐步发展成为社会排斥理论和社会排斥分析框架。国际贫困专家将工具性排斥和建构性排斥纳入社会排斥分类之中。其中，阿马蒂亚·森等（2005）提出，因政策制度设计中存在自身缺陷而导致排斥机制，为建构性排斥；在政策制度实施过程中，由于主观认知而导致执行偏差，称之为工具性排斥。石彤（2004）提出，社会排斥是一个边缘化、隔离化的系统性过程，在这个过程中由于缺乏参与机会，某些个人、家庭和社群体被排斥在参与社会普遍认同活动之外。周林刚（2003）提出，社会排斥被认为是一个边缘化的机制和过程，在这个过程中因自身心理、制度安排和政策影响等因素，有一部分群体被推至社会结构边缘位置上，成为社会脆弱性群体。唐丽霞（2010）认为，不同的社会推动者和施动者引起产生了社会排斥，它是由文化排斥、政治排斥、经济排斥、社会排斥和社会福利排斥等多个维度构成，可以说社会排斥既是一个现象，也是一个动态过程。同时，社会排斥有排斥结果说、排斥行动说、排斥角色说、双重含义说等，这些都是从社会排斥现象进行描述界定。李斌（2002）认为，社会中弱势群体，被主流社会在劳动力市场和社会保障体系中遭到排挤，逐步成为得不到援助的无助群体和相对孤立个体，这种现象又持续通过社会"再造"，呈现出不断积累和传递。此外，赵雪纯（2021）提出，资源和能力相对缺乏的脆弱性群体，更容易受到风险侵害，他们在经济、社会及文化等社会结构中受到多维排斥和不利影响，长期处于受排斥状态，加剧了他们的不良处境，使其难以从风险打击中恢复原状。

2.2.1.4 个体主义贫困与结构性贫困

无论在学术界还是在社会实践领域，对于贫困问题的产生和治理一直是一个有争议的话题，这包括个体主义贫困理论观和结构主义贫困理论观。从结构性贫困观的对立面来看，个人主义贫困理论将贫困归因于个人因素，认为穷人之所以贫困是因为穷人个人存在很多缺点、不足和人性弱点。突出表现在穷人缺乏生存所需要的基本能力、技能和智力，缺乏毅力和决心，缺乏教育和经验，同时也缺乏良好的价值观和心态。正是因为这些要素的缺乏，穷人在事情决策过程中更容易出错，导致出现对自己不利的结果。他们不愿意也不会努力，难以有效把握外部提供的各种机会。从历史发展视角看，英国是早期个体主义理论起源地，该理论强调由个人进行自主选择，不主张国家主动干预；主张自由放任的意识形态，认为贫困要由个人去解决（邓大才，2021）。"守夜人"被概念化为国家，其作用就是用于保障市场自由竞争和社会秩序维护。Steffen Mau 在其发表的《福利国家的道德经济：英国和德国的比较》一文中提出，纯粹的自由放任主义意识形态认为，社会繁荣的驱动力是个体持续追求利益和权利的结果，而非国家主动干预和强制。同时，美国也是主张个人主义观的典型国家，他们认为所有机会都是平等开放的，只需要个人不懈奋斗和努力即可，国家不需要用行政手段去进行资源再分配。同样，个人主义主张因市场才产生了贫困问题或不平等现象，国家的介入也应该是谨慎和有限的（邓大才，2021）。美国学者 Jacobs. Hacker 和 Paul Pierson 在其发表的《赢家通吃的政治：华盛顿如何让富人更富有，并背弃中产阶级》一文中指出，美国人将个人主义视为一种社会伦理，认为个人主义无论得到了赞扬还是责备都应归因于个人，最重要的是个人的行为，无论是好与坏都是个人应得的。国内学者航承政等（2017）提出精神贫困，表现为行为决策非理性，信念消极，缺乏志向，其本质是个体失灵。总之，个人主义理论认为，贫困是个人造成的，国家不应该过多干预个人产生的这些问题，最多进行有限的干预和政策支持，而应该实施"消极国家"的政策，脱贫应该依靠个人去努力。

结构主义贫困理论是与个人主义贫困理论相对应的一种理论。该理论认为，个人因素并非是贫困的根源，而贫困真正的根源是源自其外部政治、经济、文化和社会力量等不利因素导致的。比如，政府体系缺乏或长期缺失对穷人的关照，忽视低收入人口的自身利益；媒体等忽视穷人，仅仅将其视为慈善的对象，而使其隐形存在；穷人所生活的环境很难找到用于支付生活的有效工作等。西欧和北欧国家是结构主义贫困理论的代表，Alberto Alesina 和 Edward L. Glaeser 在其《美国和欧洲的反贫困：一个不同的世界》一书中指出，欧洲人认为贫穷是穷人的不幸，是外部带来的不利遭遇，但美国人认为穷人的懒惰给他们带来了贫穷；欧洲人认为穷人想要摆脱贫困是需要国家的有效帮助，而美国人认为穷人只要自己去努力，就可以有效摆脱贫困；欧洲人是比较支持国家通过行政方式对穷人摆脱贫困进行干预和再分配，但美国人并不主张这样去做。关于结构主义贫困理论，国外也有很多学者是持有主张和赞同态度。Thomas A. Bryer 等认为，国家要向贫困者授权，鼓励贫困者有效参与，同时也需要国家的有效干预，这是摆脱贫困的关键。Onlenna Selolwane 认为，民主制度的巩固与问责在博茨瓦纳反贫困中起到了关键作用，政治性因素对反贫困的作用排在首位。Khoo Boo Teik 的研究指出，减少贫困需要强大的国家能力去实施普遍性的社会政策，这是减少贫困最有效的措施，而不应该采取有针对性、应享尽享的措施。国内学者汪三贵（2018）在其《中国 40 年大规模减贫：推动力量与制度基础》中指出，中国减贫最大的推动力量就是在国家有效干预下，推进区域经济快速发展和扶贫开发双重推动力。尤其是国家通过发挥社会主义制度优势，集中力量开展脱贫攻坚，深化农村土地改革和提高初次分配收入等措施取得了显著的扶贫成效。总之，结构主义贫困理论认为，贫困是一个社会问题，它是权力分配和社会组织的副产品（Royce，2009），同时结构性贫困的治理需要国家的有效干预。

2.2.2 农村结构性反贫困治理研究综述

在空间贫困治理上，国内学者对边疆民族地区这种典型的空间贫困地区的治理研究多集中于治理模式、空间贫困问题以及贫困治理创新等。汪晓文（2012）通过深入剖析甘肃农村贫困状况、成因及其性质，发现随着贫困原因和性质的不断变化，贫困治理模式也需要与时俱进，进行适应性调整。于开红（2018）指出深度贫困地区的脱贫工作是实现乡村振兴的重中之重，这些地区面临"两山困境"的挑战，需要寻求开发与保护之间的平衡，结合生态移民与集中治理策略，同时融合生态补偿与追责机制，实施就地碳中和与绿水青山保护计划相结合模式，帮助深度贫困地区走出"两山困境"。冯晓龙（2019）提出以社区为中心的生态服务型经济能够有效解决深度贫困地区贫困与生态环境治理问题，具有明显的经济效益和生态效益。高杰（2020）认为深度贫困地区在贫困治理过程中既受限于地理位置偏远、资源分散、基础薄弱等不利因素的制约，又拥有生态资源丰富、合作传统稳固以及生产方式环境友好等独特优势，传统的扶贫模式在深度贫困地区推行中遭遇诸多障碍难以发挥实效，因此，必须要结合当地实际发展情况，实施更加贴合实际特征、满足现实需求的扶贫政策措施，以更有效地推动深度贫困地区的贫困治理工作。郑岩（2022）认为民族地区在贫困治理中易呈现出返贫风险高、相对贫困问题突出、发展的不平衡不充分等多重挑战，为巩固脱贫攻坚成果，推进民族地区持续健康发展，为此需对民族地区的贫困治理实施战略进行转型升级，包括建立防返贫长效机制，确保减贫工作体系的平稳转型，同时采取多种措施协同推动乡村振兴，为民族地区全面发展注入发展动力。廖洪泉（2022）指出我国已进入后扶贫时代，民族地区农村贫困问题出现新态势和新特点，因此需要转变贫困治理观念，调整贫困识别标准，创新转型贫困治理战略，优化贫困治理体制机制与模式，从而推动贫困治理的转型升级。陈晓晖（2022）认为扶贫政策是后脱贫时代治理民族地区相对贫困问题的根本保障，通过实证分析，评估了扶贫政策工具的实际治理效果，并强调在政策工具执行中，应推动扶贫治理体系的平稳过渡转型，建立长效机制，同时注重扶贫政策工具的组合结构与优化，构建全社会共同参与的扶贫新模式。颜军（2022）针对西部民族地区相对贫困程度深、贫困人口规模大等问题，指出其贫困问题面临着空间贫困特征，提出西部民族地区贫困治理要针对地理空间限制和环境脆弱性等现实境况，从内部治理着手，完善绿色减贫机制，同时从外部防范出发，建立风险防范机制，综合施策推动西部民族地区贫困治理。

在经济转型贫困治理上，国内学者主要集中于产业脱贫、提升农户生计资本等方面。余欣荣（2016）指出在贫困地区发展过程中，特色产业是其发展的基础，更是稳定脱贫的长远保障，在贫困治理中需抓住特色资源禀赋，发挥产业优势特点，实现就地脱贫、精准脱贫。杨艳琳（2019）认为产业扶贫过程中，由于缺乏精准性和合理的利益分享机制，导致贫困地区收入差距逐渐拉大，因此只有提高产业扶贫的精准性，确保扶贫产业的选择能够精准对接贫困地区的实际需求和资源优势，才能真正实现减贫，并进一步指出了产业精准扶贫的选择条件以及利益分享机制的设计。马楠（2016）通过对民族地区特色产业扶贫潜力和价值进行剖析，强调要提升产业扶贫的精准度及治理效能，关键在于精准定位产业发展方向、提供精准政策支持引导，保护扶贫成果。覃志敏（2020）从产业扶贫实践与可持续生计视角出发，认为在深度贫困地区要实现产业扶贫，应发挥村庄精英的探索和引领作用，推动农户向高附加值农业生计转型，引导农民融入市场，从而有效提升产业扶贫的治理能效。李静（2016）指出生计资本的匮乏与脆弱性是少数民族贫困地区脱贫的主要障碍，西部少数民族地区贫困治理应聚焦于可持续生计建设，通过评估农户生计资本，建立预警机制，提升农户发展能力，并设计有针对性的生计政策和救助制度，增强其风险抵御能力。何仁伟（2017）认为构建贫困人口的可持续生计是贫困治理的最终目的，并从生计资本和生计策略两个维度对我国贫困治理进行了系统梳理，提出了基于农户可持续生计的贫困治理框架。久毛措（2017）通过对我国藏区的贫困脆弱性进行深入研究，将其分解为风险冲击和生计资本两个方面，发现生计资本的匮乏使得贫困家庭难以抵抗风险冲击，进而陷入脆弱性贫困，因此解决贫困家庭的脆弱性问题，需要结合其生计资本，精准识别贫困问题，以实现有效的贫困治理。杨文静（2022）指出农户生计转型是扶贫制度更新进步的结果,表现为脆弱性生计到良性再到韧性生计的转变,在农业农村现代化阶段,乡村振兴的重点是构建农户韧性生计支持体系,包括强化农业基础、提升生计资本和完善能力保障体系,以推进贫困治理和农户生计改善。

在城乡二元结构治理上,郑长德(2018b)认为要提高脱贫质量,实现禀赋结构升级是最优先选择,持续加强农村基层组织建设,优化农村教育水平和推进农村基础设施建设。李春根(2019)指出完善的基本公共服务体系有利于提升深度贫困地区的生存环境和整体发展水平,还有利于贫困者个人可行能力的形成,为贫困者创造更多发展空间,因此需要加强基本公共服务体系建设,提高供给和服务能力。杨迎亚(2020)认为优化公共服务配置,努力缩小地区和城乡间的公共服务差距,能够显著缓解相对贫困问题,增强减贫工作的实效性。唐任伍(2020)指出在后精准扶贫时代贫困问题的本质在于发展不平衡与不充分,长期存在的城乡"二元"结构,以及社会新分层分化现象,导致出现新型贫困,因此应以"均衡""平等"作为价值取向,改变城乡二元贫困治理框架,实行城乡一体化的治理策略,积极推动公共服务均等化。潘文轩(2021)指出要构建城乡一体化的反贫困体系,需要提供完善的公共服务和社会保障,同时实现城乡资源要素的自由流动与平等交换,不断缩小城乡发展差距,才能为建成公平而高效的城乡一体化反贫困体系创造有利条件。李卓(2022a)提出在"后精准扶贫"时代亟须转变贫困治理理念,构建并完善基本公共服务减贫的基本框架和评估体系,通过实施基于机会均等的减贫路径,确保减贫成果的稳固与持久。

在乡村基层治理上,学者们主要关注提升内生发展动力和基层治理等方面。谭俊峰(2018)指出在决战深度贫困的征程上,多方协同、多维嵌入至关重要,坚持政治嵌入、经济嵌入、文化嵌入和认知嵌入,为贫困治理筑牢政治保障、激发内生动力、发挥本土文化优势、营造良好市场环境。王文雅(2018)指出贫困主体脱贫内生动力不足是制约贫困治理的关键因素,应通过加强党建引领、转变发展观念、丰富发展思路等措施,提升贫困主体内生动力,推动贫困治理深入发展。郭儒鹏(2019)指出扶贫资源的"嵌入"在客观上改善了民族地区的贫困程度，但民族地区所拥有的文化内涵会在更深的层面上影响和支配贫困地区群体的行为，会制约贫困治理的成效，认为贫困治理应该由"嵌入"到"互嵌"进行视角转换，构建一种动态的治理方式，使多元的文化高度整合在同一个体系框架下，是一个实现"认可—接纳—归属"的过程，不断激发民族地区群众内生动力，进一步提高贫困治理效率。汪三贵（2022）认为贫困治理进入新发展阶段，治理动能逐渐内化，更依赖于脱贫人口的内生动力驱动，通过"扶志""扶智"等治理措施改变西部地区脱贫人口贫困状态，不断提高农户内生动力，取得显著的治理效果。薛刚（2022）指出深度贫困地区摆脱绝对贫困后，贫困户仍存在与相对贫困相适应的认知心理特点和行为习惯，因此为巩固脱贫攻坚成果，消除相对贫困需要突出劳动导向的预防返贫政策、消解贫困亚文化的负面影响、促进激发相对贫困健康的家庭动力等措施。袁立超（2017）通过实地调查梳理扶贫开发过程，发现"干部驻村"工作制度在整合扶贫资源、激活基层组织建设、改善民风等方面发挥积极作用，从而提高了贫困治理效能。毕昌萍（2022）认为要构建相对贫困治理的长效机制，需要创新基层队伍建设和构建人才激励机制，为相对贫困治理持续"供血""造血"，提供持续的动力和支持，确保治理工作的长效性和稳定性。

在结构化反贫困治理方面，西方学者 Edward Royce 将结构主义分为"强结构主义"和"弱结构主义"，其划分的依据主要是反贫困治理中国家干预市场、产业以及社会发展的政策程度。基于此，国内学者应用个人主义贫困理论和结构主义贫困理论，结合国家对社会和市场干预的程度构建国家干预与个人努力结构图（邓大才，2021）。按照国家干预程度，划分出了积极国家、发展型国家、有效国家、消极国家和无为国，前三类对应的是结构主义贫困理论。其中，积极国家对应的是强国家主义，即在反贫困治理中国家实施强有力的干预措施。国家不仅实施教育、医疗、住房以及低保等方面的政策，也制定产业政策干预市场，帮助贫困村、贫困户发展生产，保障带动农户基本发展增收能力；同时，加强贫困地区较高标准的基础设施建设。正是由于政府的强力干预，也导致在扶贫过程中出现贫困人口"等靠要"现象，也就是所说的"被动穷人"。发展型国家对应的是发展主义，在扶贫过程中，这种类型国家会主动通过产业政策干预产业发展，同时也会协助符合需求的企业发展。一般在发展初期阶段，国家主要是促进发展，将"蛋糕做大"，国家控制再分配和社会政策。之后，当经济发展到一定阶段之后，通过实施社会政策，实施再分配，缓解不平等和进行扶贫。其与积极国家的区别在于发展型国家通过制定产业政策干预市场，促进区域发展。在这种发展型政策干预下，穷人的积极性也会受到一定抑制，在现实中出现"服从穷人"的现象。有效国家对应的是福利主义，在贫困治理中，这种国家既要有普遍性的社会扶持政策，同时也需要针对特殊群体的扶持政策。比如通过实施教育、技能培训等提升人力资本，提升就业能力，也有针对妇女、儿童、老人和残疾人等的特殊扶持政策。这类国家与前两种类型国家的差异在于不直接干预市场，但通过干预性社会政策补充市场需求。

2.2.3 脱贫攻坚同乡村振兴衔接研究综述

国内学者对脱贫攻坚与乡村振兴两大战略的衔接已有了较多研究。何爱爱（2021）认为，有效衔接工作应从以下三方面重点突破：推进理念衔接，激发内生动力；产业衔接，实现产业兴旺；规划衔接，发挥长效作用。张永利（2021）认为脱贫攻坚和乡村振兴只有在任务目标、体制机制和政策内容等方面进行有机衔接，才能提高各类资源的使用效率。王国敏等（2021）通过构建巩固拓展主体—内容—工具的三维整体框架，揭示二者有效衔接需要多元主体联动形成衔接合力、五大内容协同促进提质增效、多维工具集成提供衔接保障。张久文（2021）认为，实现巩固拓展脱贫攻坚成果同乡村振兴有效衔接路径可以从四个方面入手，即产业发展、绿色发展、就业培训、基础设施方面协调发展。蒋雨东等（2021）采用熵权法与耦合协调度模型测算脱贫攻坚指数、乡村振兴指数以及二者的耦合协调度。耦合协调度相对较低，应加强衔接工作，激发群众内生动力和促进产业升级；耦合协调度相对较高，可通过个人和集体方式促进增收，以此形成未来衔接。徐亚东（2021）认为，农村"三变"改革作为当前深化农村改革和实现农村资源有效配置的重要制度供给，能有效衔接脱贫攻坚与乡村振兴。高强（2019a）认为，脱贫攻坚与乡村振兴有效衔接的总体思路要从政府与市场两个层面展开，做好政府主导与市场决定的统筹衔接。左停等（2019a）认为，脱贫攻坚以产业扶贫为抓手，为贫困地区发展打下了坚实基础，而乡村振兴战略的推进既能巩固产业扶贫成果，又有利于建立稳定脱贫的长效机制。汪三贵（2019）认为，脱贫攻坚与乡村振兴有机衔接的重点内容主要体现在产业发展、生态环境、体制机制与基层治理、公共服务与生活质量等方面。豆书龙等（2019）认为，乡村振兴与脱贫攻坚衔接在理论方面，脱贫攻坚与乡村振兴具有内容共融、作用互构和主体一致的互涵关系；在实践方面，乡村振兴可以借鉴脱贫攻坚的有效经验实现稳健推进，脱贫攻坚也能利用乡村振兴机遇谋求纵深发展。而在针对深度贫困地区脱贫攻坚与乡村有效衔接方面，牛胜强（2021）认为，在有效衔接使命任务，找准两大战略耦合部位的基础上，聚焦重点领域扎实做好巩固拓展脱贫攻坚成果与乡村振兴有机融合，才能在两大战略相互协调、相互配合中推动深度贫困地区减贫事业上台阶、上水平。邓崧等（2021）认为，边疆地区有效治理路径分为四个类型，即有效治理型、资源注入型、智力输送型以及内在驱动型。同时合理利用大数据等现代技术来驱动管理体制改革是边疆地区乡村治理的重要路径。邓婷鹤等（2020）认为，在后脱贫攻坚期相对贫困地区衔接乡村振兴的政策调适方面需要农村基本公共服务均等化，建立防贫治理体系，政策帮扶由物质帮扶逐渐向能力提升转变。高静等（2020）认为，对贫困地区脱贫攻坚与乡村振兴统筹衔接的可行路径之一是充分调动全社会的力量，形成政府、社会、市场参与的多元行为主体，各自发挥好统筹衔接中的作用，全力推动脱贫产业与产业兴旺有效衔接。朱海波等（2020）认为，贫困地区中存在产业扶贫市场机制不彰、可持续性差的问题，应根据当地资源、人力、资本、企业，培育和发展具有竞争优势的产业形态。张南（2020）认为，在脱贫过程中，需从发展新兴产业和拓展脱贫内容两个路径着手努力。郑瑞强等（2018）认为，贫困地区乡村振兴战略实施需要夯实产业基础，补齐服务短板，重视质量提升。

从脱贫攻坚同乡村振兴衔接应对措施上看。高强（2019b）认为，两大战略衔接要从政府和市场两个层面展开，其中在市场层面，要紧紧围绕农民群众这一主体，激发他们的内生动力和发展能力，发挥他们的积极性、主动性，推动城乡融合发展，提高要素市场化配置水平。而在政府层面，要保持相关政策稳定，投入不减少、不松劲，从规划、政策、监管和工作等方面做好统筹。涂圣伟（2020）认为，应按照"修正、转型、强化"的思路，两大战略从政策层面转型和接续，要构建起常态化的社会动员机制，提升基层党组织、村干部、社会组织等动员能力。加强驻村工作队、包村干部和第一书记等人才资源的统筹利用。围绕基础设施、生态保护、产业发展和民生保障等，整合推动重大项目建设。左停（2019b）认为，要在总结脱贫攻坚经验和做法的基础上，探索符合不同区域实际发展路径；在充分尊重市场规律的前提下，推动产业帮扶，同时政府做好服务功能。推进制度化金融体系建设，用高质量金融满足农户多样化需求。提高农村治理能力，强化对农村弱势群体的社会保障。左停（2020）认为，两大战略衔接要坚持以人民为中心和农业农村优先发展的理念，要创新村社治理结构，补齐儿童养育、敬老养老机构建设短板，加大贫困地区中心集镇建设。张明皓（2021）认为，在两大战略衔接政策安排上，要构建基础性和差异性相统一的衔接政策，其中基础性政策涵盖公共服务、项目资源投入以及重点工程，差异性政策涵盖适合不同区域、不同主体的政策设计。要从外部资源供给和内部风险防范提供双支撑的政策保障，从内部要加大各类风险的监测识别，保证二者衔接的稳定性；外部要从资金投入政策、土地利用政策和公共服务政策等方面加大全方位保障，确保两大战略顺畅衔接。高强（2022）认为，两大战略衔接过渡期定位在于"过渡"，但最终的目的是要实现衔接。他认为首先要深化对衔接的认识，需要认识到巩固的核心在于保持主要帮扶政策总体稳定，拓展的核心在于细化落实过渡期各项帮扶政策，衔接的关键核心在于路径的统筹谋划、工作机制的优化和有效政策的梯度推进。要明确领导体制和职责分工，要强化"五级书记"抓乡村振兴的制度保障，要坚持中央统筹、省负总责、市县抓落实的工作机制。要制定差异化的衔接节奏和方向，要坚持稳中求进的工作总基调，合理把握节奏、力度和时效，同时要尊重客观实际和农民主体地位，满足不同主体和区域差异化政策诉求。要优化扶贫资产管理利用机制，解决好扶贫资产"属于谁、谁来管、如何管"和资产收益"属于谁、谁来分、如何分"的问题。白永秀（2021）认为，要按照"退出、延续、升级、新增"的思路，明确哪些政策需要退出、哪些政策需要延续、哪些政策需要升级和哪些政策需要新制定。

第 3 章

农村反贫困历程与脱贫成效经验

3.1 农村反贫困历程

3.1.1 中国农村反贫困历程

自新中国成立以来，在过去70年的发展历程中，中国共产党带领全国人民坚持不懈地开展反贫困斗争，结合各阶段贫困状况和特点，反贫方式由新中国成立初期的救济式扶贫，到改革开放之后的开发式扶贫，再到脱贫攻坚阶段的精准扶贫；反贫目标从"保生存"到"保民生、促发展"再到"惠民生、促发展"（汪三贵等，2020）。每个阶段都有明确的反贫目标和扶贫特点，都有针对性地实施了一系列扶贫政策和措施。总体看来，70年的扶贫历程使中国社会经济发生了翻天覆地的历史性变化，中国农村贫困问题得到极大改善。

第一阶段：新中国成立后的救济扶贫（1949—1977年）

新中国成立之初，中国正处于国贫民贫、内忧外患、民生凋敝、百废待兴的困境之中。为了解决当时面临的极度艰难的现实困境，在中国共产党的领导下，"让人民彻底摆脱贫困潦倒的穷日子"被明确确定为当时反贫困斗争的目标。在新中国成立时召开的第一届第一次政治协商会议上明确提出，我们要克服一切艰难险阻，大规模推动经济和文化建设，实现人民物质生活和精神文化生活的不断改善，扫除新中国刚成立后存在的愚昧和落后（邱延生，2010）。这一时期中国所采取的反贫困方式多是短期救济手段，或是通过整体性经济增长来缓解当时的贫困问题。此阶段中国的反贫困措施主要有：首先进行土地改革，赋予广大贫困农民土地使用权。新中国成立之前，中国土地现状是"富者田连阡陌，贫者无立锥之地"，土地分配极其不均，土地主要是集中在地主手中，广大贫困农民完全没有基本的生产资料来源。新中国成立后推行土地改革，农民获得了土地所有权，废除了封建土地所有制，到1952年中国土地改革基本完成。土地改革后，贫雇农耕地规模占全国耕地面积的比重为47.1%，较土地改革前的14.28%增加了32.82个百分点；地主耕地所占比重为2.2%，较土地改革前的38.26%减少了36.06个百分点，土地占有主体发生了根本性变化，真正实现了人民当家作主，达到了孙中山先生提出的"均地分力"的效果，实现了"耕者有其田"的目标愿望（杜润生，1996）。同时，按照当时《土地改革法》的相关规定，没收了地主的耕畜、农具、多余的粮食及房屋等，将这些生产生活资料分配给无地或少地的贫困农民。其次是开展互助合作化，提升农业生产效率。土地改革后，尽管平均分配了土地和生产资料，但又面临着生产资料人均占有量少，导致分散化、细碎化、小规模等问题，加之当时农业生产能力还十分欠缺，农业生产效率极低。为提高极低的农业生产效率，按照中央指示，新中国掀起了轰轰烈烈的农业互助合作运动。到1952年底，40%的农户加入了农业生产互助合作运动。毛泽东（1996）指出，只有在社会主义国家，才能彻底改变私有制度，才能大幅度提高生产力，完成工业革命，解决人民的供需矛盾问题。通过农业互助合作建设，消灭了土地私有制，把广大分散的农民集中在人民公社组织内进行生产管理，农民互助合作有效解决了当时部分农民生产困难的问题，也在一定时期内极大提高了农业生产效率，农业生产得到迅速恢复，农民生产生活质量也得到改善。再次是加强基础设施和公共服务建设。新中国通过实施计划经济管理体制，有效整合社会资源，尤其是在人民公社时期大力兴修农田水利、基础设施。全国农业灌溉面积由1952年的1995.9万公顷，提高到1978年的4496.5万公顷，增加了1.25倍。农机总动力由18.4万千瓦，提高到11795万千瓦，增加了640倍。化肥用量由7.8万吨，增长到了1086.3万吨，增加了112倍（中华人民共和国农业部计划司，1989）。大力普及推广基础教育，构建起了生产大队办小学、公社办中学、区委会办高中的教育体系，创造了"政府补贴+公社的公共经费分担"的全民办教育模式。学龄儿童入学率由1949年的20%提高到1978年的95.5%，提高了75.5个百分点。完善基本医疗服务，建立以"赤脚医生"为主体，以公社卫生院、大队诊所为机构的农村基本医疗服务体系。中国文盲率由1949年的80%下降到1978年的22%（国家统计局，1979）；人均寿命由1960年的43.7岁提高到1978年的65.9岁，增加了50.8%。这些成绩的取得不仅促进了中国农村公共事业的蓬勃发展，也有效提高了广大贫困农民的人力资本水平和生活水平。这一阶段依托人民公社集体经济体制，国家对丧失劳动能力和无人抚养儿童及无人赡养的农村老年人提供食物、衣服、住房、医疗、教育和丧葬等"五保"救济制度。上述政策措施的实施，有效缓解了此阶段极端贫困问题，在人口较快增长和粮食供给不足的当时，通过平均分配有效防治了大规模饥饿问题。但由于实施的是高度集中的计划经济体制和平均主义分配制度，特别是发展到后期，在一定程度上阻碍了生产力的快速发展，农民的生产积极性下降，扶贫政策难以长期发挥作用。

第二阶段：体制改革推动扶贫（1978—1985年）

新中国成立后经历了近三十年的发展，中央通过对农村生产状况和经济形势的认真研究分析，认识到发展生产力对减贫和经济发展的重要性，开始对当时人民公社为主的高度计划集体经营体制存在的问题进行反思。以邓小平为代表的党和国家领导人，继承毛泽东提出的"共同富裕"思想，明确指出共同富裕是社会主义本质要求。邓小平指出，"搞社会主义，一定要使生产力发达""社会主义本质是解放生产力、发展生产力、消灭剥削、消灭两极分化，最终达到共同富裕"。党中央深刻认识到，造成中国农村出现大面积贫困的直接原因是生产力低下，当时生产能力和取得的成果无法有效满足广大人民群众生存需要，制约生产力低下的根本性因素是体制落后。为了有效解决广大人民群众的生存问题，解放发展农村经济，务必要进行一系列的体制改革实践。在这样的背景下，在党的十一届三中全会上，中央提出了对外实施开放政策，对内加大改革等一系列重大决定，其中最重要的一点就是实施家庭联产承包责任制。在国家大力推动下，从1979年开始，对人民公社为主的集体经济经营体制开始改革，在全国上下积极推行家庭联产承包责任制。家庭联产承包责任制下，土地所有权仍归属集体，但实行"分田到户、自负盈亏"，也就是说将土地经营权按户分给农民，土地交由各家各户自己去经营，农民自主经营权得到大幅提升。通过将土地经营权由高度集中的人民公社集体经营解放出来，由农民家庭自主经营，明显提高了农业生产经营意识，释放了劳动生产力，提高了农民积极性，是一项革命性的重大改革。家庭联产承包责任制推行后，中国粮食总产量从1978年的3 037.5亿千克，五年间增长到1984年的4 092亿千克，增长了34.71%；农民人均纯收入从133.6元，增长到397.6元，增加了264元；农村社会总产值从2 037.5亿元上升到6 340亿元（吕书奇，2008）。随着农业生产力的极大解放，保障当时亿万农民温饱的粮食问题逐步得到解决，贫困百姓吃不饱、穿不暖的贫困局面得到极大改善，这样就有更多的劳动力有体力和精力投入到更广阔的农业生产中去，这又进一步促进了生产力发展，形成了一个良性互动过程，乡村经济在这一时期开始得到繁荣和复苏。

之后，多项经济改革举措在全国层面陆续推进实施。首先是大力推进农贸市场改革。政府鼓励开放市场自由度，放宽和调整农产品市场价格约束，提高农产品收购价格。中国农业整体市场化程度从1978年的7.67%上升到1986年的48.3%（陈宗胜，1999）。粮食、油料、糖料、棉花、猪肉等价格较改革初期涨幅20%～30%，这有效提高了农民的收入水平。其次是鼓励发展乡镇企业。1979年国务院颁布了《关于发展社队企业若干问题的规定（试行草案）》。乡镇企业兴起有效改变了当时农村单一结构，之后的工业、服务业等二三产业迅速发展起来，不仅促进了当地经济的快速发展，而且也提高了农村市场对资金、劳动力的吸引力。乡镇企业为农村劳动力转移就业提供了岗位，提高了农村剩余劳动力的消化能力，为贫困人口提供了更多的就业机会和谋生手段。中国乡镇企业就业人数从1978年的2 826.6万人增长到1985年的6 976万人，总产值从493.1亿元增长到2 728.4亿元（当代丛书编辑部，1992）。同时，逐步放宽对农村劳动力输出的限制。1984年国务院颁发了《关于1984年农村工作的通知》，允许农村劳动力自己负责钱和口粮，进城务工经商。在1985年中央一号文件中明确："在各级政府的统一管理下，允许农民进城开店设坊，兴办服务业，提供各种劳务"（中共中央文献研究室，1986）。其间，农村非农就业人数从1978年的314.95万人上升到7 521.8万人（国家统计局，1995）。同时，开始实行"老少边穷"定向地区扶贫。随着国家经济恢复发展，根据这一时期贫困人口分布特点，扶贫开发工作开始向"老少边穷"地区逐步延伸覆盖。1980年，国家开始启动设立财政专项扶贫资金，即"支援经济不发达地区发展资金",这也是从中央层面设立的第一笔专门用于扶贫的专项资金。这笔专项资金主要用于支持边疆贫困地区、少数民族集聚区、革命老区经济社会发展。从1982年开始,国家开始推动实施"三西扶贫"① 计划,启动了对宁夏西海固地区、甘肃河西地区和定西地区农业建设专项扶贫资金,用于这些集中贫困地区。应该说在20世纪80年代初期,中国已经开启了区域扶贫开发的历史先河。1984年国家颁布实施了《关于帮助贫困地区尽快改变面貌的通知》,专门设立了以工代赈资金,帮助贫困地区开展基础设施建设,弥补基础设施严重不足的问题。1980—1984年5年间,中央财政安排扶贫资金累计达到29.8亿元,年均增幅达到11.76%(中国经济网,2016)。这一时期国家通过"输血"式扶贫政策,有力促进了贫困地区经济发展,对贫困农户减贫增收起到了显著作用。若贫困标准线按1978年100元计算,从1978—1985年7年间,贫困人口共减少了1.25亿人,贫困人口从改革之初的2.5亿人减少到1985年的1.25亿人,年均减少1 786万人,贫困发生率从30.7%降低到15%,下降了15.7个百分点(汪三贵等,2018)。但当时扶贫措施相对单一且分散,扶持力度也比较弱,对于集中连片贫困问题并未能有效解决,这在一定程度上将最贫困群体排除在了扶持对象之外。

第三阶段:大规模开发式扶贫(1986—2000年)

在经过农村体制改革、市场化改革等一系列措施之后,中国农村贫困问题得到了极大改善,尤其是一些自然条件相对较好且地理位置优越的地区率先实现了脱贫。但从1985年起,中国贫困人口减少速度开始呈现下降趋势,扶贫成效有所减弱,内陆地区、边远山区等自然资源条件相对差的地区,其发展落后于平原地区和沿海地区,区域间贫富差距进一步拉大。

---

① 1982年12月国务院启动实施了甘肃河西地区、定西地区和宁夏西海固地区的农业建设扶贫工程,即"三西扶贫"工程,国务院成立了"三西"地区农业建设领导小组。"三西扶贫"共涉及47个县(市、区),到1992年扩大到57个。自1982年起,国家连续10年每年安排2亿元专项资金(简称"三西"资金)支持"三西"地区农业开发建设。1992年国务院决定将每年2亿元"三西"资金预算计划延长10年。2000年和2008年,国务院又先后作出决定,再延长"三西"资金计划,安排至2015年,并从2009年开始,每年增加到3亿元。经过40年的努力,"三西"地区已彻底告别了极端贫困状况。

为有效解决地区间发展不平衡问题，提高减贫成效，中国从这一时期进入了大规模开发式扶贫新阶段。首先成立了专门的扶贫组织管理机构。1986年，国务院成立了贫困地区经济开发领导小组，即国务院扶贫开发领导小组的前身。该领导小组主要负责扶贫政策制定出台，扶贫规划编制和组织实施。此外，全国贫困县规模核定、扶贫优惠政策制定、扶贫标准确定以及财政扶贫资金下达等也是由贫困地区经济开发领导小组负责。这标志着中国扶贫工作有了一个统筹主管的领导机构，中国进入了有计划、有组织、大规模的开发式扶贫阶段。这种扶贫机制的组织化使得反贫困工作更加具有针对性，提高了扶贫效率，有效解决了区域经济发展不平衡等突出问题。其次是推进以县为单位的扶贫瞄准机制。从1986年起，中国针对全国18个集中连片贫困地区，启动了大规模重点扶贫开发。按照各地各区域确定的贫困标准，中国将70%的扶贫资金投入全国368个省级贫困县和311个国家级贫困县。当国家采取这种以县为单位的扶贫机制后，在扶贫资金的使用上改变了过去"撒胡椒面"的做法，扶贫资金使用也更为集中聚焦，资金使用效率也得到大幅提高。在开发式扶贫阶段，扶贫贴息专项资金、以工代赈资金和不发达地区发展资金是国家在大规模扶贫开发阶段投入的财政专项扶贫资金。仅在1985—1993年间，国家累计安排财政扶贫专项资金就达201.27亿元，年均增幅达16.91%（中国经济网，2016）。再次是制定实施了"八七"扶贫攻坚计划。《国家八七扶贫攻坚计划》于1994年开始颁布实施，也被称为"八七"扶贫攻坚计划，这也是中国历史上第一个明确了扶贫对象、时间节点和具体扶贫举措的扶贫开发行动纲领。该计划提出用7年时间，在全社会各方力量的大力帮扶下，让8000万贫困人口实现脱贫，基本解决他们的温饱问题。"八七"扶贫采取的主要措施有：重新调整了国家级贫困县，国家级贫困县调增至592个，扶贫重点乡镇9399个，重点村70333个。建立东西部扶贫协作机制。建立东部沿海地区定向扶持西部欠发达地区扶贫协作机制，明确资金、责任、任务、权力"四个到省"。动员社会力量参与扶贫工作，动员鼓励中央和地方机关事业单位、各民主党派、工商联、科研院校、人民军队等社会力量发挥各自优势，从科技、人才、劳务输出、经济合作等多方面进行帮扶。从1994年起之后的7年间，中央政府用以工代赈资金和扶贫贴息贷款资金每年再增加10亿元（汪三贵和曾小溪，2018），共累计安排财政扶贫资金531.81亿元用于扶贫开发，年均增长9.81%（中国经济网，2016）。通过以上扶贫措施，中国扶贫开发工作从前期的开发式扶贫转向横纵联合与内外兼顾的参与式扶贫，明确了到村进户的扶贫方略，逐步形成了内外"造血式"扶贫开发机制。同时，这一时期有组织的扶贫攻坚计划，为后期大规模扶贫战略的实施积累了很好的实践经验。到20世纪末，全国农村绝对贫困人口从8 000万人下降到3 209万人，下降了4 791万人，贫困发生率下降为3.4%（国务院新闻办公室，2011）。

第四阶段：参与式大规模综合扶贫（2001—2010年）

进入21世纪，为适应新的贫困状况和巩固扶贫成果，中国制定颁布了《中国农村扶贫开发规划纲要（2001—2010年）》，明确了"政府主导、社会参与、自力更生、开发扶贫、全面发展"的扶贫方针。纲要瞄准特困地区、边疆地区、少数民族地区以及革命老区，大力实施"一体两翼"扶贫开发新举措，其中"一体"主要是实施整村推进，"两翼"是实施产业扶贫和劳动力转移两项扶贫工程；同时，集聚扶贫资源，推进定点帮扶、社会帮扶和对口帮扶，实施多元化扶贫举措。首先，实施扶贫资源村级瞄准机制。为防止将贫困县内的扶贫资源外溢到非贫困户，防止遗漏非贫困县中的贫困人口，在保证国家级592个贫困县不变的基础上，取消了东部省份的贫困县名额，全部集中在了中西部省区贫困县市。为更好地瞄准贫困人口，国家在全国范围内选定了14.8万个贫困村实施整村推进扶贫，这些村占全国行政村的21.4%（左常生，2016），这些整村推进贫困村的贫困人口占全国农村贫困人口的80%。这之后，"整村推进"专项扶贫工作在全国正式开始，在这一过程中贫困户可以参与项目的实施过程，提高了扶贫对象的针对性、主动参与性。同时，中国制定了低收入贫困标准，将初步解决温饱问题的低收入群体纳入帮扶对象，到2008年国家将扶贫标准提高到了1 196元，可基本实现"有吃、有穿"温饱条件满足。其次，实施劳动力转移培训扶贫。2003年颁布的《国务院关于进一步加强农村教育工作的决定》明确提出，大力发展农村职业教育，重点开展以农民培训为重点的成人培训，促进农民增收。实施农民实用技术培训，每年培训规模超过1亿人次，其中实施农村劳动力转移培训，每年培训规模超过2 000万人次，通过劳动力转移培训，使贫困人口初步掌握在城镇和非农产业就业的必要技能。同时，通过"雨露计划"，以农村青壮年贫困户为对象，开展建筑、餐饮、电子配件、家政服务等为主的技能培训，提高他们的素质和就业创业能力。最后，推进农业产业化扶贫。《中国农村扶贫开发规划纲要（2001—2010年）》明确提出，要积极推进农业产业化经营的产业化扶贫；国务院《关于做好农业农村工作的意见》中提出，农业产业化不仅有利于提高农业生产效率、增强农业竞争力，并有利于推进农业现代化。这一时期产业化扶贫的主要内容包括，在贫困地区确立了马铃薯、林果、草原畜牧业、棉花等主导产业，并围绕主导产业建立了生产基地。2004年国家取消了贫困县农业税，开始对种粮农户进行粮食直补、粮种直补和农机具补贴，这些措施有力调动了广大农户的积极性。同时出台优惠政策，扶持龙头企业，探索"扶贫龙头企业+基地+贫困农户"的运行机制，推动了贫困农户与企业双赢。按照2010年确定的1 274元全国农村贫困标准线，2001—2010年的10年间，农村贫困人口从2001年的9 422万人减少到2010年的2 688万人，每年减少673万人；农民人均纯收入从2001年的1 276元，增长到2010年的3 727元，年均增幅为11%；农村贫困人口占农村人口的比重从10.2%下降到2.8%，下降了7.4个百分点（国务院新闻办公室，2011）。

第五阶段：全面建成小康社会的脱贫攻坚时期（2011—2020年）

随着扶贫工作的不断深入，中国贫困人口快速大幅减少，但剩余贫困人口重点分布在自然环境条件相对较差的偏远山区、少数民族集聚区和边疆地区，且这部分群体成为最难脱贫的群体。同时，这一时期区域经济减贫的效应在逐步下降，以开发式扶贫为主导的扶贫方式存在贫困人口漏出的问题，区域发展不平衡不充分的矛盾日益突出，一些特殊困难地区发展基础薄弱，特殊困难群体致贫因素复杂，抵御自然风险、市场风险和自身家庭变故风险等能力薄弱，脆弱性高。为彻底消除绝对贫困人口，全面建成小康社会，国家制定了新的扶贫战略政策，精准扶贫的战略理念应运而生。一是实施精准扶贫、精准脱贫方略。为全面实现小康社会奋斗目标，2011年的《中国农村扶贫开发纲要（2011—2020年）》提出了"两不愁、三保障"①脱贫任务目标。2013年习近平总书记在湘西考察时提出了精准扶贫理念，这一理念在后期的扶贫工作中不断丰富和深化。按照习近平总书记精准扶贫思想，将"六个精准"作为精准扶贫的主要内容，以建档立卡贫困人口为对象，将精准识别、精准帮扶、动态管理、精准考核作为精准扶贫的主要内容，做到精准识别对象、精准安排项目、精准使用资金、措施精准到户、精准派人驻村和最终实现精准脱贫。同时，按照贫困地区和贫困人口脱贫需要，将"五个一批"工程作为精准扶贫的减贫路径，即通过发展生产、生态补偿、易地搬迁、发展教育和实施兜底保障，最终实现脱贫。较之前开发式扶贫，精准扶贫目标更加明确，靶向更加清晰，措施更加精准，更能够发挥党对脱贫攻坚的全面领导，发挥社会主义制度优势。二是全面推进脱贫攻坚战。从2015年开始，按照中央统筹、省负总责、县抓落实的管理机制，把扶贫开发与党的建设有机结合，充分发挥基层党组织战斗堡垒作用，落实党政一把手五级书记亲自抓扶贫的政治责任，实施地方政府与中央签订"军令状""责任书"，确保坚决打赢脱贫攻坚战。同时高度重视村"两委"建设，向贫困村派出第一书记和驻村工作队，负责脱贫攻坚工作，把脱贫攻坚工作严格做到落实"最后一公里"。三是构建大扶贫格局。中共中央、国务院《关于打赢脱贫攻坚战的决定》提出，要健全东部发达地区与西部落后地区协作机制，健全社会各方力量参与协调机制，实施中央定点帮扶、对口帮扶等帮扶机制，构建起一套大扶贫格局。在大扶贫格局下，专项扶贫由国家各级扶贫系统统筹实施；行业扶贫是在各级脱贫攻坚领导小组的领导下，统筹社会经济各行业部门，推进行业扶贫；社会扶贫是由各类社会组织等自发形成的扶贫组织，参与扶贫工作。大扶贫格局实现了政府、市场、社会多元主体参与扶贫，满足

---

① 2011年中共中央 国务院印发了《中国农村扶贫开发纲要（2011—2020年）》，提出"两不愁、三保障"绝对贫困脱贫目标。"两不愁"指确保贫困人口不愁吃、不愁穿；"三保障"指保障九年义务教育、保障贫困人口基本医疗需求、保障大病和慢性病得到有效救治。同时，确保贫困家庭住上安全住房。

了不同贫困人口多元化、差异化脱贫需求，实现了贫困需求与资源供给的有效衔接，显著提升了扶贫的精准性与高效性。四是实施"区域+个体"双瞄准扶贫机制。2011年的《中国农村扶贫开发纲要（2011—2020年）》，将14个集中连片贫困地区、832个国家级扶贫开发工作重点县、12.8万个贫困村作为区域瞄准对象。为精准聚焦区域性贫困问题，"深度贫困地区"这一概念是习近平总书记在2017年6月深度贫困地区脱贫攻坚座谈会上明确提出的。2018年中共中央、国务院制定了《关于打赢脱贫攻坚战三年行动的指导意见》，从2018—2020年的3年间，"三区三州"即西藏、四川藏区、南疆四地州和四川凉山州、云南怒江州、甘肃临夏州等深度贫困地区是脱贫攻坚任务十分艰巨的地区，是脱贫攻坚战的主战场，是艰中之艰、贫中之贫。同时，为保障符合要求的贫困人口得到精准帮扶，各省通过采取基层民主评议、实施建档立卡精准识别等方式，将贫困人口精准纳入扶持对象，重点围绕"两不愁三保障"实施精准扶贫帮扶。到2020年底，全国脱贫攻坚战取得全面胜利，现行标准下的9 899万贫困人口全部实现脱贫，832个贫困县全部摘帽，12.8万个贫困村全部列出，区域性整体贫困问题得到解决，绝对贫困问题得到彻底消除。

3.1.2 新疆农村反贫困历程

新疆农村扶贫工作与全国基本同步，在经历了新中国成立后农村土地改革后，推翻了地主、农奴主在农村政治上的统治，建立了共产党领导下的贫农、雇农为主体的乡村人民政权。土地改革后，为提高极低的农业劳动生产效率，新疆与全国一道掀起了轰轰烈烈的农业互助合作运动。自20世纪70年代末至80年代初，新疆以改变贫困地区经济文化落后状态，解决农村贫困人口温饱问题为目标，实施开展了大规模扶贫开发。总体看，改革开放后新疆反贫困历程大体经历了以下五个阶段，取得了显著的扶贫成效。

第一阶段：体制改革推动扶贫（1978—1985年）

1978年，按照当时国家确定的人均收入100元贫困标准统计，新疆绝对贫困人口达到532万人，占农村总人口的57%。1979年初新疆在和田地区墨玉县托呼拉乡组织扶贫开发试点，随着试点的扩大，在全疆逐步推展开来。在这一阶段，国家对过去社会主义走过的弯路进行了反思，对什么是社会主义有了更加深刻的认识，社会主义市场经济理论开始逐步发展，同时中央在这一时期也提出了社会主义初级阶段的概念。伴随着国家的发展，新疆农村也在土地经营方式和产品分配上与国家同步进行了大幅改革。在土地经营方式上，废除了人民公社时期的集体土地经营制度，推行实施家庭联产承包制；在分配上，采用的农产品分配方式是"交足国家的，留够集体的，剩余是自己的"的方式。这些改革措施极大调动了农民的生产积极性，解放了农业生产力，提升了农业劳动生产率。据新疆农业志统计，1978—1985年，新疆小麦单产从89千克/亩增长到164千克/亩，棉花单产从24千克/亩增长到49千克/亩，油菜从24千克/亩增长到54千克/亩，分别增长了84.3%、104.2%和125%。其次，进一步完善农产品市场体系，逐步放开农产品价格管制制度，农产品价格逐步实现由市场决定。再次，加快扶持发展乡镇企业，对工商业投资开发实施放开政策。随着农村改革措施的不断推进，农村产业结构逐步优化，农业生产效率极大提高，二产加工业也得到了较快发展，对带动农村劳动力从事非农产业就业增收起到积极作用。新疆农业志统计显示，新疆农业总产值从1978年的10.9亿元增长到1985年的39.2亿元，增长了2.6倍。农民人均收入从84.8元增加到325.6元，增长了240.8元。按照1985年200元以下人均收入标准计算，1985年新疆贫困人口为249万人，较1978年的532万人减少了283万人；全疆贫困人口占农村总人口的比重下降到32%，较改革开放之初下降了25个百分点。

第二阶段：大规模开发式扶贫（1986—2000年）

1986年5月，新疆在南疆喀什市召开了"南疆三地州脱贫致富工作座谈会"，同年8月，又在北疆阿勒泰市召开了"加快发展北疆牧区经济工作会议"。两次会议上制定了贫困地区脱贫增收和经济发展多项措施，明确了扶贫开发目标任务。1987年10月，成立了新疆维吾尔自治区贫困地区经济开发领导小组，南北疆各县市都先后成立了扶贫开发领导小组或扶贫开发办公室，主要职责是领导协调扶贫工作，组织实施扶贫项目，检查督导扶贫成效。至此，新疆在全区范围内开始推进成规模、有组织、有计划的扶贫开发工作，扶贫组织模式也由前期的救济式扶贫转向了经济开发式扶贫。结合国家在"七五"时期及20世纪90年代初期确定的扶贫目标，新疆扶贫开发工作实施了两步走方针策略。第一步是要解决温饱问题。1985年底，新疆将农村年人均收入低于120元的农民和低于150元的牧民，以及北疆地区年人均收入在180元以下的牧民共35.7万户163万贫困人口脱贫任务分解落实到村，号召力争用3年时间实现大部分贫困地区脱贫，用5年实现全部基本脱贫，贫困地区大多数贫困户基本温饱问题得到有效解决。据自治区扶贫部门统计，到1990年底有82%的贫困户解决了温饱问题。同时，还确定了27个国家和新疆重点扶持贫困县，其中22个国家重点扶持贫困县、5个新疆重点扶持贫困县。第二步是脱贫致富。这一阶段是要在解决新疆贫困地区大多数贫困户基本温饱问题的基础上，通过开发式扶贫，在生活资料、居住条件、健康水平等设施方面加大扶持力度，带动广大贫困农户脱贫致富。从1987年开始每年给南疆喀什地区、和田地区和克州三地州增拨2 000万元扶贫资金，到1993年增加到2 500万元，重点用于贫困牧区生产生活条件改善，包括建设贫困地区乡村道路，修建牧区水利设施，建设牧业基地和牧区草场。安排专款对南疆三地州中小学生实施学杂费补贴，加大畜牧兽医站事业拨款，实施口粮补贴和牲畜良种补贴。设立周转扶贫资金，在全疆27个扶贫工作重点县市，发放贫困户农牧业生产发展资金和扶贫贷款贴息。通过这一系列开发式扶贫措施，到1993年底，全疆27个贫困县农牧民人均收入达到565元，较1985年增长了271.6%，年均增幅达到13.3%。贫困人口从1985年的249万人，减少到176万人，占乡村人口比重从31.7%下降到20%。

国家"八七"扶贫攻坚计划是从1994年开始实施，这一年新疆召开了全疆扶贫工作会议，制定出台了《自治区百万人温饱工程计划》，该计划要求到2020年末的7年间，在自治区党委政府的坚强领导下，通过动员全区上下，组织开展一场有组织、有计划、有目标的大规模扶贫攻坚战，目标是让全疆贫困人口温饱问题得到基本解决。根据国家实行的"七出四进"贫困线划定标准，以1992年为基准，当年农民人均收入低于400元的县市,全部要纳入国定贫困县范围,而对于农民收入高出700元的县市,要求全部退出贫困县范围。按照这一调整原则,全疆重新调整后的国定贫困县共25个,其中,南疆20个、北疆4个、东疆1个,分别占国定贫困县的80%、16%和4%;贫困人口176万人,其中,南疆164万人、北疆10万人、东疆2万人,分别占国定贫困县总人口的93.07%、5.83%和1.1%。根据《自治区百万人温饱工程计划》总体安排,"八七"扶贫攻坚期间,新疆扶贫工作分为两个阶段实施。第一阶段:稳步脱贫阶段(1994—1996年)。要加快解决牧区水利、电路、道路和基本农田设施建设,全力改善牧区生产生活设施条件。将扶贫资金投入到农业种植生产、畜牧业和手工业等方面。扶持农户采用农业科学技术,提高粮食作物单产和总产,提高棉花、油料等经济作物生产水平,解决未脱贫户温饱问题,确保已脱贫户稳定发展,减少返贫。第二阶段:加速攻坚阶段(1997—2000年)。这一阶段新疆通过采用易地搬迁、劳动力输出就业、小额信贷扶持和科技扶贫等方式加大扶贫力度。同时动员社会各级力量,推动东西部对口帮扶、吸引外资进行帮扶等多种措施,促进贫困地区摆脱贫困,走向富裕道路。在整个"八七"扶贫攻坚时期,从20世纪90年代初期到2000年末,国家共下达了19.26亿元以工代赈资金,自治区通过群众投工投劳和各类配套资金共安排6.5亿元扶贫资金,共计28.5亿元。为提高金融扶贫资金支持力度,从1995—1998年,在全疆各地实施了农业发展银行扶贫贷款金额13.75亿元;在"八七"扶贫攻坚第二阶段,国家下达财政扶贫资金3.32亿元,全疆实施了配套资金1.6亿元。这些扶贫资金投入为这一时期扶贫攻坚任务完成起到了重要支撑作用,扶贫攻坚取得了显著成效。据扶贫部门统计,整个"八七"扶贫攻坚计划期间,实际解决了151万贫困人口温饱问题,占当时在册贫困总人数的85.8%。在新疆扶贫开发工作重点县中,贫困人口由1994年"八七"扶贫初期的176万人,减少到2000年的44万人,共减少贫困人口132万人;农民人均纯收入由1994年的565元,增加到2000年的1138元,增长了10.1倍;贫困发生率也相应从20%下降到4.4%,下降了15.6个百分点。

第三阶段：参与式大规模综合扶贫时期（2001—2010 年）

在经历了轰轰烈烈的"八七"扶贫攻坚后，国家对贫困与反贫困认识有了进一步深化。为缩小与国际扶贫标准差异，提高脱贫质量，有效防止返贫，2000 年国家确定了将农牧民年人均收入 865 元作为新的动态贫困标准，新疆按照 870 元执行。按照新的贫困衡量标准，到 2000 年，全疆共有 329 万贫困人口，占农牧区人口的 36.5%，其中，有 44 万特困农牧民人口年人均收入低于前期 670 元贫困线。2001 年 6 月，新疆召开党委八届五次全委会（扩大）会议，提出用 3 年时间解决 44 万特困人口温饱问题，用 10 年时间使绝大多数低收入贫困人口步入小康社会脱贫目标。这一时期新疆扶贫开发模式与全国基本相同，采用的主要是"一体两翼"扶贫开发模式①。一是以实施扶贫开发整村推进。2002 年全疆确定国家级扶贫开发工作重点县（市）27 个，自治区扶贫开发工作重点县（市）3 个，重点乡 276 个，重点村 3 606 个。围绕重点村基础设施建设，按照"五通、五有、五能"的要求进行配套建设。其中，"五通"重点围绕乡村生活基础设施条件建设，配套实现通路、水、电、电话、广播电视，解决"通"的问题；"五有"是重点围绕公共服务设施条件建设，配套实现乡村有学上、有文化室、有村集体经济收入、有医疗保障、有较强的村领导班子，保障乡村基本公共服务正常运行；"五能"是在保障基本生活条件的基础上，能实现有一项稳定收入来源、有安全饮水、能用上电、有一套安全适用住房，能获得及时培训等。按照这一脱贫目标任务，全疆集中财力、物力和人力，分期分批开展整村推进。二是开展劳动力转移培训。2004 年以后新疆通过"雨露"计划，对贫困户家庭劳动力开展务工技能和农业实用技术培训。仅在"十一五"期间，全疆有 15.7 万农村劳动力得到培训，其中 4.2 万人实现了转移就业（李华，2006）。三是实施产业化扶贫，带动贫困户增收。新疆将产业化扶贫与整村推进、连片开发、科技扶贫相结合，加大对贫困地区农民合作社、龙头企业扶持力度，培育棉花、林果、草地畜

---

① "一体两翼"开发式扶贫战略，其中，"一体"即紧紧瞄准贫困人口，大力实施整村推进，改善贫困乡村生产生活条件；"两翼"，即大力实施劳动力培训转移和加强农业产业龙头企业培育。

牧业等主导产业，带动贫困户脱贫。据统计，到20世纪末，全疆超过当年低收入贫困线标准，基本稳定解决了温饱问题的贫困人口累计达到284万人。可以说，贫困地区教育、医疗、卫生等公共服务条件得到明显改善，贫困人口家庭生产生活条件水平明显提高。

第四阶段：全面建成小康社会的脱贫攻坚时期（2011—2020年）

在经历了近十余年开发式扶贫以后，2011年新疆制定的《贯穿〈中国农村扶贫开发纲要（2011—2020年）〉实施办法》明确要求，到2015年，确保全疆有3 000个贫困村达到整村推进验收标准，在贫困地区，农民人均纯收入要达到6 500元，特别是党的"十八大"召开后，中央对新疆发展形势作出新判断，提出新要求，明确社会稳定和长治久安是新疆工作总目标。2014年第二次中央新疆工作座谈会召开，会议明确提出在扶贫领域要建立精准扶贫工作机制，要瞄准边境地区、农牧区和特困人群，实施精准发力。要在贫困人口帮扶上扶持到具体贫困户上，扶持到具体点上，要找准致贫根源，开展有针对性扶贫帮扶。这表明中国扶贫方式发生了战略性转变，即由以前的"开发式扶贫"转向"精准扶贫"方略。据统计，到"十二五"末全疆172.67万农村建档立卡贫困人口摆脱了贫困，贫困发生率下降至15%。2016年10月，新疆召开第九次党代会，全面贯彻落实第二次中央新疆工作座谈会精神，把打赢脱贫攻坚战作为全面建成小康社会的底线任务和标志指标。其间，新疆制定了一系列扶贫规划方案，如《自治区南疆四地州片区区域发展与扶贫攻坚"十三五"实施规划》，重点解决南疆四地州集中连片贫困地区整体性贫困问题；制定了《自治区"十三五"脱贫攻坚规划》，明确从2015—2020年全疆扶贫目标任务；编制了《南疆四地州深度贫困地区脱贫攻坚实施方案（2018—2020年）》，提出2018—2020年3年期间新疆喀什地区、和田地区、克州和阿克苏地区深度贫困县市脱贫攻坚目标任务。同时还制定出台了《关于贯彻落实〈中共中央　国务院关于打赢脱贫攻坚战的决定〉的意见》《贯彻落实中共中央、国务院〈关于打赢脱贫攻坚战三年行动的指导意见〉的实施意见》等多份重要扶贫规划及方案。紧扣到2020年实现全疆现行标准下（2010年确定的2 300元贫困线）"两不愁三保障"脱贫目标，按照"六个"精准扶贫方针,结合新疆贫困地区实际提出"七个一批、三个加大"脱贫基本路径,提出通过易地扶贫搬迁、产业发展、就业转移、土地清理分配、兜底保障等方式实现脱贫,即"七个一批"脱贫方式。通过开展基础设施建设、教育扶贫、健康扶贫方式,大力实施"三个加大力度"扶贫,明确了脱贫攻坚实现途径和主要手段。同时,全疆按照县乡贫困发生率超过18%、村贫困发生率超过20%为主要指标,综合考虑"三保障"等方面存在的突出困难和问题、贫困人口规模、基础设施和公共服务条件等因素,在南疆四地州确定深度贫困县22个,其中所辖深度贫困人口162.75万人,深度贫困村1 962个,深度贫困乡镇192个,作为脱贫攻坚的重点对象。《中国农村贫困监测报告》显示,截至2020年南北疆共35个贫困县全部摘帽,其中南疆地区26个、北疆地区7个、东疆地区2个。3 666个贫困村全部退出,77.25万户306.49万贫困人口全部脱贫,贫困发生率动态清零。

第五阶段:过渡期巩固拓展与乡村振兴衔接时期(2021年至今)

2020年全疆脱贫攻坚目标任务完成后,国家明确了未来5年为过渡期。过渡期"十四五"期间,新疆将立足新发展阶段、贯彻新发展理念、构建新发展格局,将巩固拓展脱贫攻坚成果同乡村振兴有效衔接作为相对贫困治理的重要任务,坚持把"三农"作为全党工作重中之重,坚持农业农村优先发展,走中国特色社会主义乡村振兴道路,让脱贫地区和脱贫人口共享发展成果。过渡期前3年,为深入贯彻落实《中共中央、国务院关于实现巩固拓展脱贫攻坚成果同乡村振兴有效衔接的意见》《中共中央、国务院关于全面推进乡村振兴加快农业农村现代化的意见》部署安排,全面衔接落实农业农村部、国家乡村振兴局关于印发《"十四五"巩固拓展脱贫攻坚成果同乡村振兴有效衔接规划》精神,做好新疆巩固拓展脱贫攻坚成果同乡村振兴有效衔接各项工作,让脱贫基础更加稳固,脱贫成效更可持续。新疆维吾尔自治区编制完成了《新疆维吾尔自治区巩固拓展脱贫攻坚成果同乡村振兴有效衔接"十四五"规划》和《自治区乡村振兴脱贫县巩固拓展脱贫攻坚成果同乡村振兴有效衔接实施方案》,提出了衔接目标任务、重大任务、实施方案和重点项目等。在巩固衔接政策上,明确5年过渡期内保持现有主要帮扶政策总体稳定,落实"四个不摘",

加大扶持力度，并逐项分类优化调整，逐步实现由集中支持脱贫攻坚向推进乡村全面振兴平稳过渡，守牢坚决不发生规模性返贫底线。在确保粮食安全上，明确新疆粮食生产由前期的"区内平衡、略有结余"转向"区内结余、供给国家"的粮食发展新方针。在特色优势主导产业发展上，提出大力发展粮油、棉花及纺织服装、绿色果蔬、现代畜牧业的农业四大产业集群，制定集群建设行动计划，推动产业业态向高级阶段跃升。在乡村建设上，明确提出要以学习"千万工程"经验为引领，推进宜居宜业和美乡村建设。

3.2 脱贫攻坚取得的成效

3.2.1 中国农村反贫困成效

在中国共产党领导下，新中国成立后70年间，围绕不同阶段国家扶贫战略要求，结合不同时期社会主要矛盾变化和贫困状况，党领导全国人民始终坚持开展反贫困斗争，探索出了一条符合自身国情的反贫困道路，取得了举世瞩目的辉煌成就。主要体现在以下几个方面。

一是贫困发生率显著减低，农村贫困人口持续减少（表3-1）。按照与小康社会相适应的温饱稳定衡量标准，即以2010年确定的2 300元贫困标准为参考，到1978年改革开放后通过体制改革推动扶贫成效看，扶贫工作取得了显著的成效。1978—1985年，全国农村贫困人口从7.7亿人减少到6.6亿人，减少了1.1亿贫困人口；农村贫困发生率由97.5%下降到78.3%，下降了19.2个百分点。到20世纪80年代中期，中国实施"八七扶贫攻坚计划"的大规模开发式扶贫，以及后期的"一体两翼"综合开发式扶贫，农村贫困人口持续大幅减少。到2012年末，中国农村贫困人口从1985年的6.59亿人下降到9 899万人，下降了85%；农村贫困发生率从1985年的78.3%下降到10.2%，下降了68.1个百分点。党的十八大后，在以习近平同志为核心的党中央领导下，农村贫困人口从2012年的9 899万人减少到2019年的362万人，7年间累计减少贫困人口9 537万人,年均减少贫困人口 1 362 万人,累计减贫幅度达到 96.34%。农村贫困发生率从 10.2%下降到 1.4%,累计下降了 8.8 个百分点。到 2020 年中国现行标准下的贫困人口全部脱贫,"两不愁三保障"脱贫目标全面实现,历史性解决了困扰中国千百年来的绝对贫困问题。

表 3-1　1978—2019 年中国农村贫困人口和贫困发生率

年份	贫困人口(万人)	贫困发生率(%)
1978	77 039	97.5
1985	66 101	78.3
2000	46 224	49.8
2010	16 567	17.2
2011	12 238	12.7
2012	9 899	10.2
2013	8 249	8.5
2014	7 017	7.2
2015	5 575	5.7
2016	4 335	4.5
2017	3 046	3.1
2018	1 660	1.7
2019	362	1.4

数据来源:2020 年《中国农村贫困监测报告》;2020 年中国现行农村贫困标准下的农村贫困人口全部脱贫。

二是贫困地区生活环境条件得到明显改善。在居住条件方面,在住房有保障的条件下,贫困农户在安全饮水和厕所卫生条件方面得到极大改善(表 3-2)。2019 年贫困地区居住竹草土坯房农户比重为 1.2%,较 2013 年下降了 5.8 个百分点。使用管道供水的农户比重、使用经过净化处理自来水农户比重、独用厕所的农户比重分别为 89.5%、60.9%和 96.6%,较 2013 年分别下降了 35.9 个百分点、30.3 个百分点和 3.9 个百分点。在家庭耐用消费品上,贫困地区农村居民家庭耐用消费品逐步从无到有,且消费品档次在不断升级。2019 年贫困地区农村每百户拥有洗衣机、电冰箱等传统耐用消费品分别为 90.6 台和 92 台,分别较 2013 年增加 24.8 台和

39.4 台；每百户拥有汽车等现代耐用消费品为 20.2 辆，是 2013 年的 3.7 倍，实现了较快增长。在村级基础设施建设上，在道路交通设施以及信息基础设施上都有了明显的提高。2019 年贫困地区自然村能接收有线电视信号的农户比重为 99.1%，自然村能便利乘坐公共汽车的农户比重为 76.5%，自然村通电话的农户比重为 100%，自然村进村主干道硬化的农户比重为 99.5%，分别较 2013 年增长了 19.5 个百分点、20.4 个百分点、2.2 个百分点和 10.6 个百分点。在村级公共服务上，贫困地区村级公共服务能力在不断提升。2019 年自然村垃圾能集中处理的农户比重为 86.4%、自然村有卫生站的农户比重为 96.1%、自然村上幼儿园便利的农户比重为 89.8%、自然村上小学便利的农户比重为 91.9%，分别较 2013 年增长了 56.5 个百分点、11.7 个百分点、18.4 个百分点和 12.1 个百分点。

表 3-2 贫困地区基础设施和公共服务

分类	基础设施和公共服务	2019 年（%）	2013 年（%）	累计变动（%）
居住条件	居住竹草土坯房的比重	1.2	7	-5.8
	使用管道供水的农户比重	89.5	53.6	35.9
	使用经过净化处理自来水农户比重	60.9	30.6	30.3
	独用厕所的农户比重	96.6	92.7	3.9
耐用消费品	百户洗衣机拥有量	90.6	65.8	24.8
	百户冰箱拥有量	92	52.6	39.4
	百户汽车拥有量	20.2	5.5	14.7
村基础设施	所在自然村进村主干道硬化的农户比重	99.5	88.9	10.6
	所在自然村能便利乘坐公共汽车的农户比重	76.5	56.1	20.4
	所在自然村通电话的农户比重	100	97.8	2.2
	所在自然村能接收有线电视信号的农户比重	99.1	79.6	19.5
村公共服务	所在自然村垃圾能集中处理的农户比重	86.4	29.9	56.5
	所在自然村有卫生站的农户比重	96.1	84.4	11.7
	所在自然村上幼儿园便利的农户比重	89.8	71.4	18.4
	所在自然村上小学便利的农户比重	91.9	79.8	12.1

数据来源：2020 年、2014 年《中国农村贫困监测报告》。

三是贫困地区农村居民收入显著提高，消费水平明显增强。改革开放后，中国贫困地区农村居民收入水平和消费能力都在显著提高（表 3-3）。在收入水平上，2019 年贫困地区农村居民人均可支配收入为 11 567 元，较 2013 年年均增长 11.3%；集中连片贫困地区农村居民人均收入为

11 443元，年均增长11.4%；扶贫开发重点县农村居民人均收入为11 524元，年均增长11.9%。与全国农村居民人均可支配收入水平相比，三种类型地区农民人均可支配收入占全国平均水平的72.2%、71.4%和71.9%，与2013年相比贫困地区提高了7.7个百分点、集中连片贫困地区提高了8.3个百分点、扶贫开发重点县提高了9.9个百分点，应该说贫困地区农民收入水平与全国平均水平差距在持续缩小。2019年贫困地区、集中连片贫困地区和扶贫开发重点县农村居民消费支出分别达到10 011元、9 898元和10 028元，较2013年年均分别增长了10.8%、10.8%和11.1%。2019年三类贫困地区农村居民消费支出分别占到全国平均水平的75.1%、74.2%和75.2%，分别较2013年提高了5.5个百分点、5.7个百分点和6.9个百分点，与全国居民平均消费水平差距也在逐步缩小。

表3-3 2013—2019年中国贫困区域农村居民收入与消费

区域	人均可支配收入（元）			居民消费支出（元）		
	2019年	2013年	6年累计增长	2019年	2013年	6年累计增长
全国平均	16 021	9 430	6 591	13 328	7 773	5 555
贫困地区	11 567	6 079	5 488	10 011	5 404	4 607
集中连片贫困地区	11 443	5 956	5 487	9 898	5 327	4 571
扶贫开发重点县	11 524	5 843	5 681	10 028	5 312	4 716

数据来源：2020年《中国农村贫困监测报告》。

四是区域性减贫成效显著。因受到自然环境、历史文化等多种因素的影响，中国贫困呈现出明显的区域性特点（表3-4）。从贫困区域脱贫成效看，贫困地区、集中连片贫困地区、扶贫开发重点县均取得了显著的减贫成效。到2019年，中国贫困地区贫困人口规模为362万人，较2012年减少了5 777万人，降幅达94%，贫困发生率为1.4%，降幅为21.8个百分点。集中连片贫困地区贫困人口规模为313万人，较2012年减少了4 757万人，降幅达93.8%，贫困发生率为1.5%，降幅为22.9个百分点。扶贫开发重点县贫困人口规模为307万人，较2012年减少了4 798万人，降幅达93.9%，贫困发生率为1.5%，降幅为22.9个百分点。总体上看，区域整体性贫困明显减弱。

表 3-4 2012—2018 年中国贫困区域减贫成效

区域	贫困人口（万人）			贫困发生率（%）		
	2019 年	2012 年	7 年累计下降	2019 年	2012 年	7 年累计下降
贫困地区	362	6 039	5 777	1.4	23.2	21.8
集中连片贫困地区	313	5 067	4 754	1.5	24.4	22.9
扶贫开发重点县	307	5 105	4 798	1.5	24.4	22.9

数据来源：2020 年、2013 年《中国农村贫困监测报告》。

3.2.2 新疆脱贫攻坚成效

"十三五"时期，在以习近平同志为核心的党中央坚强领导下，新疆各族人民深入学习贯彻习近平新时代中国特色社会主义思想，完整准确贯彻习近平总书记关于扶贫工作的重要论述，贯彻落实第二次、第三次中央新疆工作座谈会精神，贯彻落实新时代党的治疆方略，聚焦"两不愁三保障"突出问题和深度贫困堡垒，坚持"六个精准"，深入推进"七个一批"、推动"三个加大力度"，采取了一系列超常规措施，如期完成新时代脱贫攻坚目标任务，消除绝对贫困和南疆四地州区域性整体贫困，脱贫攻坚取得了辉煌成效。

一是农村贫困人口全部脱贫，减贫目标达到预期。全疆 77.25 万户 306.49 万贫困人口全部脱贫，3 666 个贫困村全部退出，35 个贫困县全部摘帽，贫困发生率动态清零。全面摸清了贫困底数，在新疆历史上首次实现"户有卡、村有表、乡有册、县有档、地有卷、区有库"。全区贫困户人均纯收入达到 11 163 元；农村集中供水率达到 90% 以上，建档立卡贫困户存量危房改造率达到 100%，彻底结束住危房、喝涝坝水、苦咸水的历史；义务教育巩固率达到 95.69%，确保了贫困家庭义务教育阶段孩子有学上、上得起学、不辍学，有效阻断贫困代际传递。贫困人口基本医疗保险、大病保险参保率达到 100%，乡村卫生院（室）标准化率均达到 100%，并均配备至少一名合格医生，确保贫困群众有地方看病、方便看病、看得起病。全部实现"两不愁三保障"目标。

二是集中优势兵力攻克深度贫困,南疆四地州集中连片贫困地区突出问题得到解决。因村因户因人精准施策,推动资金项目向深度贫困地区倾斜,攻坚期3年累计实施项目4 092个,资金840.87亿元。2020年南疆四地州地区生产总值达到2 807亿元,年均增长9.9%。"七个一批"目标任务全部完成,实现有劳动能力的贫困户家庭至少有1人稳定就业;农业产业从无到有、从小到大、从弱到强,呈现出蓬勃发展势头,96.4%的贫困户参与产业扶贫;16.94万易地扶贫搬迁群众从"搬得出"向"稳得住、能致富"转变;综合社会保障兜底实现了对建档立卡贫困人口应保尽保,残疾人"两项补贴"实现全覆盖。制约脱贫攻坚的突出问题得到解决,区域性整体贫困基本消除。

三是补短板、强弱项,贫困群众的获得感不断增强。贫困家庭义务教育阶段学生因贫失学辍学实现动态清零,实现114.7万名建档立卡贫困户学龄人口教育有保障。实施全民免费健康体检,实现户有小药箱、村有卫生室、乡有卫生院、家庭医生签约、地县有二甲医院;全面落实"先诊疗后付费""一站式"结算政策,实现基本医疗保险、大病保险全覆盖,彻底解决了因病致贫问题。贫困人口安全饮水问题、贫困户住房安全问题得到解决。乡镇通硬化路率100%,具备条件的建制村通硬化路率100%;贫困村宽带网络覆盖率达到100%。贫困村村级综合性文化服务中心覆盖率达到100%;贫困村全部通动力电。贫困群众生产生活条件得到前所未有的改变。

四是全社会广泛参与的大扶贫格局全面形成。自2018年以来,在对口援疆方面,全国有19个省市开展对口援疆,已经累计实施4 645个扶贫项目,投入资金509.62亿元。在单位定点帮扶上,新疆维吾尔自治区部门共帮扶280个贫困县,中央单位定点帮扶28个贫困县,累计实施定点帮扶项目1.22万个,投入资金50.22亿元。在区内协作上,全疆有33个县帮扶27个南疆四地州贫困县市,共实施项目485个,投资资金13.43亿元。在企业帮扶上,新疆连续三年开展"民营企业南疆行"活动,共签约项目366个,金额813亿元;深入推动"千企帮千村",1 612家民营企业投入39.61亿元,用于帮扶1 980个贫困村,6 254个社会组织投入5.32亿元,用于帮扶8 148个村（廖运建，2021）。充分调动贫困群众积极性、主动性、创造性，变"要我脱贫"为"我要脱贫"，贫困群众思想观念得到极大转变，精神面貌焕然一新，内生动力得到进一步激发。

3.3 脱贫攻坚主要经验做法

3.3.1 坚持中国共产党对脱贫攻坚的集中统一领导，始终秉承以人民为中心的发展理念

脱贫攻坚不仅是一场攻坚克难的战斗任务，也是中国共产党人长久以来的一项夙愿。习近平总书记最深牵挂的是脱贫攻坚问题，对于脱贫攻坚的重点安排，总书记亲自部署、亲自出征、亲自督战。连续6年召开7个跨省区脱贫攻坚座谈会，足迹踏遍全国14个集中连片特困地区（刘越高，2020）。习近平总书记高度重视新疆工作，给予特殊关怀、特殊支持，多次研究新疆工作，亲临新疆考察，亲自提议、亲自决策、亲自部署召开第二次、三次中央新疆工作座谈会，对新疆工作作出一系列重要指示批示，给予了一系列特殊政策支持，充分体现了习近平总书记对边疆人民的亲切关怀，充分体现了习近平总书记"我将无我，不负人民"的超凡境界，充分体现了习近平总书记胸怀天下、情系苍生的为民情怀。在以习近平同志为核心的党中央坚强领导和亲切关怀下，在全疆各族人民的共同努力下，解决了许多长期没能解决的难题，办成了许多没能办成的大事。同时，全心全意为人民服务是中国共产党的根本宗旨，只有始终坚持以人民为中心的发展思想，始终把各族群众的安危冷暖放在心中最高位置，始终做到发展为了人民、发展依靠人民、发展成果由人民共享，才能沉下心、扑下身，在脱贫攻坚的战场上滚石上山、攻坚拔寨，推动脱贫攻坚取得了决定性成就。正是"以人民为中心"的铮铮誓言，最终才会指引着我们的行动，使得我们能够克服艰难，攻克脱贫攻坚中一个又一个战斗堡垒。

3.3.2 充分发挥中国特色社会主义制度独特优越性，构建起全社会大扶贫治理格局

中国特色社会主义制度自身的独特性，不同于任何其他国家制度，这一制度具有可以聚集起巨大人力、物力和财力，形成强大能量和活力的独特优势。正是有了这种集中国家力量办大事的社会制度，才能很好地将扶贫工作与其他工作有效衔接起来，利用社会主义公有制的巨大优势，广泛动员起民营企业、社会组织、公民个人等各种力量，加大扶贫协作力度，有效提升定点扶贫工作效果。在新疆脱贫攻坚过程中，正是通过发挥社会主义制度的巨大优势，2014年以来中央、新疆维吾尔自治区及各级投入扶贫资金1 474.5亿元；全国19个省市每年对口支援新疆投入逾百亿元，强化产业合作、劳务协作、人才支援和教育医疗"组团式"援疆；17家中央单位定点扶贫28个贫困县，自治区235家单位定点帮扶280个贫困村；东疆和北疆33个经济强县（市、区）协作帮扶南疆四地州27个县（市）；新疆有1 612家民营企业帮扶1 980个贫困村，6 254个社会组织、5 500余支志愿服务队投身脱贫攻坚；2020年新疆内外1 128家帮扶力量结对帮扶364个挂牌督战村，推动构建了专项扶贫、行业扶贫、社会扶贫、援疆扶贫"四位一体"的大扶贫格局。在以习近平同志为核心的党中央号令下，全党全国全社会迅速响应，各级党组织全力以赴，在全社会凝聚形成了脱贫攻坚的强大合力。全国全社会对新疆脱贫攻坚的支持力度之大前所未有，极大助力了新疆脱贫攻坚。全党全国全社会总动员、集中力量攻坚、万众一心克难，坚决啃下脱贫攻坚"硬骨头"，只有在中国共产党的领导下才能实现，充分展现了中国特色社会主义制度集中力量办大事的显著优势，充分显示了中国共产党强大的动员和组织能力，充分体现了社会主义大家庭的温暖。

3.3.3 坚持"精准扶贫、精准脱贫"基本方略，是打赢脱贫攻坚战的制胜法宝

由于我国的特殊国情，可以说贫有百样、困有千种。在经历了早期我

国扶贫中的"大水漫灌"之后，党的十八大以来，习近平总书记创造性地提出了精准扶贫、精准脱贫的基本方略，提出了"精准到村到户到人"的帮扶措施，明确了"扶持谁""谁来扶""怎么扶""如何退"这些关键问题，真正把扶贫工作做到点上、扶到根上。新疆在脱贫攻坚过程中，坚持精准扶贫、精准脱贫，在精准施策上出实招、在精准推进上下实功、在精准落地上见实效，做到扶贫对象精准、安排项目精准、使用资金精准、到户措施精准、因村派人（第一书记）精准、脱贫成效精准"六个精准"，精准识别建档立卡贫困人口，做到了"户有卡、村有表、乡有册、县有档、地有卷、区有库"，搭建起了全疆脱贫攻坚大数据平台，实行贫困人口实名制动态管理，结合新疆贫困实际，扎实推进发展产业、转移就业、土地清理再分配、转为护边员、实施生态补偿、易地扶贫搬迁、兜底保障"七个一批"，推动加大教育扶贫力度、加大健康扶贫力度、加大基础设施建设力度"三个加大力度"，每一项攻坚举措、每一分项目资金、每一个结对帮扶都精准到村到户到人，实现扶真贫、真扶贫、真脱贫。走出了一条具有新疆特色的脱贫攻坚之路。

3.3.4 明确落实层层目标责任，发挥广大党员领导干部无私奉献和拼搏进取的大无畏精神

全面建成小康社会，全面打赢脱贫攻坚战，是中国共产党对中国人民的庄严承诺。"群众富不富，关键靠干部"。作为党员干部，要坚定打赢脱贫攻坚战的信心和决心，就要敢啃脱贫攻坚这块"硬骨头"。脱贫攻坚是考验人的战场，也是我们广大党员干部建功立业的人生舞台。新疆各级党政组织把脱贫攻坚作为重大政治任务、第一民生工程，坚持自治区负总责、地县抓落实、乡村抓落地，逐级签订军令状，压紧压实攻坚责任，形成了一级抓一级、层层抓落实的责任体系。广大党员干部积极响应党和国家号召，踊跃下沉脱贫攻坚一线，每年选派干部7.8万余名，下派"访惠聚"驻村工作队1.2万多个；从中央驻疆单位和新疆维吾尔自治区直属机关向深度贫困村，共选派第一书记1 287人，高校教师助理1 290人。全疆的3 666个贫困村"访惠聚"驻村工作队和派驻第一书记全覆盖。各级党员

干部全部包户联户、结对帮扶，实现干部包联贫困户全覆盖。广大扶贫干部始终把脱贫职责扛在肩上，把脱贫任务抓在手上，舍小家、顾大家，与贫困群众一起苦、一起干，心往一处想、劲往一块使，冲锋在前、拼搏实干，无怨无悔、无私奉献，以顽强的工作作风和拼劲，满腔热情、心无旁骛、聚精会神抓脱贫攻坚，帮助贫困群众脱贫致富，改变贫穷落后面貌，磨炼了不折不挠的钢铁意志，增进了同人民群众的感情，增强了服务群众的本领，锻造了一支懂扶贫、会帮扶、作风硬的扶贫干部队伍。他们身上沾满泥土、心中却充满幸福，他们模范践行初心使命，用自己的辛苦换来贫困群众的幸福，涌现出了许多令人感动的先进人物和模范事迹，有的还献出了宝贵生命，形成了脱贫攻坚的磅礴力量，为打赢脱贫攻坚战作出了突出贡献。

3.3.5 坚持开发式扶贫，将发展产业和就业作为实现脱贫的重要抓手

应该说，就业和产业是实现贫困人口如期脱贫、稳定脱贫的关键和根本。特别是脱贫攻坚和全面建成小康社会的决胜阶段，在国家的大力帮扶下，贫困群众"安居"问题已基本实现，而要实现"乐业"，还必须依靠发展产业解决好贫困人口就业问题。实践证明，如果一个地区脱贫产业发展不上去，扶贫就很容易返贫，脱贫成果就不具有可持续性，后劲就不足。为此，必须坚持因地制宜和突出特色产业优势，大力发展扶贫产业和扩大贫困群众就业，切实把发展产业、稳定就业作为高质量脱贫的根本之策抓紧抓实抓好。脱贫攻坚期间，新疆坚持就业第一、南疆优先的原则，将产业发展与就业扶贫相结合，通过抓好当地产业促就业，推进南疆深度贫困地区打赢脱贫攻坚战。从2018年开始，新疆实施南疆深度贫困地区就业扶贫三年规划，新疆南疆四地州属于全国原"三区三州"深度贫困地区，有不少是有劳动能力但因为地少人多、没有就业机会、缺乏技能而未能脱贫的人。通过产业带动就业发展，特别是通过大力发展纺织服装、电子产品组装等劳动密集型产业，因地制宜发展特色种植养殖、农副产品加工、乡村旅游等产业，将这些产业建在乡村一线，带动贫困家庭劳动力就业，实

现了贫困人口就近就地就业。仅2020年新疆从东疆、北疆调剂了5.1万个就业岗位，确保4.21万贫困家庭中至少有一个具备劳动能力的人实现就业。另外，通过城镇、企业、产业园转移就业一批，疆内跨地区转移就业一批等拓宽就业渠道，有17.8万农村富余劳动力实现就业，转型成为有技能、有工作、有稳定收入的产业工人。总之，坚持开发式扶贫这一根本路径，大力发展贫困地区产业，通过发展产业带动贫困人口就业增收，这才是实现脱贫的一条根本出路。

3.3.6 调动贫困群众脱贫致富的内生动力，激发各族群众越是艰险越向前的顽强意志

造成贫困的原因多种多样，很多贫困户之所以多年扶而不起、帮而不富、助而不强，主要是因为他们存在习惯性的"等靠要"思想，缺乏自力更生的职业技能。贫困群众实现脱贫致富的关键核心是要有内生动力，不论何地、不分何人、不管任何时候，调动贫困群众的内生动力和积极主动性都极为关键，只有这样才能使其真正地从根本上改变自己。要坚信脱贫要干在实处，好日子是干出来的，不仅要干部扎到基层，同时更要发挥贫困群众的主体作用。贫困群众通过发挥主体作用，共同参与，全面激发内生动力，让更多贫困户通过发展产业、勤劳就业，实现了稳定脱贫。很多南疆少数民族贫困群众，通过学国语、学技能、学法律，不断提升自我发展本领，变"要我脱贫"为"我要脱贫"，自力更生、艰苦奋斗、顽强拼搏、知难而进，发展特色种养殖、转移就业、庭院经济增收，用自己勤劳的双手创造幸福美好生活。各族贫困群众在党的政策感召下，在广大党员干部的帮扶下，摒弃愚昧落后思想，改变陈规陋习，推进移风易俗，积极推进人居环境整治、"三区分离"、改厨改厕改炕，文明新风吹进了贫困农家，贫困群众的思想观念极大转变、精神面貌焕然一新、生活环境旧貌换新颜，逐步融入了现代文明生活，对未来生活更加充满了信心。放眼新疆大地，现代化的校园中书声琅琅，整齐漂亮的村庄容貌敞亮，村里的姑娘越来越时尚了，乡村的文化活动越来越丰富了，农家的生活方式越来越现代了，各族贫困群众深切感受到以习近平同志为核心的党中央的关怀和温

暖，脸上洋溢着真诚淳朴、开心幸福的笑容，发自内心感恩党的好政策、感恩总书记，思稳定、盼和谐、求脱贫、谋发展成为了主旋律，感党恩、听党话、跟党走成了各族群众的思想自觉和行动自觉。

3.4 小结

本章通过对新疆农村反贫困历程的梳理，厘清了新疆各时期农村贫困状况，明确了改革开放以来，在国家整体反贫困战略指导下，新疆不同时期所采取的反贫困措施，阐述了新疆和南疆四地州脱贫攻坚取得的巨大成就，总结出脱贫攻坚取得的经验与做法。通过分析得出如下结论。

结论1：中国共产党的历代领导集体都高度重视反贫困工作，始终将反贫困工作纳入党和社会事业发展全局加以部署推动。新中国成立至今70余年间，不论国际国内形势如何变化，中国共产党始终带领全国人民将反贫困斗争作为全党的一项重大政治任务，在不同阶段不断丰富和发展符合我国国情的反贫困实践、政策和理论，制定出了各个历史时期有效的反贫困策略。

结论2：自20世纪七八十年代，新疆开始了有组织的大规模反贫困计划，反贫困历程经历了由早期体制改革推动扶贫，到大规模开发扶贫、"八七"攻坚扶贫，再到参与式大规模综合扶贫时期，以及十八大以来全面建成小康社会的脱贫攻坚时期和当下的过渡期巩固拓展与乡村振兴衔接时期。新疆扶贫工作由早期同时关注北疆高寒山区、边境牧区和南疆沙漠腹地等困难地区和贫困群众，到后期逐步聚焦到南疆三地州集中连片贫困带和南疆四地州原深度贫困地区，实施定向扶贫开发帮扶。特别是党的十八大以后实施的精准扶贫阶段，新疆在国家"五个一批""六个精准"扶贫思想指导下，新疆结合实际提出了"七个一批、三个加大""六个精准"的精准扶贫方略。最终到2020年圆满完成了脱贫攻坚各项目标任务，全疆"两不愁三保障"绝对贫困问题得到彻底解决。

结论3：党的十八大以来，在以习近平同志为核心的党中央坚强领导下，到2020年新疆脱贫攻坚战取得全面胜利，总结出了一系列行之有效的脱贫攻坚好经验、好做法，为当前和今后推动乡村全面振兴实践提供了重大经验借鉴。这些经验包括：坚持中国共产党对脱贫攻坚的集中统一领导，始终秉承以人民为中心的发展理念；充分发挥中国特色社会主义制度的独特优越性，构建起全社会大扶贫治理格局；坚持"精准扶贫、精准脱贫"基本方略，是我们打赢脱贫攻坚战的制胜法宝；明确落实层层目标责任，发挥广大党员领导干部无私奉献和拼搏进取的大无畏精神；坚持开发式扶贫，将发展贫困地区产业和就业作为实现脱贫的重要抓手；调动贫困群众脱贫致富的内生动力，激发各族群众越是艰险越向前的顽强意志。

第 4 章

新疆农村结构性多维贫困表现

4.1 空间地理环境

空间贫困理论是将贫困与空间地理因素联系在一起，研究分析不同自然地理条件下对贫困形成的影响以及贫困空间分布状况。大多数边疆少数民族贫困地区，如新疆南疆四地州、西藏、滇西边境山区等，这些区域都具有显著的空间贫困特征，从历史和动态视角看，这些地区无论是在地理区位条件、自然环境条件，还是水土资源条件上，都表现出明显的空间贫困特征，其空间结构性贫困现象十分明显。

4.1.1 自然环境条件

根据灾害经济学理论，自然灾害往往会对所在区域经济和社会造成巨大破坏，特别是在防范和应对能力较弱的地区。从地震灾害发生情况看，南疆四地州为地震灾害频发区，自2010年以来十余年间新疆共发生五级以上地震次数19次，造成经济损失71.25亿元，致使48 147人住所受到完全破坏，而期间南疆四地州地震次数达到16次，占全疆的84.2%，经济损失70.73亿元，占全疆的99.3%，失去住所人数47 836人，占全疆99.4%。由于长期以来南疆对地震灾害的防范和应对能力相对偏弱，地震发生后所造成的损失更大，加剧了贫困程度。同时除地震灾害外，新疆沙尘暴天气频发，尤其是南疆塔里木盆地位于塔克拉玛干沙漠边缘，气候条件相对恶劣，干旱少雨持续干暖的气候环境造成区域内土质疏松，沙尘天气频发，对居民的农业生产、生活质量和身体健康产生了一定影响，增加居民生产生活成本负担；此外，沙尘对农业生产造成影响，沙尘覆盖农田，造成农作物在一定程度上受损减产，降低了农户收入水平。尽管这些年新疆通过持续开展荒漠化防治，累计治理沙化土地4.13万平方千米（陈亚宁，2023），生态环境质量在不断改善，防沙治沙成效显著，年均沙尘天气不断减少，但沙漠化趋势仍未从根本上得到全面有效治理（表4-1）。

表 4-1　南疆四地州自然灾害发生情况

年份	地区	五级以上地震发生次数（次）	经济损失（万元）	失去住所（人）
2010	全疆	2	2 408	675
	南疆四地州	2	2 408	675
2015	全疆	4	549 595	39 560
	南疆四地州	2	544 422	39 249
2020	全疆	10	153 312	7 782
	南疆四地州	9	153 312	7 782
2021	全疆	3	7 153	130
	南疆四地州	3	7 153	130

数据来源：历年《新疆统计年鉴》。

长期以来，水土资源是导致南疆四地州社会经济发展相对滞后的重要因素。在土地资源上，表现为土壤有机质含量不高，土地沙化明显，很多耕地是在五六十年代由盐碱滩、沙漠和戈壁开垦而来，耕地总体等级不高，质量偏低。南疆内部中低产田面积占三分之二以上，盐渍化面积占30%，耕地质量总体不高。据调查，南疆耕地质量平均等级为5.22等，一至三等优质耕地仅占耕地总面积的25.12%，均低于全国平均水平。根据第三次全国国土普查数据，全疆耕地突破1亿亩，人均耕地面积4.1亩，但在塔里木河流域内的和田地区、喀什地区，受耕地资源少、人口多等因素限制，人均耕地面积不足2亩，耕地资源极为紧缺。加之，南疆林果间套作面积较大，白地少。耕地细碎化问题十分突出，一家农户土地分布在不同地方也是比较普遍的现象。在水资源上，全疆水资源总量和人均水资源量总体呈现下降趋势，水资源日益紧缺。据统计，长期以来南疆四地州人均水资源量总体低于全疆平均水平和北疆地区。由于特殊的土质和地理环境条件，农业灌溉用水定额非常高，在常规灌溉条件下，亩均灌溉定额在700立方米/亩左右，农业灌溉用水量占比始终处于全疆较高水平，远高于全疆和北疆地区农业灌溉用水比例。尽管这些年随着高标准农业和节水灌溉面积的扩大，农业灌溉用水比重有所下降，但农业用水比例仍在95%以上，水资源供需矛盾依然十分突出。可以说水土资源条件成为制约南疆四地州农牧业发展的重要因素,也是制约脱贫户自身发展的"地理资本"刚性约束条件(表4-2)。

表4-2 南疆四地州水资源状况

年份	地区	水资源总量（亿立方米）	人均水资源量（立方米/人）	供水总量（亿立方米）	农业灌溉用水量占比（%）
2010	全疆	1 124.00	5 120	535.08	92.69
	北疆地区	557.95	5 687	194.99	86.15
	南疆四地州	411.16	4 550	272.28	97.59
2015	全疆	930.40	3 943	577.17	97.33
	北疆地区	418.13	4 115	212.60	91.44
	南疆四地州	345.56	3 473	285.11	97.68
2020	全疆	811.94	3 141	549.93	90.93
	北疆地区	366.05	3 287	202.24	88.43
	南疆四地州	295.27	2 874	277.00	93.99
2021	全疆	809.06	3 124	571.33	92.19
	北疆地区	350.88	3 097	219.93	89.31
	南疆四地州	320.65	3 101	277.78	95.21

数据来源:历年《新疆统计年鉴》,北疆地区包括乌鲁木齐、克拉玛依、昌吉、伊犁、塔城、阿勒泰、博州,下同。

4.1.2 交通区位条件

由于受历史区域所处地理位置影响,许多边疆地区贫困乡村形成了相对独立的空间区隔,各社会经济单元空间距离相对遥远,导致了各类要素流通成本高,集聚难度大。南疆四地州属于典型的绿洲经济点状分布地区,各地州间由于受到沙漠、水源、戈壁等自然条件制约区隔,在长期的历史发展进程中形成了相对独立的空间隔离。各地州不仅距离新疆首府乌鲁木齐市(中心城市)相对遥远,而且各地州间的路途也相隔甚远。据测算,南疆各地州距离乌鲁木齐市的距离,阿克苏市达到1 000千米,喀什市达到1 463千米,阿图什市达到1 422千米,和田市达到1 553千米;除克州外,其他各地州的首府(中心城市)之间平均距离也在550千米以上(表4-3)。正是由于长距离的空间距离,在一定程度上阻隔了这些区域间的高频率密切交往,也成为了制约这些地区经济社会发展的重要外部"硬约束"。

表 4-3 南疆四地州到中心城市空间距离

地区	阿克苏（千米）	阿图什（千米）	喀什（千米）	和田（千米）
乌鲁木齐市	1 000	1 463	1 422	1 553
阿克苏市				
阿图什市	553			
喀什市	588	50		
和田市	771	550	592	

数据来源：导航测量数据。

4.2 经济发展水平

无论是沃勒斯坦的"中心—边缘"理论，还是伯恩斯市场系统中的不平等交换与不平衡发展理论，为深入理解贫困地区传统小农经济向现代市场经济转型中遭遇的各类结构性问题提供了很好的理论回应。同样，南疆四地州贫困地区在传统农业向现代农业转型过程中，随着市场经济的快速发展，在长期变迁中，当地落后的经济社会发展被逐步"边缘化"，在区域经济交换系统中长期处于不利地位，呈现出多方面的经济发展转型贫困现象。

4.2.1 区域经济发展

区域经济发展有助于促进城乡之间的经济联系合作互动，缩小城乡经济差异，打破城乡分割状态，推动城乡一体化进程。同时，区域经济发展可以创造更多就业机会，吸引农民进城务工，增加农民收入，为城市发展提供劳动力资源，促进城乡融合发展。由于历史、地理、人口结构、经济发展水平等多方面因素影响，南疆四地州区域经济社会发展长期以来一直处在相对较为落后的状况。在历史上南疆四地州是一个集边境地区、民族地区、生态环境相对恶劣地区和贫困地区于一体的区域。2010 年南疆四地州地区生产总值为 898.46 亿元，占全疆生产总值的 16.76%，到 2021 年增长到了 22.01%，经济水平有了一定的发展，但与北疆地区仍存在较大差距。南疆四地州第一产业占比较大，第二、第三产业发展相对滞后。2010年南疆四地州第一、第二、第三产业地区产值比为1∶0.64∶1.05；北疆地区产值比为1∶3.76∶2.72。到2021年南疆四地州第一、第二、第三产业地区产值比为1∶1.01∶1.89；北疆第一、第二、第三产业地区产值比为1∶3.05∶4.40。表明南疆四地州产业结构相对单一，以传统种养业为主导，缺乏现代化加工产业和服务业支持发展。在区域经济发展上与北疆地区还存在一定差距。在人均GDP上，2010年南疆四地州与全疆和北疆地区人均GDP差距为14 757元、29 631元，到2021年人均GDP差距为27 702元、50 508元，人均GDP差距在扩大。近年来南疆四地州通过脱贫攻坚战后，经济有了较大发展，但经济发展水平相较于全疆和北疆地区仍然较低（表4-4）。

表4-4 南疆四地州经济发展水平

年份	地区	地区产值（亿元）				人均GDP（元）
		生产总值	第一产业	第二产业	第三产业	
2010	全疆	5 360.18	1 000.29	2 479.79	1880.1	24 700
	北疆地区	3 759.35	502.99	1 890.04	1 366.31	39 574
	南疆四地州	898.46	333.90	213.96	350.60	9 943
2015	全疆	9 306.88	1 409.66	3 446.06	4 451.16	40 036
	北疆地区	6 628.41	808.93	2 487.82	3 331.67	59 087
	南疆四地州	1 924.38	539.80	561.75	822.84	18 852
2020	全疆	13 797.58	1 981.28	4 744.45	7 071.85	53 593
	北疆地区	8 689.14	964.83	2 968.82	4 755.48	78 025
	南疆四地州	3 020.82	732.34	712.42	1 576.07	29 403
2021	全疆	15 983.65	2 356.06	5 967.36	7 660.23	61 725
	北疆地区	9 577.12	1 134.74	3 462.28	4 995.18	84 531
	南疆四地州	3 518.09	903.18	912.07	1 702.84	34 023

数据来源：历年《新疆统计年鉴》。

在居民收入水平上，近十余年来南疆四地州城镇居民和农村居民人均可支配收入不断提高，但仍与全国、全疆居民收入水平还存在一定差距（表4-5）。2010—2021年间南疆四地州城镇居民和农村居民的人均可支配收入分别提高17 887元、6 227元，但与全国和全疆相比城镇居民人均可支配收入差距由2010年的6 427元、2 128元扩大到2021年的17 173元、

7 403 元;农村居民人均可支配收入差距由 2010 年的 2 629 元、1 330 元扩大到 9 041 元、5 685 元。由于南疆地区经济发展相对滞后,产业结构单一,第二、第三产业发展水平相对滞后,对当地居民就业机会带动有限,居民收入来源单一,并且南疆地区自然环境相对较为恶劣,农业生产受到限制,影响农村居民的农业经营性收入水平的提升。城乡收入差距方面,南疆四地州城乡收入差距相比全国和全疆较大,2021 年南疆四地州的城乡收入比为 3.05,虽然较 2010 年有所下降,但仍然高于全国和全疆水平 0.64 个和 0.55 个百分点,反映出南疆四地州内部城乡居民收入还存在较大差距,城乡二元经济结构问题依然明显。也正是在二元经济结构下,城市和农村经济发展不平衡,资源分配不均,导致农村地区发展滞后,农民收入增长相对缓慢。

表 4-5 南疆四地州居民收入水平

年份	地区	城镇居民人均可支配收入(元)	农村居民人均可支配收入(元)	城乡收入比
2010	全国	18 779	6 272	2.99
	全疆	14 480	4 993	2.90
	南疆四地州	12 352	3 663	3.72
2015	全国	31 195	11 422	2.73
	全疆	26 275	9 425	2.79
	南疆四地州	22 415	7 203	3.11
2020	全国	43 834	17 131	2.56
	全疆	34 838	14 056	2.48
	南疆四地州	30 266	10 876	2.78
2021	全国	47 412	18 931	2.50
	全疆	37 642	15 575	2.41
	南疆四地州	30 239	9 890	3.05

数据来源:历年《新疆统计年鉴》、历年《中国统计年鉴》。

4.2.2 农业经济发展

农业经济发展水平反映了地区农业生产效率和生产效益。南疆四地州产业结构单一,农村地区主要以农业产业为主。由于经济和技术水平发展相对滞后,南疆四地州农业生产效率相对低下,与经济发展水平较好的北疆地区和全疆平均水平还存在一定的差距(表 4-6)。2010 年,南疆四地州人均农业产值为5 638元/人，与全疆平均相差2 726元/人，到2021年差距扩大到4 124元/人；2010年，农业机械化强度为2 756千瓦/千公顷，与全疆平均水平相差876千瓦/千公顷，到2021年与全疆平均水平相差187千瓦/千公顷；2010年，土地产出率为1 947万元/千公顷，与全疆平均相差946千瓦/千公顷，到2021年与全疆平均水平相差803千瓦/千公顷；2010年，劳动生产率为17 074元/人，与全疆平均相差19 555元/人，到2021年与全疆平均水平相差40 766元/人。可见，尽管南疆四地州全面完成了脱贫攻坚战各项目标任务，但受水土资源、农机化发展水平、农业劳动力素质等综合因素影响，与全疆平均水平还存在一定差距。

表4-6 南疆四地州农业经济发展水平

年份	地区	人均农业产值（元/人）	农业机械化强度（千瓦/千公顷）	土地产出率（万元/千公顷）	劳动生产率（元/人）	农业财政支出占比（%）
2010	全疆	8 364	3 452	2 893	36 629	11.69
	南疆四地州	5 638	2 756	1 947	17 074	11.77
2015	全疆	11 884	4 054	3 273	42 135	15.91
	南疆四地州	9 355	3 506	2 904	24 025	13.40
2020	全疆	16 663	4 663	4 673	68 095	20.38
	南疆四地州	12 560	4 579	3 917	32 521	23.71
2021	全疆	19 865	4 690	5 452	80 911	12.86
	南疆四地州	15 741	4 503	4 649	40 145	17.00

数据来源：历年《新疆统计年鉴》、历年南疆四地州统计年鉴。

4.2.3 农户生计条件

农户生计发展是指农户在特定的资源、环境和社会经济条件下，通过自身努力和外部支持，实现生计水平提升和可持续发展的过程。农户生计消费水平，特别是汽车、洗衣机、电脑等耐用品的消费量，是衡量农户生计发展的重要指标之一。这些耐用品的消费量不仅直接反映了农户的生活质量和消费水平，也是农户生计策略和经济实力的体现。《中国农村贫困监测报告》统计数据显示（表4-7），2015年至今，随着农村居民收入水平的不断提高，南疆四地州农村居民家庭各类耐用消费品总体呈现显著增长趋势。但与全疆总体水平比较看，依然存在一定差距。2019年南疆四地州农村居民家庭拥有小汽车 11.6 辆/百人,与全疆农村居民家庭仍然相差 11.59 辆/百人;洗衣机 96.2 台/百人,与全疆平均水平差 3.18 台/百人;移动电话 203.6 部/百人,与全疆平均水平差 21.6 部/百人。电脑 2.8 台/百人,与全疆平均水平相差 32.01 台/百人,电冰箱 98.9 台/百人,与全疆平均水平相差 7.74 台/百人。总之,随着近些年来新疆脱贫攻坚目标任务的全面完成,南疆四地州农村居民生活消费品拥有量在逐步增加,但与全疆农村平均水平相比较还存在一定的差距。

表 4-7　南疆四地州农村家庭消费水平

年份	地区	汽车 (辆/百人)	洗衣机 (台/百人)	移动电话 (部/百人)	电脑 (台/百人)	电冰箱 (台/百人)
2015	全疆	19.93	92.81	192.69	39.76	91.07
	南疆四地州	6.2	76.7	114.8	3.0	64.6
2019	全疆	31.19	99.38	225.20	34.81	106.64
	南疆四地州	11.6	96.2	203.6	2.8	98.9

数据来源:历年《中国农村贫困监测报告》。

4.3　社会公共服务

福利经济学核心关注点在于如何通过资源有效配置和政策设计来增进社会福利。社会福利是一个综合性概念,它不仅涉及经济增长和物质财富的积累,更关注公平、正义以及个体和群体生活质量。在福利经济学视角下,经济发展应当致力于提升社会整体福利水平,尤其是要关注弱势群体,减少社会不平等,促进社会和谐与稳定。社会公共服务是福利经济学中的关键领域,它涵盖了教育、医疗、社会保障、基础设施等多个方面。这些服务的提供对于改善民众生活条件、提升人力资本、促进经济社会可持续发展具有重要意义。特别是在农村地区,社会公共服务的改善对于减少贫困、缩小城乡差距、推动农村现代化具有至关重要作用。由于历史、区位、经济等多方面原因,南疆四地州在社会公共服务发展方面存在一定的滞后和不足。这些不足不仅制约了当地经济发展,也影响了农户生活质量和自我发展能力的提升。

4.3.1 农村基础设施

在乡村生活基础设施建设上，长期以来新疆南疆四地州贫困地区地方财力十分有限，又缺乏多渠道、多层次筹措配套资金，农村基础设施建设中普遍存在发展任务重、对农业农村发展投入少、资金缺口大、后续维护资金不足等突出问题。据调查，长期以来农村基础设施建设基本依靠国家补助资金，即便在有些项目上要求地方配套，但其实在项目实际执行过程中配套资金也很难真正落实，只能依靠变相减少工程量或降低工程建设质量完成项目指标任务。同时，基础设施建设项目大部分属于公益性项目，不能产生直接经济效益，难以得到信贷资金的有效支持。尽管脱贫攻坚期间南疆四地州在乡村道路硬化、自然村通电话、通有线电视等方面都有了极大的改善，但在垃圾集中处理、污水处理和交通公共服务能力方面依然存在明显短板。2019年南疆四地州贫困地区所在自然村能便利乘坐公共汽车的农户占比为92.5%，垃圾能集中处理的农户比重为80.7%，农村自来水普及率达到99.3%，农村生活污水治理率达到30%左右，建制村5G网络覆盖率为50%。总体看，南疆四地州乡村基础设施建设与乡村全面振兴需要还存在较大差距。

在产业基础设施建设上，从人均节水灌溉面积看，全疆范围内这一指标呈现稳步上升趋势，从2010年的754.81公顷/万人增至2021年的1 166.56公顷/万人，增长率达到了54.5%（表4-8）。南疆四地州从442.99公顷/万人增长至937.59公顷/万人，增长率高达111.6%，表明南疆四地州节水灌溉技术的推广和应用在不断扩大。但由于南疆四地州资金投入有限，起点较低，截至2021年节水面积较全疆平均水平相差228.97公顷/万人，与全疆平均水平相比仍存在一定的差距。其次，在农村人均用电量上。全疆农村人均用电量在11年间实现了跨越式增长，从598.75万千瓦时/万人升至2 438.30万千瓦时/万人，增长率高达308.9%。然而，南疆四地州的农村人均用电量增长则相对滞后，增长率仅为158.8%，至2021年仍仅占全疆平均水平的21.7%。这表明南疆四地州在农村电气化和乡村工业发展方面存在一定的滞后性。

表 4-8　南疆四地州农村生产生活基础设施建设情况

年份	地区	人均节水灌溉面积（公顷/万人）	农村人均用电量（万千瓦时/万人）
2010	全疆	754.81	598.75
	南疆四地州	442.99	204.95
2015	全疆	1 025.10	872.37
	南疆四地州	561.26	373.94
2020	全疆	1 144.97	1 759.84
	南疆四地州	930.58	513.26
2021	全疆	1 166.56	2 438.30
	南疆四地州	937.59	530.24

数据来源：历年《新疆统计年鉴》、历年南疆四地州统计年鉴。

在农田水利建设上，渠道防渗能够显著提高灌溉水利用效率，促进农作物生长和增产。此外，渠道防渗还有助于减少土壤盐碱化风险，维护土壤健康，为农业生产创造更好的土壤环境。到2019年南疆四地州干、支、斗、农四级渠系总长度14.61万千米，其中，防渗渠道3.04万千米，占四级渠系总长度的20.80%（表4-9）。防渗渠道中干渠防渗率59.86%、支渠防渗率43.84%、斗渠防渗率28.72%、农渠防渗率4.48%。其中，阿克苏地区防渗率为22%、克州为24.8%、和田为26.8%、喀什为15.8%。相比之下，北疆的防渗率已达到45.1%，可见南疆四地州在渠系防渗方面依然存在短板和不足。

表 4-9　南疆四地州渠系及防渗情况统计

地（州）	合计（千米）		干渠		支渠		斗渠		农渠		渠系防渗率（%）
	渠道长度	防渗长度	渠道长度	防渗长度	渠道长度	防渗长度	渠道长度	防渗长度	渠道长度	防渗长度	
合计	146 099	30 431	12 243	7 372	20 296	8 882	37 601	10 765	75 959	3 411	20.80
喀什地区	60 661	9 608	3 888	1 840	8 395	2 471	15 239	3 268	33 139	2 028	15.8
阿克苏地区	40 418	8 908	3 863	2 239	6 378	3 461	9 716	2 482	20 462	726	22
和田	37 069	9 945	3 619	2 686	4 139	2 224	10 935	4 412	18 376	623	26.8
克州	7 951	1 971	873	608	1 384	726	1 711	603	3 983	34	24.8

数据来源：《全疆防渗渠道建设情况摸底调查统计汇总表》（2019年初灌区普查）。

4.3.2 农村教育水平

新疆作为一个多民族地区,教育发展对于提高各民族整体人口素质、促进社会稳定和经济发展具有至关重要的作用。近年来,新疆在农村教育领域取得了长足进步和发展,但南疆四地州教育水平与全疆平均水平相比,依然存在一定的差距(表4-10)。首先,从教师负担学生数来看,全疆教师负担学生数从2010年的14.00人/位下降到2021年的13.28人/位,而南疆四地州则从14.93人/位增长到15.24人/位。这表明南疆四地州教师负担仍然相对较重,需要进一步加强教师队伍建设。其次,从人均教学经费来看,全疆人均教学经费从2010年的0.96万元增加到2021年的2.03万元,增长了约112.8%。南疆四地州人均教学经费也从0.74万元增加到1.62万元,增长了120.2%。虽然南疆四地州增速略高于全疆,但其人均教学经费水平仍然低于全疆平均水平,这在一定程度上制约了南疆地区教育质量的提升。再次,从学校负担人数来看,全疆单个学校负担人数从2010年的716.16人增加到2021年的1 050.78人,增长了约46.7%。南疆四地州学校负担人数从502.57人增加到894.55人,增长了约77.9%。尽管南疆四地州学校负担人数低于全疆平均水平,但随着学生入学率的提升,学校负担人数增速快速提高,南疆四地州学校负担压力也在不断增加。可见南疆四地州教育资源配置不均衡,教育投入不足,教师队伍整体素质偏低,教育教学管理水平不高,依然是南疆四地州教育面临的现实挑战。

表4-10 南疆四地州教育发展情况

年份	地区	学校负担人数(人/个)	教师负担学生数(人/位)	人均教学经费(万元)
2010	全疆	716.16	14.00	0.9588
	南疆四地州	502.57	14.93	0.7368
2015	全疆	771.08	13.30	1.7930
	南疆四地州	580.60	14.20	1.3860
2020	全疆	996.05	12.62	2.1731
	南疆四地州	837.17	14.17	1.6633
2021	全疆	1 050.78	13.28	2.0397
	南疆四地州	894.55	15.24	1.6226

数据来源:历年《新疆统计年鉴》、历年南疆四地州统计年鉴。

4.3.3 农村医疗卫生水平

农村医疗卫生水平是衡量乡村社会公共服务能力的重要指标,尽管近些年南疆四地州医疗卫生水平条件有了明显改善,但由于南疆四地州卫生技术服务水平起点较低,与全疆平均水平相比依然存在明显差距(表 4-11)。2021 年南疆四地州每万人有 73.32 人卫生技术服务人员,较全疆平均水平低 4.04 人。这反映出南疆四地州在医疗卫生人力资源配置还存在明显不足。在医院服务能力上,2021 年南疆四地州医院床位数为 63.83 张/万人,低于全疆平均水平 8.06 张/万人。在农村卫生服务水平上,2021 年南疆四地州农村卫生室服务水平为 6.85 个/万人,低于全疆平均水平 4.88 个/万人,且与全疆的差距呈现扩大趋势。这反映出由于农村地区地理位置偏远、经济基础薄弱、人才流失严重等多重因素的影响,南疆农村地区的医疗卫生服务水平提升难度依然较大。

表 4-11 南疆四地州医疗卫生水平

年份	地区	卫生技术服务人员(人/万人)	医院服务能力(张/万人)	医疗机构数量(个/万人)	农村卫生服务水平(个/万人)
2010	全疆	68.34	53.28	3.51	—
	南疆四地州	36.89	45.05	2.66	—
2015	全疆	63.68	68.58	7.97	8.75
	南疆四地州	49.81	48.49	6.40	6.39
2020	全疆	73.62	70.61	6.46	11.13
	南疆四地州	67.22	64.58	6.89	6.84
2021	全疆	77.36	71.89	6.11	11.70
	南疆四地州	73.32	63.83	6.71	6.85

数据来源:历年《新疆统计年鉴》、历年南疆四地州统计年鉴。

4.3.4 农村社会保障

社会保障具有显著的再分配功能,能够有效解决与相对贫困相联系的社会不平等问题。建立健全农村社会保障体系能够提升帮扶对象的人力资本,改善他们的发展环境,促进社会融合,降低或规避各类风险,增加收入,是促进农村贫困问题有效解决的重要手段。我国社会保障是由社会保险、社会福利和社会救助三方面组成，它们在反贫过程中各自发挥着不同功能。其中，社会福利具有普惠性的反贫困效果，也就是当农户家庭或个人遭遇风险带来的打击时，社会福利具备预防贫困的功能，它以普遍性的公共服务和特殊福利来提升全体居民的发展能力和生活质量。社会保险有缓解贫困的功能，比如养老保险、医疗保险、失业保险、大病保险等，它以参保对象互助共济来达到降低风险的作用。社会救助可以起到兜底作用。比如，最低生活保障制度、特困人员救助供养制度、残疾儿童康复救助、兜牢丧失劳动能力人口基本生活保障等，都是通过保障救助人群基本生存和发展，产生最为直接的反贫效果（王延中，2009）。2013年精准扶贫战略实施以来，新疆南疆四地州农村社会保障体系不断完善，对贫困人口的保障水平和政策不断加强，将社会保障与扶贫开发有效结合互嵌，涉及医疗保险和救助、最低生活保障、失业保险、教育救助等多个方面。长期以来，南疆四地州经济发展相对滞后，财政收入有限，导致农村社会保障投入不足，与城镇和相对发达地区社会保障水平还存在较大差距。具体表现在以下几个方面：一是在社会保险上差异明显。在南疆四地州由于长期的经济社会发展水平相对较低，农村居民对参与社会保障的意识相对薄弱。同时由于家庭收入偏低，很多农户在缴纳养老保险时一般都选择最低的档次进行缴费，甚至部分低收入群体家庭最低的缴费基数也无法支付，缴纳养老和医疗保险成为一项较重的负担。另外，城乡医疗保险和城镇职工医保待遇存在明显差距，城镇职工医疗保险按照当地规定达到最低缴费年限标准后，可以享受终生医保待遇，但城乡居民医疗保险不享受退休终生医保待遇，需要终生持续缴费才能享受（左停等，2024）。二是在公共社会福利上存在明显差距。目前在南疆四地州农村公共服务种类、数量和质量上还存在不同程度的短缺；即便农民工进城后在公共服务、社会保障和收入水平待遇上与城市居民依然存在明显差距，尤其是受到户籍影响，子女受教育面临不充分等问题。在医疗上，由于南疆四地州农村医疗服务设施和水平相对不足，导致居民不得不花费更多的成本外出就医看病。三是农村集体福利和家庭福利的作用弱化。南疆四地州大部分农村集体经济相对薄弱，很多村收入主要用于管理费、维持村委会运行等刚性支出，几乎没有用于村民分配的福利资源。加之大规模分散的小规模农户种植经营，过高的农村劳动力比重导致农业生产效率低，对农户增收贡献有限，更难起到福利效应。随着农村老龄化不断加剧，高龄老人过低的收入水平，难以满足老年人基本生活和生活照料的需求支出；受到年轻人外出务工、家庭收入有限等因素影响，很多农村老人不得不依然从事农业生产，获取有限的经营性收入。

4.4 乡村社会治理

基层治理是国家整体治理体系的重要组成部分，乡镇政权及其派出机构村两委是国家基层政权的代表。其治理体系和治理能力现代化直接关系到国家整体治理体系现代化建设。在长期的历史发展进程中，南疆四地州在基层治理过程中遭遇了多重挑战。一方面"财权"与"事权"失衡，乡镇及村两委承担了大量的国家政策执行和社会事务管理任务，包括确保教育、医疗、养老等公共服务覆盖到每一个乡村角落，以及解决农村的各类社会问题。然而，由于南疆四地州经济发展水平相对较低，财政收入有限，这些基层政权在实际操作中常常面临财力匮乏的问题。这种"事多钱少"的局面导致了权责倒挂，基层政府难以充分履行其职责，对各项惠民政策的落地实施产生了一定的阻碍。另一方面，在基层治理公信力上，南疆四地州呈现一定的内卷化趋势。在面对复杂的社会矛盾和治理难题时，部分基层组织可能过度依赖传统的管理模式和方法，缺乏创新性解决问题的能力和手段，导致公共决策和执行过程中的合法性被侵蚀，进而影响了民众对基层政权的信任度和支持率，削弱了基层政权的治理权威性和公信力。此外，基层治理资源配置失调也是一个突出难题。受限于资源总量和配置效率，南疆四地州在人力、物力和财力资源等方面往往无法做到最优匹配，特别是在教育、医疗等基础民生领域投入与需求之间差距较大。这种资源配置的不均衡，不仅限制了基础设施建设和公共服务的有效提供，还打击了农民参与社区治理的积极性，从而导致乡村治理动力不足，不利于乡村振兴战略的深入推进。

此外，南疆贫困地区基层党组织领导能力不足和组织功能发挥不充分。具体表现在：一是领导力与执行力不高，在南疆贫困地区，由于地理环境偏远、经济发展滞后以及人才流失严重等因素，部分基层党组织的领导层可能对国家政策理解和执行力度不够，难以精准把握并实施脱贫攻坚、乡村振兴等战略部署，面对复杂的民族关系和社会矛盾，他们可能缺乏有效的应对策略和化解手段。二是党建工作有待加强。受制于教育水平和文化背景，一些农村党员对党的理论和政策学习理解有限，党组织活动开展形式单一，内容空洞，导致党员凝聚力和战斗力下降。加之语言沟通障碍，使党的政策宣传和落实难度增大。三是干部人才队伍不足。由于地理位置偏远和条件艰苦，高素质党员干部不愿意或不能长期驻留，造成干部老龄化严重、知识结构陈旧、创新意识和工作方法落后，年轻干部培养机制不健全，导致基层党组织后备力量不足，影响了长远发展和治理效能。四是资源整合与利用不足。南疆地区自然资源丰富，但因经济社会发展水平较低，基层党组织在整合内外部资金、技术、人力等资源时往往捉襟见肘，尤其是在产业扶贫、生态补偿、社会保障等领域，亟须提高资源配置效率和效益。五是监督制约机制薄弱。在村级事务管理中，虽然推行了村民自治，但在具体权力运行监督上可能存在漏洞，如党务村务公开透明度不高、基层腐败问题难以有效遏制等问题，这些都削弱了基层党组织的权威性和公信力，也影响了乡村治理体系的健康发展。

4.5 小结

本章对农村结构性贫困多维结构表现进行了分析，分别从空间地理、社会经济、公共服务、乡村治理多个维度对新疆南疆农村结构性贫困的表现进行了阐释。通过分析得出如下结论。

结论1：地理空间结构性贫困是农村贫困地区，尤其是南疆四地州原深度贫困地区空间地理环境的显著特征。突出表现在区域内地形地貌崎岖，戈壁沙漠和山地居多，气候干燥寒冷，地震、沙暴等自然灾害频发。同时，区域内水土资源紧缺，土地亩均灌溉耗水量高，季节性缺水非常明显。人均耕地资源少，土壤沙化严重，土地质量等级偏低。正是由于特殊的空间地理环境条件，导致这些区域生存环境恶劣，地理资本缺失，空间贫困明显。

结论2：南疆四地州农村传统经济在市场经济的强烈冲击下，区域经济的"涓滴效应"难以有效发挥作用，市场导向原则与穷人发展之间存在产业结构性矛盾，小农户与大市场之间存在衔接性障碍，这导致区域内经济发展水平滞后，一二三产业结构不协调，农民收入来源结构单一，增长缓慢，农业生产劳动生产率、土地产出率和资源利用率不高。农户用于家庭生计所需的自然、物质、社会、金融、人力等生计资本相对短缺，且质量不高，农户生计资本转化能力弱，抗风险能力不足。

结论3：在长期的城乡二元结构作用下，在二元经济结构上，因受国家工业化、城市化优先发展战略影响，投入到贫困乡村用于发展生产的土地整治、农田水利、节水工程、农村电力等生产性基础设施建设长期不足，历史欠账多，城乡居民收入差距始终处于高位，城乡之间、乡村内部之间分化加剧。在二元社会结构上，乡村交通道路、垃圾污水处理、村庄环境整治等生活设施建设滞后，用于乡村社会发展的教育、医疗、社会保障等设施建设投入长期不足，服务质量不高。在城乡户籍制度等因素的长期限制下，城乡居民在公共服务产品上享受的待遇存在显著差异。

结论4：在南疆四地州乡村治理领域，在乡村基层治理上，长期以来实施的是"乡财县管"以及"村财乡管"模式，导致乡村基层"财权"与"事权"倒挂，治理资源不足；加之乡村基层领导力与执行力不高，基层党建有待加强，村干部人才队伍不足等，导致乡村基层现代化治理能力水平亟待提升。

第 5 章

新疆农村结构性贫困形成机理与历史归因

5.1 农村结构性贫困形成的内在机理

农村结构性贫困的产生有其内在的形成机理和运行逻辑，通过对南疆四地州贫困状况实地调查研究以及国内外学者对此问题的相关研究成果梳理分析认为，南疆四地州农村结构性贫困问题的形成机理是在长期的历史发展演进变迁过程中，由于长期所处的时空弱势积累，区域行动主体与外部交换系统间的负向互构，乡村社会风险与脆弱性的耦合叠加、多重负向结构间的勾连与互构中逐步形成，而这种结构贫困的内在运行形成机理，在国家确定的"三区三州"原深度贫困地区表现得更加突出和明显。

5.1.1 时空的弱势积累

时空弱势积累是农村结构性贫困产生的一个重要逻辑。从时间弱势积累维度看，农村结构性贫困地区在地理环境、历史特征、生活习惯、家庭结构等方面存在诸多先赋性弱势因素，这些因素会随着时间推移持续锁入贫困家庭及个体生活和生命历程周期中持续发挥作用。当先赋弱势因素与区域内频发的自然灾害、疫病、频发事故等负向事件相互遭遇时，极易出现先赋弱势因素与负向生命事件相互作用强化，从而形成"双高型弱势积累"（先赋性弱势程度高、负向生命事件影响因子高）（张翠娥等，2017）。陷入这种贫困的家庭或个人依靠自身力量无法摆脱在生命周期不同阶段持续迭进的负向影响，并抑制个体或家庭生计资本转化能力。随着时间推移，其所型塑的弱势累积也逐步内化为贫困代际传递的重要内容，持续制约贫困个体或家庭代际间的生计资本转化行为和可行能力。在空间弱势积累形成机理上，这些地区大多集中分布在边疆地区、民族地区或革命老区，而这些地理因素在结构性贫困再生产逻辑中具有重要影响，并与时间弱势积累具有内在匹配性。由第一地理因素地形、地貌和气候环境等自然地理和第二地理因素基础设施、区域条件、社会环境等人文地理，共同决定了空间地理特征。一般是第一地理因素条件相对恶劣，会导致第二地理因素开发成本高、难度大，不易持续。当这两大地理资本相互影响和制约时，会导致区域内地理资本严重短缺,产生社会性排斥现象。在地理资本获取方面,这些贫困地区长期处于"中心—边缘"的边缘位置,外部竞争性资源接入难度大,这些区域交通条件、自然条件、生态环境等,长期重视或投入不够,导致基础差、起点低、地位偏远;外加自身财力供给非常有限,取得实质性改善的难度较大。在社会排斥方面,由于这些地区地处边缘地带,常常是游离于主流文化和"中心"区域之外,区域中自然环境条件相对闭塞,社会理念呈现封闭和边缘化特征。为此,在一个地区地理资本缺失和社会排斥共同加持下,就会形成时空的弱势积累,在这种积累效应作用下,社会排斥导致该地区无法融入区域系统,地理资本缺失会导致该地区向边缘化锁定,最终陷入空间贫困陷阱之中(丁建军等,2019)。贫困个体生计资本转化能力会受到空间贫困弱势积累的影响,空间弱势积累又会强化生计资本转化系统的整体结构性制约,对生活在这一区域的贫困个体物质生产结构和文化价值产生持续负向型塑,逐步形成与之相适宜的"生存性均衡"。可以说,在贫困地区出现"一方水土养不了一方人"的现象是空间贫困的极端表现,即表现出自然地理条件和社会文化条件都已经无法承担当地贫困人口生存和发展的需要(图5-1)。

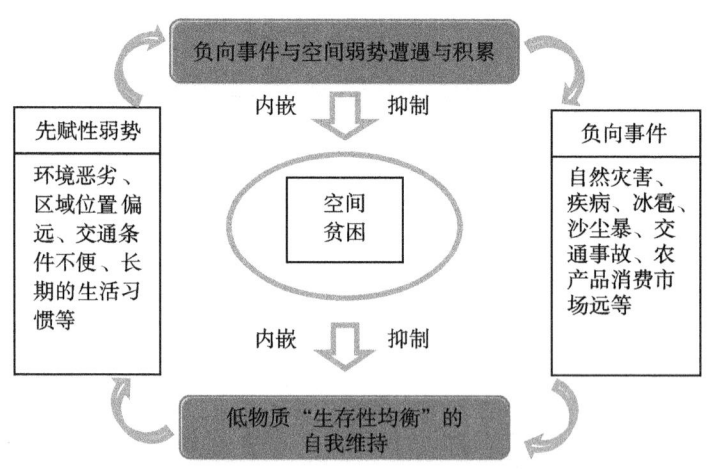

图 5-1　结构性贫困"时空弱势积累"运行机理

南疆四地州地理位置地处新疆南部,塔克拉玛干沙漠南北缘,各地州所在县市距离新疆首府乌鲁木齐市距离均在1 000千米以上,最远的和田市距离新疆首府达到1 500千米以上,到达西北地区中心城市西安的距离是3 200多千米,即便是各地州政府所在城市也相距500千米以上。由于四地州处于塔克拉玛干沙漠南北缘,区域内平原区降水仅为20~80毫米,而年蒸发量在2 500毫米以上。区域内气候极为干燥,土地沙化现象非常明显,风沙天气频发。气象部门统计显示,南疆四地州起沙风日数平均达到50~60天,其中喀什地区达到40~70天,和田地区达到100~130天。在长期的历史发展过程中,生活在这些区域的农户将自身的生计行动嵌入地理环境相对恶劣、自然资源相对匮乏、外部环境相对封闭的空间地理环境中,生计转化行为遭遇到外部风险诱发时,如地质灾害、沙尘暴、农产品价格风险等,就会限制农户生计转化能力,形成低效的生计产出,因长期的时空弱势积累,形成了"生存性均衡"的自我维持状态。可以说,贫困个体生计资本重构与能力提升,与其所在的外部空间贫困特征高度相关,具有这些空间贫困特征的区域性整体结构系统,成为制约贫困个体生计转化行为的重要限制性外部结构因素(张明皓等,2018)。通过这种时空的长期弱势积累,最终逐步型塑出适应于南疆四地州贫困地区环境下的低水平"生存性均衡"的经济社会运行体系。

5.1.2 行动主体与外部交换系统的负向互构

基于多维贫困"行动—结构"分析理论,贫困个体或群体生计是利用家庭生计资本以及社区公共生计资本进行生计资本转化,也可被视为提升生计资本福利而采取的一种生计资本转化行动。在现实生产生活中农户生计交换行动表现是多样性的,概括起来有自然交换行动、市场交换行动以及社会交换行动,这些交换行动是不同农户开展生计资本转化的重要载体。农户从事的自然、市场和社会交换行动会内嵌于相应交换系统之中开展生计资本转化,交换行动与各子系统之间存在相互制约、相互建构的关系。生计转化行动既在不断建构区域交换子系统,使子系统更好适应交换行动,而区域交换子系统又会对交换行动产生制约和限制作用。每一种交换系统都有其自身属性,这种属性表现在生计资本转化选择的可能方式以及所能获得的生计福利效益上。交换系统所涵盖的属性既存在与交换系统之间的衔接属性,也存在与交换子系统内部的交换属性(李雪萍等,2015)。交换系统是在一个存在经济、文化、政治及其他存在权利差异的社会互动系统背景中运行的互构系统(图5-2)。

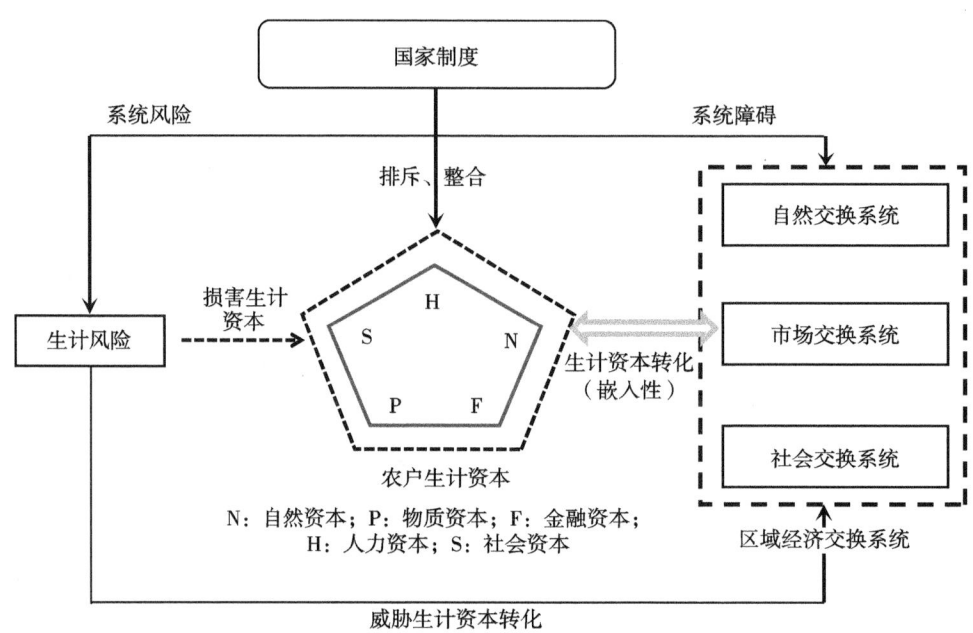

图 5-2 结构性贫困"行动—结构"内向互构运行机理①

从微观层面上看,生计资本转化行动表现为自然、市场和社会三种交换行为的关联性组合。如在自然交换行动中,农户通过将自身劳动力、技能知识等与所在区域内农业生产、自然采集等相互结合,完成了自然交换行动与自然环境之间物质交换过程,使农户实现了农产品等生活物质资料的获取。在市场交换行动中,农户以所生产的农产品或者所能提供的服务为交换介质,按照公平竞争、等价交换的原则,在市场运行机制下开展从事经济交换行为,以获取利益和收入等增长。可以说,不同行动主体在生计交换系统中,通过一种或多种交换方式开展生计资本转化,实现了资本

---

① 李雪萍,王蒙. 2015. 多维贫困"行动—结构"分析框架的建构——基于可持续生计、脆弱性、社会排斥三种分析框架的融合[J]. 江汉大学学报(社会科学版),32(03):5-12。

的增值和再构。社会交换是按照互惠原则,当别人做出报答性反应就发生,不作出反应就停止的行为。

从宏观系统与结构看,区域交换系统也会受到系统外部存在的环境风险及正式制度供给的影响。系统外部存在的自然、市场和社会等风险会直接损害生计行动主体的生计资本,影响生计交换子系统。国家制定的法律、政策会导致"供给强制性制度变迁",导致对区域性交换系统的重新建构(李雪萍等,2014)。制度是用来约束追求效用最大化和福利最大化个体的行为,而且这些制度是由一系列的规则、守法秩序、行为规范和道德伦理等构成(格拉斯·诺思,1999)。国家制度作为最高约束制度,在政治、经济、文化等各方面都有其明确的规章制度,是农户家庭生计资本转化的"过滤器",对农户生计资本积累和代际传递具有重要影响(李雪萍和王蒙,2015)。这一"过滤器"主要是通过嵌入区域交换系统中,改变交换属性、建构交换秩序,制造或管控风险,增进或剥夺农户生计资本等方式实现。

从区域交换结构对行动个体的作用机理上看,在农村贫困地区,自然交换子系统的结构性障碍表现为明显的可利用自然资源匮乏,农牧业生产力偏低,投入成本偏高等;市场交换子系统的结构性障碍表现为市场发育不完善且相对闭塞,产品交易成本高,竞争力不强等;社会交换子系统的结构性特征表现为社会资本总体匮乏,社会资源范围小、层次低、交往相对封闭等。贫困群体生计资本转化效率高低、产品市场培育水平、集体与个体行动能力大小都受到各子系统间结构性障碍与子系统内部结构性障碍制约(李雪萍和王蒙,2014)。从行动对结构的作用机理看,贫困个体或群体的交换行为内嵌于区域交换子系统中,释放生计资本和生计压力转化功能。同时,交换行动会主动建构区域交换子系统,对子系统内部或子系统之间交换障碍形成削弱或增强作用。另外,从农户生计资本转化情景环境与制度结构看,区域宏观外部风险(如自然灾害、市场价格剧烈波动等外部风险)、区域制度环境(土地等资源利用制度、产品市场交易制度等)都直接或间接影响农户生计资本转化行为。

在南疆四地州长期的历史发展进程中,自然交换系统的结构性障碍突出表现在水资源约束日趋趋紧，可开发利用的土地资源极其有限，受干旱和风沙影响农业生产力水平低等；以水资源为例，2021年新疆农业用水量526.71亿立方米。其中，北疆水资源占到全疆的70%以上，而南疆水资源时空分布不均，春季来水量不足全年来水量的10%，缺水问题突出，从而导致了农作物单产水平受到限制。市场交换系统障碍突出表现在没有形成完整的市场体系，农产品商品率不高，距离大市场远，运输成本高，信息不通畅等。据调查，一般农产品从南疆运输到内地市场，每吨运费在1 100~1 200元，且由于长途运输，农产品还存在一定比例的损耗，这进一步加剧了农产品外销的刚性成本。社会交换系统的结构性障碍主要表现在与外部交往联络少、社会网络关系简单封闭、社会发育程度低等。在南疆四地州贫困地区，直接损害农户生计资本的风险主要有地震频发导致农房倒塌、安全事故和疾病等造成农户人力资本损害等；间接风险主要是通过嵌入到农户生计交换系统中发挥作用，在南疆地区每年暴发的沙尘暴直接掩盖农田，造成一定面积的作物绝收；林果产品价格剧烈波动，导致农户林果种植风险加剧；饲草料资源紧缺，制约畜牧业养殖成本居高不下等。因此，农户生计资本转化过程内嵌入该区域交换系统之中，而这种无效性的生计转化行动与限制性及障碍性区域交换系统之间相互关联互构，从而导致贫困群体无法实现有效的生计交换活动，在长期发展历史过程中，"经济性贫困陷阱"在生计转化过程中就会呈现持续性卷入状态（李雪萍和王蒙，2015）。

5.1.3 风险与脆弱性的耦合叠加

在应对社会风险时，应该看到社会结构所面临的各类型风险，不能仅仅从自然风险去判断我们所面临的风险是否增加（斯科特·拉什等，2002）。就如农民失地风险、农村市场风险、粮食安全风险和社会保障风险等是农村社会转型时期的风险（曹海林等，2010）。对于脆弱性问题，学者认为脆弱性是一个前瞻性概念，思维起点是防范于未来，是未来出现各种冲击的可能性。脆弱性是一个动态概念，贫困是一个状态指标，是一个静态概念。贫困与脆弱性相伴而生，它们相互之间存在互构影响（韩峥，2004）。社会学家认为，当一个人处于脆弱性状态下，表现在其参与政治的机会少或缺失，在经济收入上十分微薄，在话语上缺乏发言权力。当遭遇到外部各种自然风险和人为风险打击时，非常容易陷入贫困状态，而且一旦陷入贫困之中，很难轻易从贫困之中恢复。后来社会学家发现了风险链的管理运行机制，即"风险—风险响应—结果"。也就是说，当风险发生后，会启动风险响应对策来提升遭遇风险主体的抗风险能力，降低脆弱性，之后会产生一个风险应对结果，在整个风险管理应对中，社会资本管理具有非常重要的作用（黄承伟等，2010）。总之，风险是外在外生的，现实中的风险是可以被明确感知，比如价格波动风险、突发公共卫生安全风险、自然灾害风险等。脆弱性是内在内生的，现实中脆弱性是不易被感知的。风险与脆弱性常常是相伴相生，只有特定风险与相应脆弱性相结合后，脆弱性才能被表现出来。而且脆弱性可以表现为微观个体、家庭，也可以表现为是整个乡村生计系统脆弱性。特别是在"三区三州"原深度贫困地区，受到自然生态环境、经济发展水平、社会发育条件等多重因素的叠加影响，在乡村生计系统层面脆弱性依然非常明显，即便在脱贫后的今天，这些区域同样存在返贫的风险（赵鑫等，2021）。当特定风险与相应脆弱性结合后，"风险—脆弱性"的对偶关系才会形成。我们既不能孤立地去研究风险，也不能单独只去关注脆弱性。而且"风险—脆弱性"内嵌于乡村自然、经济、社会、文化生计系统之中，对农户生计系统有着直接或间接的作用功能，在农户生计系统转化中体现出多层次、多维度的"风险—脆弱性"对偶表现（左停等，2020）。

抗逆力是个体或群体具备的行动能力，它除了包括遭受风险与脆弱性打击后的恢复力外，还包括预防保护、缓解压力、免受打击、预防打击和社会救助等一系列性的全过程，其背后需要监测预警系统、防御和救助体系的全方位支撑。可以说，行动主体的抗逆力与其所生活的社会环境和社区相应综合保障能力高度相关。除了个体自身具备的抗风险能力外，贫困个体所在的社区政策保障、公共服务保障、社会保障等都是提升抗逆力的外部支持系统。在贫困农户遭遇风险—脆弱性过程中，所采用的抗逆力措施也是多层次、多架构、多维度的，也是应对"风险—脆弱性"的"镶群"概念。这个抗逆力"镞群",从层级上包括国家层面的政策保障力、社区层面的保护支持力、个体层面的抗争力;从动态过程看,有事后的救助性举措、事中的缓解措施、事前的预防性措施等(左停,2020)(图5-3)。

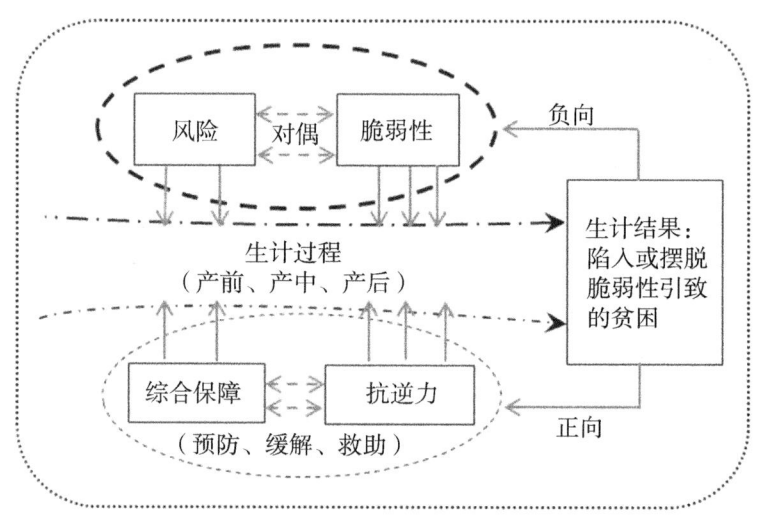

图 5-3 结构性贫困"风险—脆弱性"耦合叠加运行机理①

从风险—脆弱性视角审视南疆乡村基层社区发展可以发现,长期以来南疆自然生态环境条件恶劣,农户生计转化中面临着多重自然风险、市场风险和社会风险。突出表现在旱灾、沙暴灾害、病虫害等自然灾害频发、农产品市场价格波动频繁等风险。从农户生计脆弱性方面看,突出表现在可利用土地资源有限,水资源紧张,社会及金融资本匮乏等;在教育上表现为教师数量不足,教学资源相对匮乏,教学质量不高。农村公共服务基础条件相对较差,质量不高,难以满足乡村居民对公共服务需求日益增长的需要。专业医疗人才短缺,乡镇基层卫生医务人员不足,当有重症患者时,仍然需要转至上级医院,必然会增加患者的负担(李小云等,2020)。长期以来,南疆农村集体经济收入来源主要是依靠财政转移性收入和补助

---

① 左停,苏武峥.2020.提升抗逆力:乡村振兴进程中农民生计系统"风险—脆弱性"应对策略研究[J].云南社会科学(04):129-136.

收入，也有少部分来源于集体土地、林地和门面房屋等出租收入，但这些收入的稳定性和持续性较差，大多数村庄用于开展乡村治理的资源和手段不足，村级自我造血能力非常有限，能用于开展乡村公共服务建设的资金少之甚少。围绕乡村产业等成立的农民合作社大多层次较低，经营水平不高，管理不规范，真正能够帮助农户抵御市场风险的能力很低，即便在脱贫攻坚期间新发展的特色产业，部分也缺乏风险评估与预判，对产业风险缺乏监测预警不够，可持续性不足。随着乡村城市化和乡村内部分化加剧，传统意义上的农村，即"熟人生产生活互助体"逐渐淡出，而以"利益为单位"的现代乡村日渐显现。而这些都表现出南疆乡村生计系统的高脆弱性和低抗逆力，即当外部经济社会风险与乡村内部脆弱性相互耦合后，必然会导致贫困加剧。

5.1.4 多重结构负向勾连互构

从多重结构性贫困构成看，对于农村结构性贫困地区，由于各种不利地理因素限制，导致在自然条件、交通网络、生态环境、地理区位等，存在基础差、起点低、地位不够重视等，且受当地财力限制难以有实质性改善。最终导致地理资本和社会排斥逐步向边缘锁定，无法融入区域交换系统，逐步形成了"地"的弱势积累型贫困。行动主体生计资本转化行为受到所在自然、经济和社会生计系统的制约，在生计资本转化活动的活力和规模中会出现"累退"现象，导致生计交换规模越来越小，主体交换频次也会越发降低，新型经营主体难以进入产业体系，产业出现竞争力持续弱化内卷，包容性变差，封闭性增强，逐步形成了"业"的封闭与锁定型贫困。由于乡村社区受到乡村基础设施供给长期不足，教育、医疗和卫生等基础供给数量和质量不足，在遭遇外部风险后，导致乡村社区脆弱性增加，抗逆力减弱，逐步出现了"村"的抗逆力不足。贫困人口持续长时间存在生计资本匮乏、可行能力不足，导致个体和家庭在区域交换系统中的生计资本转化"失效"，呈现"生计资本贬值—可行能力退化"的负向循环，低物质的生存供给状态变化持续长期存在，随着时间的累计推移，人就会产生与低物质生存状态相适应的思想理念、价值观念，并逐步演变为当地的主流地方价值,在贫困个体与贫困群体之间相互转移扩散,也就出现了"人"的主体性贫困(图5-4)。

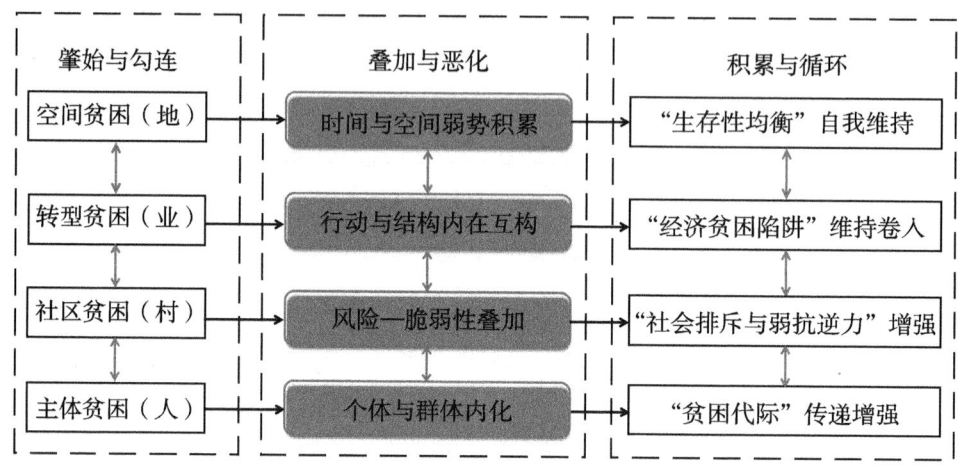

图5-4 结构性贫困多重结构负向勾连互构运行机理①

从多重结构互构逻辑关系看,"人、地、业、村"之间存在复杂的互构耦合关系,这种互构耦合导致出现了主体性、空间性、经济性、乡村社区贫困的"叠加强化",在区域内表现出综合性的贫困和长期性贫困状态。在特定的时空情境下,由于"人"的生计资本匮乏、可行能力不足,会致使在自然、经济和社会交换系统中生计转换能力受限,生计资本转化低效,产出受损。地理因素劣势将加剧地理资本流失,从而使"地"受到地理资本的限制,对"人"生计资本转化产生不利影响,限制了"人"在自然、经济和社会中的交换规模和活力。随着交换系统发展受限和生计资本转化失效,会带来区域交换系统的弱化和退化,产业包容性和竞争力都会随之降低,最终使"业"缺乏活力。而"业"缺乏活力又会剥夺"人"的发展机会,使个体性贫困向群体性贫困转变,通过这种互构影响,"人"将陷入深度贫困状态。"业"由于竞争力弱、包容性差,会被锁定和封闭,进而陷入经济性贫困陷阱之中。"村"作为第二地理资本,由于在教育、

---

① 张明皓,豆书龙.2018.深度贫困的再生产逻辑及综合性治理[J].中国行政管理(04):46-50。

医疗等公共服务上长期不足，导致"人"的生计资本不足，尤其是人力资本发展受到限制，呈现出社会排斥加剧的趋势，难以为"业"的发展提供有效的高素质的劳动力供给，从而"业"的发展受到限制。在"人""地""业""村"各维度上的主体性贫困、空间性贫困、经济性贫困和社区贫困相互叠加，从而使贫困地区陷入持续极端贫困、长期贫困，也就生成了深度贫困。这种贫困表现出持续时间长，属慢性贫困；贫困程度深是绝对和极端贫困，贫困维度广，是空间、经济、社区和主体性多维结构贫困。

在脱贫攻坚期间，国家将南疆四地州划定为"三区三州"深度贫困地区，对于南疆四地州这样一个特殊边疆贫困地区而言，其具有空间贫困背景下的时间和空间的弱势积累所型塑的"低水平生存性均衡"的自我维持，也具有社会经济转型背景下行动与结构内向互构形成的"经济性贫困陷阱"的持续卷入；同时也有乡村社区公共服务供给不足带来的社会排斥加剧和抗逆力不足型贫困。可以说，空间贫困下"低水平均衡陷阱"、社会经济转型下的"经济性贫困陷阱"、社区公共服务供给缺失下的"脆弱性贫困陷阱"和地方性价值主导下的"主体性缺失"这四大结构性致贫逻辑是导致过去历史变迁中南疆四地州长期以来陷入深度贫困的"原罪"。这四大贫困再生逻辑系统除了具有各自贫困再生成的运行逻辑外，各系统间也存在相互影响和相互制约的内在关联性，而且同时长期内嵌在南疆社会经济区域制度与政策供给不足这一背景之中，最终导致了该区域在过去产生持续贫困的再生产。

5.2 农村结构性贫困形成的历史归因分析

5.2.1 城乡二元经济社会结构长期延续性影响

1949年刚成立的新中国政权，在经过长期战争蹂躏后，百废待兴，社会经济发展基础极其薄弱。以英、美为首的西方国家对中国新生政权极端敌视，他们从经济上封锁，从政治上孤立，从军事上包围扼杀。在当时复杂的经济、军事和政治外部环境下，以及当时国家落后的经济社会状况，新生的新中国迫切需要通过发展现代工业，快速增强国家经济和军事实力，加之当时世界上发达的西方国家基本都实现了重工业化。中国在经受了太久屈辱后，极度渴望通过快速实现工业化来洗刷中华民族的百年屈辱，实现中华民族伟大复兴。正是在这种背景下，面临国内新生政权的发展困境和国际西方国家的打压排挤，中国最终选择了工业化优先建设道路，在后期相当长的一段时期内，加快发展社会工业化成为社会经济发展的优先项和首要任务，优先推动重工业发展成为各项经济工作的中心环节（全国人民代表大会常务委员会，1955）。从新中国成立到改革开放的近三十年间，为贯彻工业化优先发展战略，国家加大了对工业的投资建设，包括加大对钢铁、电力、有色金属、农业机械制造、汽车等重工业的投资建设。1952年"一五"时期，中国对重工业基本建设投资占投资总额的36.2%，而轻工业为6.4%，农业为7.1%。在之后的"二五"至"四五"时期，对重工业的投资比重分别都达到了54%（而农业占11.3%）、51.1%（而农业占10.7%）、49.6%（而农业占5.8%）（林毅夫，1994）。为了尽快发展工业，当时仅占农业总产值30%的工业无法为国家快速工业化提供足够的投入积累。为此，作为当时国民经济最大支柱产业的农业为国家优先发展重工业提供了重要的资金积累渠道。为构建与重工业发展战略相互适应的高度集中的计划经济体制，从1952年到改革开放时近三十年间，在经济上，国家主要是通过农业税、工农产品价格"剪刀差"、财政转移支付等方式，强制性将农业生产中的剩余积累转移到工业中去。据估计，改革开放以前的三十年，以"剪刀差"形式，累计将3 376亿元资金用于优先发展重工业部门，而同期中国全民所有制各行业基本建设新增固定资产总数3 680亿元，这一时期农业向工业累计投入占新增固定资产投资的92%（冯海发等，1993）。由于工业部门与农业部门长期存在的"剪刀差"汲取方式，导致大量农业资金持续净流入工业部门，农业负担不断加重，农村经济社会发展受到严重抑制，农业投资长期不足，农业技术停滞，最终导致农民收入增长缓慢，反过来也动摇了重工业优先发展的基础。工业化优先发展战略的确促进了工业较快发展，但这是在以牺牲农业部门产业发展为代价的基础上获取的。在工业化快速发展进程中，农业和其他产业并没有得到较好的协调发展，农业与工业部门的二元经济结构现象越加明显。1952—1978年，二元生产率对比系数从0.2下降到0.16，下降了0.04个百分点，农业部门的比较劳动生产率从0.6下降到0.4，下降了0.2个百分点（王恩胡，2016）。可以说，新中国成立之初，中国二元经济结构开始初步形成，但随后确立了以重工业为中心的赶超发展战略，二元经济结构在农业和工业部门之间不断加强（林毅夫，1994）。

由于国家长期延续的城乡分割政策，在经济社会发展中，二元经济结构特征依然非常明显。一方面二元经济结构制约了农民经营性收入增长。农村土地分配上，长期采用家庭联产承包制度下的平均分配原则，大部分集体土地是按照人头进行平均化无差别分配，土地细碎化问题十分突出，土地规模化经营效益难以发挥，农民经营性收入受到制约。另一方面，因受到长期城乡户籍制度限制，农村剩余劳动力转移缓慢，农业部门被迫沉淀了大量农村剩余劳动力，导致农业边际生产效率逐渐下降，农业劳动力收入增长受到制约。同时，二元经济结构制约了农民外出务工带来的工资性收入增长。改革开放后，逐步放松了对劳动力外出就业的控制，外出打工收入成为农民收入的重要组成部分。但因为二元经济所形成的二元社会结构，对农村剩余劳动力转移长期采取的是排斥和抑制政策，再加上农民自身技术和知识水平有限，很多农村劳动力进城务工只能参与到技术含量低、报酬低和劳动条件差的岗位，这在一定程度上制约了农民增收的途径。

在同一时期的城乡社会结构层面上，随着城乡二元经济结构的逐渐明显，城乡二元社会结构也开始变得日益显著。首先，城市市民和农村农民在国家福利待遇上差距明显。作为城市市民，在生活保障上，市民可以享受国家定量供应的商品粮且价格较低，定期国家对市民有副食品现金补贴；低价天然气供应，大多市民都享有国家给予补贴的福利性住房。在社会医疗保障上，市民可以享受公费医疗，市民由单位缴纳养老保险，养老有单位保障，劳动过程中享有劳动保护制度保障等。而反观农村农民，在生活保障上，农民每年需要自耕自食，而且面临着粮食丰歉的风险影响，每年要按政策向城市提供低价粮食；米面油等生活物资，农民都需要自己按照市场价格去购买消费，农民住房主要是自己出钱建房居住；在医疗社会保障上，农民需要自己掏钱看病，养老主要依靠儿女负担，劳动中缺少制度保障，常有农民工为争取劳动所得而进行维权。其次，采用严格的城乡分割体制。1958年《中华人民共和国户口登记条例》颁布通过，该条例对农村户籍人口进城做出了严格限制。条例规定农村户籍人口要迁往城市长期居住，需要持有相关证明，并向当地常住地户口登记机关主动申请办理迁出手续后才可以迁入城市。例如，只有持有城市劳动部门录用证明的农民、持有学校录取证明学生和持有城市户口登记机关准予迁入证明的农村户籍人口才能进入城市。该项条例颁布，从法律上标志着对城乡户籍人口迁移限制制度的形成。1953年起，国家开始实施粮油供应制度，推行粮食统购统销政策，这项政策原则上粮食供应只用于满足城市非农户籍人口，而对于农业户籍人员不在粮食保障供应范围内。20世纪50年代初实施的劳动用工制度，在原则上只负责城市非农人口的就业安置。以上这些城乡社会层面的制度性规定，完全断绝了农民进城获得生产生活的空间，几乎将农村和城市之间的迁移和交流完全切断，城乡户籍成为一种身份象征，这种户籍身份又完全不由自己决定，而是由先赋的父代决定，一旦有了就很难再改变，这两种户籍的人享受着差异极大的生产生活保障制度。1978年改革开放以后，国家中心工作逐步转移到了经济建设上来，以市场为导向的制度化改革，特别是家庭联产承包责任制的建立，赋予了农户和各类经营主体的自主经营权和利益分享权，极大调动了广大生产者和经营者积极性，这一时期农业部门获得了较快发展。新疆南疆四地州贫困农村作为中国西部少数民族集中聚居的贫困地区，无论是在新中国成立初期的重工业化发展阶段，还是到改革开放后以经济建设为主的市场化发展阶段，与全国其他农村地区一样，同样经历了城乡二元社会经济的长期影响，对南疆地区农业、农村和农民发展和增收产生了明显的抑制作用。此外，由于新疆南疆少数民族集中聚居地区长期受到语言文化限制，很多农村劳动力外出就业更加困难，只能生活在一个相对封闭的社会环境中，大量农村闲置劳动力被束缚在乡村，从而进一步加剧了城乡二元结构的负向效应。

5.2.2 贫困地区被甩出现代化发展的良性轨道

经过新中国成立后三十年的快速工业化发展，尽管中国工业化和城市化取得了较快发展，但快速工业化的弊端也逐步暴露，中国城乡二元经济社会结构逐步走向失衡。改革开放后，为尽快扭转这种不利于乡村发展局面，国家从前期期望通过工业化来带动人民生活走向富裕，转向了经济社会目标更为丰富的"现代化"。也因急切期盼尽快摆脱贫困，随后又将"现代化"转换为更加明确的"市场化"发展路径，也更加坚信可以通过完全的市场化发展，来使中国广大农村彻底摆脱贫困。这一点即便是在地处偏远、远离市场、封闭落后的南疆地区也不例外。自改革开放以来，国家在社会、经济等各领域的顶层设计和变化变革中，始终是以"市场化"发展为主导方向，其衡量的目标是"是否刺激和推动了经济增长"。在这种背景下，中国城乡之间、东中西部之间、乡村内部都发生了翻天覆地的变化。可以说，市场经济的快速发展的确使相当一部分地区、一部分群体彻底摆脱了贫困，走上了经济社会快速自我发展的良性发展轨道。但由于过度"市场化"和一切以"发展为中心"的治理理念，从全国层面出现了东部发达地区、中部欠发达地区和西部贫困落后地区，东中西部发展差距迅速扩大，城市和乡村二元经济社会发展的差距明显扩大，区域内部农民分化加速。而南疆乡村正处于西部边缘经济发展的落后地区，贫困乡村和贫困人口在"市场化"冲击下，在这些地区生活的群体，特别是农村贫困群体被逐步甩出了市场经济发展的良性轨道。在市场化和商品经济思想主导下，全国各地都在加快以市场为导向优化农业结构，积极培育与市场能够有效接轨的新型经营主体，在广大农村实施的很多政策及项目都尽力将农村、农业和农民引上市场化发展的轨道上来。研究表明，农村商品化、工业化与城市化相互促进，相互发展，过去"半封闭""封闭"的农村社会被改变，农村社会经济被推向更高的发展阶段（戴宗贡等，1991）。

在 20 世纪 90 年代初期，国家加快了社会主义市场经济建设推进力度，但像在南疆这样一个二元经济社会结构相对固化的贫困区域，快速市场化在推动农村经济发展的同时，也给当地农村发展带来了一定冲击。

一是市场化的快速发展使贫困乡村居民生产生活被强制商品化。在传统社会发展阶段，贫困乡村大多处于相对封闭阶段，农户以自给自足的经济生产方式生活，外部因素对其发展影响十分有限，农民生活水平取决于他们自身努力和奋斗。商品化的快速发展打破了传统自给自足的小农经济，商品经济逐步成为乡村社会的主导，市场经济的逐步深入发展快速推动了农村社会逐步转型。农村社会从传统农业社会向工业化社会转变，农民生活环境从生产型向消费型社会转变，地区经济从严格的计划经济向市场经济转变等。社会经济形态的转化极大地改变着农村居民的生产生活，也完全打破了长期以来农村自给自足的封闭生活状态。随着市场经济的逐步发展，农村社会经济商品化成为运转农村一切元素的主要推行动力。正如伯恩斯坦（伯恩斯坦·亨利，2011）指出，商品化是一个过程，受市场交换原则和强制力的制约，它的生产与再生产要素都是来自于市场，其目标是为市场交换而生产。这种市场化进程是在中国长期以来仓促工业化形成的二元城乡社会经济结构中进行的，在没有有效政府干预的情况下，必然加剧各类资源在城乡之间的非均衡配置。其结果是，农村大量农产品以初级产品低价格方式流入城市，供城市居民消费；与之相反，大量由市场决定价格相对较高的城市商品，经加工后以农业生产所需的各类农资流入农村，在这个过程中农民也不得不接受市场化带来的不平等规则。在长期的二元结构下，农村、农民作为弱势群体，城市、市民作为强势群体，在面对市场经济"游戏"规则下，导致农村土地被征占、农村资金被抽走，这必然导致农村逐步贫困。

二是大量农村低素质劳动力被市场排斥在城市劳动力需求之外。因市场机制价值规律的作用机制，其竞争机制、供求机制、价格机制都是通过激发市场主体追求资源最优配置，自身利益最大化，从而带动整个市场收益最大化。对那些在市场竞争力不高的人员，表现为"排斥"或"挤出"效应，使他们在市场中被边缘化，难以有效参与市场活动，并从市场中获得受益。20世纪50年代后期，所形成的城市和乡村就业隔离政策，既是行政上的隔离，同时也是体制上的隔离，即不许农村劳动力自由地进入城市就业打工。而到了80年代中后期，中国推进了一系列的经济体制改革，各地政府对农村劳动力进城就业和自由流动实施了有条件的认可,对农村劳动力转移就业控制逐步放松。在90年代之后,很多省份农村剩余劳动力纷纷外出进城打工就业,过着"薪水+锄头"的生计模式。而此阶段的南疆贫困地区农村劳动力,由于受到语言、文化素质等因素的影响,大部分农村劳动力不具备外出进城就业的技能,导致大量农村劳动力滞留在乡村内部,加剧了南疆贫困人口与内地人口之间的发展差距。

三是在市场化机制作用下,农村金融市场供给紧缺,存在明显的农村金融排斥现象。目前中国农村主要金融部门有农村信用社、中国农业银行;辅助金融机构有农业保险公司、邮政储蓄银行等。尽管看似现有的农村金融供给体系相对完善,但这些金融机构对农村金融支持力度仍然有限,这些机构"农业色彩"越来越淡,服务"三农"意愿在弱化,金融资源在广大乡村没有得到十分有效的配置和利用。在农村金融领域,1997年中国涉农金融机构短期贷款总额为55 418.30亿元,到2006年已增长到98 534亿元,短期贷款总额是1997年的1.7倍,增长了77.8%。但从农村短期贷款在涉农金融机构短期贷款总额中的占比看,其所占比重长期不足20%,这说明涉农金融机构对农村贷款的支持力度在下降(何德旭等,2008)。而这一现象在南疆农村金融供给服务中也同样存在。在农户金融需求上,这些金融部门存在金融取向上对农户金融需求的强行金融排斥。考虑到农业生产风险大、投入产出周期长、灾害抗御能力弱等因素,作为弱质产业,发放贷款后缺乏安全性。因此,对农户贷款的评估限制了农户接近金融资源的机会。为降低贷款风险,金融机构大多要求贷款户以资产进行抵押;如果凭借信用进行贷款,一般需要严格审查评估偿还能力、信用历史记录等。其实,这些要求在一定程度上已经将很多农户排斥在金融服务之外。而在市场规则下,贫困户想获取金融贷款更加艰难。

5.2.3 "三农"长期处于结构性弱势地位

弱势群体可分为社会性弱势群体和生理性弱势群体。其中,因社会制度或社会结构等社会性因素会导致出现弱势地位的人群,如农民阶层、外出打工的农民工等。因个人生理因素或心理缺陷也会导致出现弱势地位的群体，如老年人、残疾人、儿童及妇女等。弱势群体的出现尽管有生理性因素造成，但社会结构制度供给缺失更是导致弱势群体出现的主要原因（吴鹏森，2003）。农民是中国社会经济结构中一个典型的弱势群体，他们的社会经济资源相对贫乏，与市民相比较，农民更多表现出整体性、群体性、区域性相对落后，农民中的贫困群体又是弱势群体中的弱势人群。由于复杂的历史性和现实性不利因素的叠加，导致农民弱势地位逐步形成。在经济层面上，农民群体总体收入明显低于工人群体。在中国计划经济时期，城市市民和农村居民其身份等级完全不同，在农村贫困地区出现有大量相对集中的"绝对贫困"群体。在经济收入分配上，由于国家长期采取城市偏向政策，导致城乡居民收入水平差异明显。在教育、医疗、社会保障和养老福利等方面，受城乡二元经济体制长期影响，农民作为弱势群体其享受的公共服务和福利待遇，与城市居民相比，无论是数量和质量上都存在较大差距。特别是1984年后，中国经济工作的重心转入城市后，城市居民收入大幅增长，而农民收入相对停滞。在政治层面，农民阶层普遍存在"结构性缺席"是其政治结构性弱势的表现。广大农民多是以原子化、分散化的小农户去面对组织化的当地政府，外加他们缺乏参与意识，在乡村公共事务决策中利益表达缺席和话语缺失，进而导致被排斥在了当地主流政治生活之外。在社会层面，对广大农民社会性和制度性歧视现象依然十分普遍。长期以来，执行政策、法律和制度对农民进行区别性对待。"城乡分治，一国两策"是社会学家陆学艺对中国户籍制度的一种形象描述，在长期的历史发展中，户籍制度对待农村和农民是一套政策，更多体现的是约束和不利，而对待城市和市民又是一套政策，更多体现的是保护和支持（刘鹏，2002）。这种户籍制度人为地建构了一套社会性排斥机制，导致农民不能享受同等的国民待遇，无法享受来自市场主体和国家公民应有的各项权利。在文化方面，农民弱势群体长期生活在社会经济生活底层和边缘处境之中，接受的教育不高，对现代知识掌握匮乏；受传统小农思想影响，缺乏奋斗精神，不愿外出务工，在市场竞争中处于弱势地位。他们所能选择的主要生计方式就是凭借自己的劳动力从事农牧业生产以获得生计来源。改革开放后，尤其是近些年，在政府的倡导和组织下，贫困地区农民通过去周边县域、附近工厂,采取离土不离乡的方式实现就近就业;部分农民通过离乡外出就业等方式,到其他城市、远方工厂等打工就业,实现了与都市生活的"亲密接触"。

探究农民弱势地位的历史因素,首先,长期的城乡二元经济社会结构是导致农民弱势地位的历史性原因。在城乡二元社会经济结构下,农民作为弱势群体,多与传统的乡村环境和落后的传统农业相互连接,常年从事着传统简单的农业生产活动,劳动活动范围小、社会分工致收入低,与现代都市环境和工业体系隔离。这种长期形成的以传统乡村为载体的农业生产与以现代都市生活环境为载体的工业同时并行发展但又相互脱节的现象,成为中国城乡二元结构下经济社会常态(刘鹏,2002)。其次,从农民和市民社会权益比较看,一些歧视农民的制度政策并未得到根本性改变。以户籍和身份为基础的城乡二元隔离体制没有得到有效革除。如在农民与市民之间,在就业制度、教育制度、医疗制度以及养老制度等方面,乡村居民依然存在政策性和制度性障碍。这些制度性缺陷约束了农民参与市场主体的能力,束缚了农民发展的手脚,使得农民与城市居民在发展上存在不公平、不均等现象。正如学者们指出,计划经济时期遗留下来的一些体制机制改革政策,还没有从根本上解放农村生产力发展,依然存在阻碍农村生产力发展、束缚农民手脚的问题(陆学艺,2002)。

农业在国民经济各产业中长期具有明显的弱质性特征。随着经济社会转型,传统农业和传统农民是无法摆脱没落的宿命,纯粹的小农是很难摆脱经济窘迫状况。农民在整个农业传统产业没落过程中将出现逐步分化,他们中的一部分人群会逐步迁移到城市,职业由农民转变为工人;分化后留在乡村的农民出现贫困也是一个必然过程,在社会中的地位会逐渐下滑(中共中央马克思恩格斯列宁斯大林著作编译局,2009)。长期以来,在城乡二元经济结构的主导下,国家投入了大量的资源优先发展工业,第二、第三产业获得了大量的生产要素,导致农业产业在社会发展中逐渐边缘化。由于农业比较效益相对工业和商业较低,长期以来大量农村土地、人才和资金流入到第二、第三产业等非农产业,出现了农业投入资金短缺、劳动力匮乏和土地荒废或被挤占等现象,进一步加剧了农业的弱质性。其次,农业自身属性也决定了其具有弱质性特征。光热水土气等自然要素与农业生产高度相关，而这些自然要素在不同阶段又存在较大变化和不确定性，自然要素的丰歉与自然环境变化高度相关，也会直接影响农业生产的最终效率。农民作为农业生产者，时刻都要高度关注动植物生命变化与自然界变化的相关性，根据自然界变化去调试自己的种养殖方式，以适应外部自然环境变化。所以，农业生产是一个复杂的自然再生产与社会再生产有机高度结合的特殊产业。再次，从农业生产出来的农产品具有鲜活、易腐烂、存储时间短、要求环境高等特点，这些因素增加了农产品的不确定性。同时，农产品供给周期性和季节性强，与农产品消费需求的长周期和经常性又存在矛盾，这也给农产品的销售带来了更多市场风险。这些农业弱质性特征，在南疆贫困地区表现得更加突出，如生态环境恶劣、水土资源紧张加剧了农业生产的弱质性。最后，南疆地处偏远，农产品距离市场遥远，运输需要的外部条件较高，造成销售成本增加、竞争力下降等问题突出。

农村在长期的历史变迁中逐步边缘化，呈现出明显的非均衡性。从全国层面来看，中国的贫困农村主要集中在中西部地区和丘陵地区，如吕梁山、大别山、太行山、大巴山区以及西部干旱沙漠地区等。2017年国家确定的"三区三州"深度贫困地区更是全部集中在中西部地区。从地理环境特征上看，这些地区很多地处高山深谷，不仅生产条件差，位置偏远，而且交通闭塞，自然环境条件恶劣，扶贫难度较大。从民族构成看，这些地区少数民族集中聚居，很多传统习惯长期世代传递。从表面上看，这些区域贫困的确受到了自然地理环境和社会文化环境的影响，但在这种贫困的背后其实还隐藏了由于空间地理差异带来的产业结构性差序。全国层面，在地理上存在明显的由东向西逐渐走高，而在经济发展上呈现由东向西逐渐走低的趋势；在产业类型上表现出由东向西分别为金融服务业、工业产业、机械化农业、传统农业的产业演变。而贫困地区几乎无不例外的是传统农业，受到外部自然环境条件的影响最大。从新疆地理区域看，呈现出由北向南逐步干旱和沙漠化，在农业产业上呈现出由北向南的规模化农业生产、机械化生产向传统小农户生产模式的演变，而南疆四地州农村贫困地区所处的区域长期以来处于传统小农生产状态。农业产业结构的差序化分布又进一步导致贫困区域在长期发展中存在资源获取上的结构性失衡，存在着"中心—边缘"的资源配给规律，在这些贫困区域农村历史变迁中，在资源供给方面存在明显的结构性弱势。

5.3 小结

本章通过对农村结构性贫困形成机理与历史归因进行深入分析，分别从时间与空间、行动与结构、风险与脆弱性、多重结构的负向勾连与互构，共四个方面分析了农村结构性贫困产生的机理和内在运行逻辑。同时，从历史动态视角解析了中国农村结构性贫困产生的历史性归因和演进过程。通过分析得出如下结论。

结论1：在结构性贫困产生的逻辑链形成机理中，其中时间和空间弱势积累所形成的"生存性均衡"的自我维持，在时间属性上，贫困个体先赋性弱势因素被持续锁入个体生命历程中持续发挥作用；在空间属性上，贫困个体生活在乡村相对脆弱的经济、社会和生态系统环境之中。在时空弱势积累效应作用下，地理资本和社会排斥逐渐向边缘化锁定和无法融入系统趋近，最终形成农村贫困环境下低水平"生存性均衡"的社会经济体系。行动与结构内向互构带来的"经济性贫困陷阱"的持续卷入，是贫困个体在开展生计资本转化过程中，受制于乡村不利的自然、市场和社会交换子系统，各子系统间和子系统内部存在衔接性障碍。在长期的制度及政策供给不足情形下，导致农户生计交换行动受限或无效，使贫困群体无法实施有效生计交换行为而持续卷入"经济性贫困陷阱"之中。农村结构性贫困地区，因乡村基础设施、公共服务和社会保障水平相对较低，农村生计系统表现为低抗逆力和高风险脆弱性，当脆弱生计系统与外部自然灾害风险、价格波动风险、突发公共卫生安全风险等遭遇后，就会形成"风险—脆弱性"对偶关系下的耦合与叠加。"风险—脆弱性"内嵌于贫困乡村自然系统、经济系统、乡村社会系统、文化系统之中，在与乡村弱抗逆力相互作用后，输出负向影响结果，导致"风险—脆弱性"危害增强，加剧农户生计更加脆弱。

结论2：多重结构间的负向勾连与互构，导致贫困生产机制的持续发挥作用，产生出稳定的贫困再生产。在多重贫困结构的互构逻辑关系上，"人、地、业、村"相互间存在复杂的耦合互构关系，形成各维度上相互关联的文化性、空间性、经济性和社区性贫困相互叠加，最终形成贫困陷阱，从而使贫困地区陷入持续的长期贫困状态。这种贫困表现出持续时间长、贫困程度深、贫困维度广，是空间、经济、社区和文化相互叠加的多维结构贫困。这些多重致贫逻辑系统之间与系统内部相互制约与勾连，共同内嵌于乡村社会经济系统中，在制度与政策供给不足情境下，型塑出稳定的贫困秩序和贫困再生产机制。

结论3：农村结构性贫困的历史归因，不能简单将地理位置偏远、资源匮乏、经济发展滞后等因素归结为边疆少数民族地区农村结构性贫困的根源，而应将其置于国家整体历史变迁中长期存在的城乡二元社会结构、经济结构、治理结构等发展失衡而引发的资源性错配和连锁反应，最终形成了"结构性不利"带来的贫困问题；而这种"结构性不利"又被置于贫困乡村特殊空间贫困场域中，在长期历史变迁中形成了相对固化的"致贫结构"，且各系统结构之间相互呈现负向效应，又被持续反复叠加放大，致使生活在其中的贫困人口自身越发难以摆脱这种结构性桎梏。

结论4：从动态历史的视角看，农村结构性贫困的产生，是因为长期城乡二元经济社会结构影响；改革开放后市场化的快速推进对传统落后乡村主客观排斥和边缘化的过程；进入21世纪以来乡村社会经济快速变迁中"三农"所处的结构性弱势地位；受民族语言文字等限制呈现出融入性障碍的相互影响。这些构成了中国农村结构性贫困的历史性归因。从各项因素的影响程度看，长期以来的城乡二元社会经济结构对农村结构性贫困形成具有历史性和决定性影响。

第 6 章

新疆农村结构性反贫困治理效应

6.1 农村结构性反贫困治理效应

党的十八大以来，习近平总书记提出"五个一批、六个精准"为核心的精准扶贫、精准脱贫思想。2015年国家制定出台了《关于打赢脱贫攻坚战的决定》，计划用5年的时间，全面解决我国现行标准下农村贫困人口的脱贫问题。2017年制定出台了《关于支持深度贫困地区脱贫攻坚的实施意见》，计划用3年时间，集中资源力量重点解决中国深度贫困地区和深度贫困人口的脱贫问题。2018年新疆制定了《南疆四地州深度贫困地区脱贫攻坚实施方案（2018—2020年）》，按照实施方案提出了"六个精准""七个一批"实施方案，2020年脱贫攻坚任务完成后，新疆制定了《新疆维吾尔自治区巩固拓展脱贫攻坚成果同乡村振兴有效衔接"十四五"规划》，明确了5年过渡期内的重点目标、任务和重大举措。可以说，脱贫攻坚至今以来国家和自治区实施的一系列重大举措与新疆南疆农村结构性贫困治理实现了有效的自洽性衔接，取得了显著的结构性治理效果。主要体现在以下几个方面。

6.1.1 充分发挥制度优势，实现对科层管理结构的有效突破

在脱贫攻坚阶段，中国共产党领导扶贫工作的政治优势和中国特色的社会主义制度优势得以极大彰显，举国体制优势在这一时期得到历史性明证，可以说中国特色社会主义扶贫的体制优势是脱贫攻坚实施"超常之力"运作机制和功能实现的合法性来源（张明皓和豆书龙，2018）。一是从国家层面建构起五级书记共抓扶贫的脱贫攻坚工作机制。南疆四地州脱贫攻坚过程中，始终坚持党对脱贫攻坚工作的全面领导，坚持发挥第一书记的核心领导作用。成立了跨部门的扶贫开发工作领导小组，统筹推动当地社会经济发展和脱贫攻坚工作。扶贫开发领导小组和深度贫困地区脱贫攻坚工作领导小组"双组长"由各地党委、政府主要领导担任。形成了由中央统筹、省负总责、县市抓落实的扶贫工作机制，严格贯彻落实省市县乡村五级书记共抓扶贫的脱贫攻坚工作机制，这种扶贫工作机制很好地压

实了责任，实现了一级抓一级、层层抓落实的责任机制。脱贫攻坚期间，新疆脱贫攻坚领导小组向南疆四地州22个深度贫困县所辖的1 962个深度贫困村下派了驻村第一书记，专门负责脱贫攻坚工作。二是建立起一套跨部门、跨行业的大扶贫格局。在南疆贫困县，由各县市扶贫开发领导小组牵头，成立了由扶贫、财政、农业、发改、教育、环保、民政、人社等30多家行业部门构成的扶贫开发领导小组成员单位，共同推进脱贫攻坚工作。其中，扶贫办（后改为乡村振兴局）主要负责贯彻执行国家、自治区脱贫攻坚方针政策和规划执行，地州脱贫攻坚的专项资金、物资分配方案，监督检查扶贫资金及物资的管理和使用情况，开展资金绩效评估等工作；财政部门负责财政专项扶贫资金、涉农整合资金、地方债券资金的计划管理和下达拨付工作等；农业农村局负责产业扶贫；商务和经济合作局负责扶贫龙头企业引进培育、扶贫车间（卫星工厂）、电商扶贫等；发改部门重点负责易地扶贫搬迁及后扶持，教育局、卫生局主要负责全地区贫困乡村教育扶贫和医疗健康扶贫等，真正做到了各司其职、统筹推进。三是在贫困县实施财政涉农资金统筹整合。从2016年起，南疆四地州有16个贫困县市纳入试点范围。到2018年南疆26个连片贫困地区和国家扶贫开发工作重点县全部纳入了试点范围。在涉农资金整合试点县范围内，涉农整合资金类型有财政专项扶贫资金、现代农业生产发展资金、农业技术推广与服务补助资金、农田水利设施建设和水土保持补助资金、林业补助资金、农业综合开发补助资金等中央17项和自治区14项涉农资金。这些资金通过统筹整合安排用于贫困地区农业生产、贫困乡村基础设施建设等方面的资金需求。通过统筹整合使用财政涉农资金，将资金使用权完全下放到了试点贫困县，大幅提升了各行业部门扶贫资金使用效率，打破了行业部门在扶贫领域的利益藩篱，形成了"多个渠道引水，一个龙头放水"的扶贫投入新格局，建立了"以财政资金为主，引导金融和社会资金参与"的扶贫资金整合机制。

在脱贫攻坚后的三年过渡期，新疆制定发布了《新疆维吾尔自治区巩固拓展脱贫攻坚成果同乡村振兴有效衔接"十四五"规划》，持续推动落实"五级书记"抓巩固拓展脱贫攻坚成果，衔接乡村振兴工作。强化党委农村工作领导小组，牵头抓总、统筹协调作用，将农业农村、财政、发改、教育、环保、民政、人社等多家行业部门纳入成员单位，实施各行业协同推进乡村振兴工作。各脱贫县持续落实好统筹整合使用财政涉农资金整合试点政策，脱贫县统筹整合财政涉农资金优先支持特色产业发展壮大。总之，南疆四地州在巩固拓展脱贫攻坚成果衔接乡村振兴的过程中，也正是得益于中国特色社会主义具备的政治制度优势，集中力量办大事的举国体制优势，乡村振兴工作才能在全面坚持党对脱贫攻坚工作的领导下，统筹整合各部门人力、物力和资金，有效打破各部门在振兴中的利益藩篱，最终形成乡村振兴合力。

6.1.2 实施易地搬迁帮扶和对口援疆，缓解区域空间贫困问题

空间贫困治理的关键在于有效扭转因地理资本缺失以及社会排斥所形成的持续性弱势。因此，需要采用强有力的空间干预措施。从小尺度空间贫困治理上看，国家主要是通过对极端贫困村落整村搬迁，大力实施生态扶贫工程等，缓解空间贫困问题。从大尺度区域发展差异上看，主要是通过持续推进对口援助和中央定点帮扶措施，以及区内协作帮扶，缓解东西部和区域间空间发展不平衡等问题。一是大力实施易地扶贫搬迁工程。国家对"一方水土养不起一方人"地区的贫困人口实施易地扶贫搬迁工程，通过实施易地扶贫搬迁，改变贫困人口的生存环境实现脱贫。到2019年底，南疆四地州已全面完成易地扶贫搬迁任务，实现了14.77万贫困人口"挪穷窝"，摆脱了他们早期封闭恶劣的生存环境，搬入了新家。同时，当地政府通过易地扶贫搬迁这种"超时空强制"举措，在搬迁基础上，通过在新安置区开展生活基础设施、公共服务、产业引进培育与就业，确保搬迁群众稳得住、有就业、逐步能致富，实现了物质文化生活结构的再造。此外，通过易地扶贫搬迁工程实施，贫困群众从过去不适宜人居住、自然生态环境极为脆弱的生活空间搬迁出来，重新选择适宜生存发展的区域实施空间再造，有效阻止人类对周边生态环境的掠夺性利用和破坏，阻断人与生态环境间的恶性循环链条，缓解当地居民与周边环境之间的矛盾，实现生态良性恢复和可持续发展。搬迁前与经济发展相对较好的区域相比，

在社会福利和社会保障方面存在明显差距，而搬迁后这些问题得到了极大的改善。二是开展生态扶贫工程，实现了在一个战场打赢两场战役。"生态补偿脱贫一批"作为脱贫的一项重要实现路径，在新疆南疆生态贫困脆弱区具有极其重要的作用。自2018年起，南疆四地州结合国家脱贫攻坚政策，通过大力实施生态保护修复工程，落实生态补偿政策，在建档立卡贫困户中选聘基本素养好、责任心强、能胜任野外巡护工作的生态护林员、护草原，对森林草原资源进行巡护管理。生态管护员的管护对象是天然林、天然草场和退耕还林、还草的生态林草等，管护员经培训上岗后，主要从事森林草原防火、野生动植物保护、植树造林、树木修剪、病虫害防治等工作。这些措施不仅极大促进了当地生态环境改善，同时带动了一批贫困人口实现生态脱贫。三是开展跨区域对口帮扶，缓解区域发展的不平衡问题。2016年以来，全国19个援疆省市累计实施援疆扶贫项目4 927个，投入援疆扶贫资金638.3亿元。累计引进19个援疆省市经济合作项目1万余个，落实到位资金1.2亿元；累计补助家庭经济困难学生9万余名；支持100万余户安居工程建设，有效改善500余万群众生活住房条件。其中，南疆四地州援助项目为2 860个，占全疆援疆项目总数的58.05%，援疆资金达到449.28亿元，占全疆援疆资金总额的70.39%。通过援疆扶贫，东部发达省区的发展理念、科技、人才、资金和市场等优势资源持续输入到新疆贫困地区，有效缓解了东西部空间发展差距和不平衡性。从2017年起，新疆开始实施区内协作扶贫，按照"先富帮后富、北疆帮南疆、兵团帮地方"的原则，在全疆范围内遴选了33个县市对口帮扶南疆四地州27个县市，重点从产业合作、劳务协作、人才支持、教师培养等多方面进行帮扶。期间共投入各类援建帮扶资金13.5亿元以上，输出贫困人口劳务就业1 057人，培训各类专业技术人才2 549人，选派干部人才2 689人次赴南疆工作。

脱贫攻坚目标任务完成后，南疆四地州持续强化易地搬迁后续帮扶，加强安置区产业培育，大力实施产业和就业帮扶，完善配套基础设施建设，提升公共服务保障水平，加大安置区社区治理和搬迁群众社会融入，实现稳得住、融得进、逐步能致富的目标。例如，在克州阿克陶县昆仑佳园集中安置区，通过后续扶持措施，全部实现稳定就业，其中县外转移就业（包括跨县、跨地州、到新疆内外各地等）468人，县内公益岗位739人，自主就业891人，自主创业59人，从事农牧业生产就业692人，达到易地扶贫搬迁群众每户1人稳定就业标准，切实做到让搬迁群众"安置"与"安心"同在，助力搬迁人口增收致富。另外，在新疆维吾尔自治区的统筹安排下，南疆四地州坚持和完善对口援疆帮扶，各地州继续保持现有对口援疆支援体系不变，优化帮扶方式，在继续给予资金支持、援建项目的基础上，加强产业合作、技术交流、智力支援，推进产业梯度转移，积极鼓励与对口援疆省区共建产业园区。又如，在山东省对口援疆喀什地区英吉沙县的龙甫乡，山东援疆企业新疆百誉农业科技开发有限公司在3 000余亩的戈壁滩上建成200余座高标准智能日光温室大棚，吸纳200余名当地村民就业。过去这里是寸草也不长的戈壁滩，山东省援疆工作指挥部创新工作思路，积极引进农业龙头企业和科技人才，结合当地生态，探索出了一条在戈壁滩上建设高端智能日光温室大棚的新路，如今成了该乡镇增收的聚宝盆。可以说，无论是全国各省区对口援疆，还是新疆区内协作帮扶，都是在政府的有力引导下，将外部优势资源和力量嵌入南疆相对贫困地区，实现了超时空强制与再造，有效缓解了区域间发展不平衡和发展差距问题，缓解了区域空间贫困问题。

6.1.3 发展新产业新业态，努力重塑区域产业与市场结构

产业是脱贫的基础，对于南疆四地州原深度贫困地区而言，要摆脱经济贫困陷阱，关键是要构建起一个能够实现产业经营主体生计资本有效转化，能为扶贫产业发展提供良好条件的市场交换体系，相对完备的区域交换功能。通过政府层面强有力干预，脱贫攻坚期间加大了对区域内自然交换系统、经济交换系统和社会交换系统的重塑，提高各类行动主体在区域交换系统中的交换效率和活力。其具体做法：一是积极发展特色产业，优化农业产业种养结构。南疆农业主要以小麦、玉米和棉花种植为主，林果主要以核桃、红枣种植为主，畜牧业主要以牛羊养殖为主。在脱贫攻坚期间，各地结合自身实际大力发展小米、雪菊等特色种植，鸽、兔等特色养

殖产业，产业结构呈现不断优化趋势。同时，依托扶贫资金，加快农田渠系、节水工程、土地整治等农田基础设施建设，推进适度规模化经营。推进贫困乡村温室、拱棚、畜禽圈舍、养殖小区、冷库等产业设施建设，这些措施极大提升了乡村产业发展的抗风险能力。二是加大培育新型经营主体，提升产业化发展水平。南疆四地州通过在土地、税收、金融贷款等方面采取优惠政策，引进一批国内农畜产品生产加工企业，入驻贫困县乡经营特色产业，带动当地经济发展和农户脱贫增收。随着农业龙头企业的引进和培育，农畜产品精深加工不断提高，产业形态不断升级，较之前相比，农业生产的更多利润留在了乡村。同时，很多企业结合南疆当地具备比较优势的特色产业，立足于国内市场需求，调整生产结构，注重利用当地区域公用品牌，打造宣传企业品牌和产品品牌，带动脱贫产业化加快发展。三是建成一批乡村扶贫车间、卫星工厂，实现了脱贫人口就地就近就业。扶贫攻坚期间，南疆四地州累计转移建档立卡贫困家庭劳动力就业 66.2 万人，其中在乡村卫星工厂、扶贫车间就业 3.47 万人。在当地政府的大力扶持引导支持下，很多扶贫车间或片区工厂发挥很好的减贫功能。正如李小云教授指出，扶贫车间就是一种逆资本的新型生产空间布局，这是一个非常大的创新。四是大力发展电商扶贫产业。脱贫攻坚期间，南疆四地州深度贫困县乡（镇）建设电商扶贫项目 2 933 个，通过支持县、乡、村三级电商服务和物流配送网络建设，建设农家超市，设立电商网点；电商产业帮助贫困人口及时精准掌握市场需求信息，帮助贫困农牧民更好地组织生产和销售，实现农产品生产与消费的精准对接。同时，电商产业有效发挥互联网对资源优化的配置功能，有效整合产品市场消费需求信息，扩大产品消费范围和区域，打破贫困地区销售市场狭小瓶颈，显著扩大产品销售渠道和市场，克服贫困地区外部市场不利的弊端。同时，电商扶贫打破了贫困地区市场空间与时间的限制，激发了贫困农户参与市场的积极性和可能性，让他们能够在当地获得更大的市场盈利空间。

党的二十大以来，南疆四地州聚焦自治区"八大产业"集群建设，围绕牢牢守住保障粮食安全和不发生规模性返贫的底线，持续推动脱贫区特色优势农业产业高质量发展，为巩固拓展脱贫攻坚成果，推进乡村全面振兴，建设农业强区奠定坚实基础。喀什地区以实施乡村振兴战略为总抓手，优化农业布局，强化创新引领，按照城郊乡壮大农村二三产业、近郊乡发展菜篮子和特色林果、远郊乡发展特色林果和畜牧养殖的产业布局，集中优质资源打造粮油产业集群、棉花产业集群、果蔬产业集群、畜产品产业集群，构建城郊型现代农业产业体系、生产体系和经营体系，促进一产上水平。阿克苏地区积极推动粮食、玉米制种产业集群，细绒棉及长绒棉产业集群，核桃、红枣、香梨、苹果产业集群，优质肉牛肉羊产业集群和加工辣椒产业集群建设，打造高质量供给体系，提升粮食和重要农产品有效供给能力和水平。克州按照"稳粮、减棉、增饲、强畜、优果"的农业产业发展思路，大力实施"四个百万工程"，即粮食作物百万亩、人工饲草百万亩、牲畜增量百万头只、特色林果和戈壁设施农业百万亩。加快推动全产业链发展，促进一二三产业有效融合。和田地区按照"稳粮、退棉、增特色"的总体发展思路，加大低产田改造，大力推进高标准农田建设，提高复种指数，夯实粮食高产稳产基础；重点围绕大芸、玫瑰花、万寿菊、色素辣椒、西甜瓜、雪菊等特色种植，做精做大特色产业；持续退减棉花种植规模，在全地区大力实施林果疏密工程，优化农林间作结构模式。可以说，南疆四地州通过近些年农业产业的持续优化升级和转型发展，区域内农业产业结构、产品结构和市场结构都在加快重塑。

6.1.4 加强基础设施和公共服务建设，乡村发展能力不断提升

通过对贫困地区基础设施和公共服务设施建设，生活在乡村中的贫困人口"解困"能力得到显著提升，贫困乡村的脆弱性得到明显增强。同时，公共服务能够为贫困人口搭建良好的外部发展平台，为增强贫困人口生计资本转化能力提供更多可行空间和发展机会，能为贫困人口脱贫发展提供直接或间接的需求回应。在脱贫攻坚期间，为提升南疆四地州片区整体和乡村基础设施和公共服务水平，国家和自治区从片区交通、水利、能源、通信等方面加大基础设施建设；同时，从教育、文化、卫生等方面加大公共服务投入。一是加大交通水利基础设施建设。"十三五"期间南疆四地州共完成交通项目100个，累计完成投资509亿元以

上。南疆四地州先后实施和田至若羌铁路、阿克苏至阿拉尔铁路和南疆铁路库喀段提速扩能改造工程,构建了南疆四地州内部和外界相互连通运行安全的铁路网络,既带动了沿线地方社会经济发展,又有力促进了沿线地区扶贫开发。这一时期,南疆四地州先后实施机场建设项目6个,其中和田机场改扩建,续建莎车机场;喀什、阿克苏机场改扩建;新建于田、塔什库尔干机场,南疆四地州多条航线相继建设开通,不仅为南疆四地州贫困地区特色农产品、快递物流、高时效货物运输架起高效、安全的空中桥梁,还有助于加快构建新疆现代综合交通运输网络体系。同时,脱贫攻坚期间南疆四地州共完成水利基础设施553个,累计完成投资404.5亿元。持续建设病险水库水闸除险加固工程项目,有2座中型水库和1座小型水库进行了除险加固,完成南疆四地州联合渠首、喀群渠首、民生渠首、艾里西渠首和策勒河渠首5座大中型水闸除险,改善南疆四地州525万亩灌溉面积。二是加大能源及电力基础设施建设。脱贫攻坚期间,南疆四地州加快用电、用煤、用气等能源基础设施建设。"十三五"期间,四地州完成32个县、市农网改造升级,新建及改造110千伏变电站106座,容量6 730兆伏安,线路长度3 493千米;稳步推进四地州煤改电工程(一期)工程建设期,主要涉及喀什、克州、和田三地州共计约92.6万农户;全面完成天然气利民工程,形成全面覆盖南疆各地州的天然气支线管网,基本实现保障南疆地区天然气稳定供应。全面加强主电网建设,建成750千伏伊犁—库车、巴楚—莎车—和田、喀什—莎车等南疆四地州原深度贫困地区骨干电网。不断推进光纤宽带建设,对不通宽带的村新建光纤网络,对已通宽带但宽带速率不达标的村进行网络能力提升改造;推进4G网络建设,解决贫困地区4G信号无覆盖、薄覆盖、弱覆盖等问题。通过村村通工程、户户通工程的实施,有效解决390万户农牧民群众收听收看广播电视节目的问题。三是提升公共服务能力。大力实施教育优先发展战略,"十三五"期间,南疆四地州共投入义务教育一般公共预算教育投入1 002亿元,占全区义务教育一般公共预算教育投入的47%。在全区率先实现从学前到高中阶段15年免费教育。新建改扩建农村幼儿园3 153所,实现农村幼儿园"应建尽建"、适龄学前儿童"应入尽入"。积极完善城乡公共卫生服务体系，提升全民健康水平。"十三五"期间，南疆四地州卫生健康事业共投入168.32亿元，449个乡镇（社区）完成县乡远程医疗建设，基本实现"小病不出乡、大病不出县、疑难危重病不出疆"的预期目标。大力推进文化基础设施建设，累计完成投资15.61亿元，已建成18个新时代文明实践中心，74个县级文化服务场馆，453个乡镇综合性文化服务中心，9 314个村级综合性文化服务中心，实现原建制村村级综合性文化服务中心全覆盖。

2020年脱贫目标任务完成后，围绕提升乡村基础设施和公共服务能力建设，南疆四地州下大力气抓好农田水利、基本农田等田间基础设施建设，加强乡村道路、垃圾和污水等基础设施建设。在水利工程建设上，围绕南疆季节性水资源供需矛盾突出等问题，坚持节水优先，以南疆为重点，加快实施大中型灌区续建配套与节水改造工程、山区水库替代平原水库、骨干渠系全防渗、因地制宜发展新时代"坎儿井"、推广农业高效节水和田间节水技术等综合措施，提高水资源集约节约利用水平。以阿克苏地区水利建设为例，"十四五"期间，阿克苏地区各县持续加大水库建设，在国家的大力扶持下，拜城县建设了卡普斯浪河温泉水利枢纽工程，总投资13.45亿元，水库库容5 364万立方米，工程计划2025年全面完工。工程建成后将有效解决卡普斯浪河流域灌区季节性缺水难题，满足当地电网大力发展需要。乌什县依布拉克水库建设，总投资1.72亿元，建设384万立方米水库。项目建设将解决2万亩沙棘灌溉用水，同时有效解决当地山区河道春干旱、夏有余、秋短缺，冬弃水的现象。在乡村建设上，过去三年衔接期内，南疆四地州积极科学推进乡村规划编制与管理工作，加大乡村道路、通信和物流等农村基础设施建设；统筹推进生活垃圾和污水治理，扎实推进农村厕所革命，全面提升村容村貌整治。同时在全疆确定了一批乡村振兴示范村开展乡村综合建设，推动宜居宜业和美乡村建设。以阿克苏地区2023年村庄清洁行动为例，全地区清理村庄垃圾10.34万吨，全面清理房前屋后河塘沟渠2 658千米，清理畜禽养殖粪污等农业废弃物39万吨，清理村内各种残垣断壁7 578处。总体看，通过加大南疆乡村基础设施和公共服务建设，有效破解了脱贫人口内部困境和外部困局，使乡村群众福祉水平得以大幅提升。

6.1.5 赋权增能，农户内生发展动力不断增强

政府通过有效干预支持，给贫困人口在生计资本上"赋权"，可行能力上"赋能"，通过超常规支持扭转贫困农户生计资本匮乏、可行能力不足的困局，使贫困人口具备有效利用自然、市场和社会交换系统，开展生计资本转化的能力和条件。一是结合实际创新性地开展土地清理，赋予贫困农户更多的土地经营收益权。脱贫攻坚期间，按照自治区"七一个一批"脱贫路径，南疆四地州结合当地贫困户土地等生产资料紧缺，人多地少等现实困境，依法收回当地机关事业单位、国家公职人员、部分种植大户及农民个人违法违规占有的现有耕地，采取多种形式经营管理，让贫困户从中受益。期间南疆四地州共清理土地722.53万亩并完成收益再分配。二是实施小额信贷。南疆四地州在脱贫攻坚期间成立了扶贫小额信贷工作专班，主要领导亲自安排部署；形成抓扶贫小额信贷两套工作专班（扶贫小额信贷专班，金融扶贫专班），两套专班合力工作，共同推进扶贫小额信贷工作。"十三五"期间，南疆四地州累积发放扶贫小额信贷172.89亿元，受益贫困户37.09万户，户均贷款4.66万元，贷款余额76.24亿元，在帮助贫困户发展产业、脱贫增收等方面取得积极成效，充分发挥了扶贫小额信贷精准扶贫作用。同时，不断丰富保险产品种类，优化保险服务水平，强化风险保障能力。自2014年以来，农业保险累计为南疆四地州农业生产提供风险保障1 153.06亿元，赔款金额达54.76亿元。同时，推动南疆四地州优势特色农产品保险奖补试点落地，使南疆红枣、核桃、巴旦木等主栽林果品种通过各级财政资金的支持获得保险保障。三是实施扶贫与扶志相结合。脱贫攻坚期间，南疆贫困地区常态化开展"民族团结一家亲"和民族团结联谊活动，促进各民族广泛交往、全面交流、深度交融。充分发挥"访惠聚"驻村工作队、"民族团结一家亲"结对认亲等方面作用，依托农牧民夜校、培训、周一升国旗宣讲等，大力宣传党的扶贫惠民政策，传递脱贫攻坚好声音，讲好脱贫攻坚故事，引导广大贫困群众铸牢

中华民族共同体意识,增强"五个认同",践行社会主义核心价值观。不断完善基层文化基础设施建设,期间共建成107个公共图书馆、119个文化馆、1 183个乡镇综合性文化服务中心、11 297个村级综合性服务中心,实现建制村村级综合性文化服务中心全覆盖,形成了覆盖区、地、县、乡、村五级的公共文化服务网络。不断提升公共文化服务水平,送戏下乡、文艺演出小分队巡演;开展文化惠民演出,扎实开展"我们的中国梦"以及扶贫主题创作等活动,为打赢脱贫攻坚战营造浓厚的文化氛围。脱贫攻坚任务完成后,在自治区农村工作领导小组的统筹安排布局下,南疆四地州持续深化农村土地、农村宅基地、农村集体经济等改革创新,为脱贫农户赋权增能提供了有力的机制保障。

6.2 农村结构性贫困治理效应实证评价

6.2.1 样本数据统计描述

6.2.1.1 数据来源与样本分布

本节实证分析数据来源,主要是根据项目组深入南疆四地州10个县市15个村开展的实地问卷调查数据(表6-1)。共发放调查问卷650份,有效问卷616份,有效率94.77%。其中,喀什地区有效样本数量231份,占样本总量的37.5%;和田地区175份,占样本总量的28.4%;阿克苏地区104份,占样本总量的16.9%;克州106份,占样本总量的17.2%。调查样本对象中脱贫户435户,占70.6%,其余为一般户106户、监测户75户,分别占17.2%和12.2%。

表6-1 调查样本分布

地州	农户类型(户)			户数(户)	占比(%)
	一般户	脱贫户	监测户		
喀什	26	176	29	231	37.5
和田	22	146	7	175	28.4
克州	2	65	39	106	17.2

(续表)

地州	农户类型（户）			户数（户）	占比（%）
	一般户	脱贫户	监测户		
阿克苏	56	48	0	104	16.9
合计	106	435	75	616	100.0

数据来源：2023年南疆四地州农户调查数据。

6.2.1.2 样本农户特征分析

根据调查统计结果（表6-2），被调查农户年龄主要集中在41~60岁，占被调查总人数的57.63%。从被调查农户年龄分布阶段看，30岁以下有17人，占被调查总人数的2.76%；31~40岁有140人，占22.73%；41~50岁有177人，占28.73%；51~60岁有178人，占28.90%；60岁以上有104人，占16.88%。从中也可以看出，南疆农户老龄化问题开始显现。

表6-2 调查户年龄分布

年龄	户数（户）	占比（%）	有效样本占比（%）	累积占比（%）
30岁以下	17	2.76	2.76	2.76
31~40岁	140	22.73	22.73	25.49
41~50岁	177	28.73	28.73	54.22
51~60岁	178	28.90	28.90	83.12
60岁以上	104	16.88	16.88	100.00
合计	616	100.00	100.00	

数据来源：2023年南疆四地州农户调查数据。

根据调查统计结果（表6-3），受访的616户农户中，只有6人大专及以上文化程度，占调查农户比重的0.97%；有29人高中或职高文化程度，占4.71%；有277人初中文化程度，占44.97%；有291人小学文化程度，占47.24%；有13人没有上过学，占2.11%。可见，南疆四地州农户文化程度主要集中在初中和小学阶段，接受高等教育农户数量还十分有限。

表 6-3　调查户受教育程度

文化程度	户数（户）	占比（%）	累积占比（%）
未上过学的	13	2.11	2.11
小学	291	47.24	49.35
初中	277	44.97	94.32
高中及职高	29	4.71	99.03
大专及以上	6	0.97	100.00
合计	616	100.00	

数据来源：2023 年南疆四地州农户调查数据。

根据调查统计结果（表 6-4），被调查农户中家庭人数在 3 人及以下的有 114 户，占 18.51%；家庭人数在 4 人的有 116 户，占 18.83%；家庭人数在 5 人的有 174 户，占 28.25%；家庭人数在 6 人的有 141 户，占 22.89%；7 人以上的有 71 户，占 11.53%。可见，五口人家庭是南疆四地州农户家庭的主要人口规模。

表 6-4　调查户家庭人口数

家庭人口数	户数（户）	占比（%）	累积占比（%）
3 人以下（含 3 人）	114	18.51	18.51
4 人	116	18.83	37.34
5 人	174	28.25	65.58
6 人	141	22.89	88.47
7 人以上（含 7 人）	71	11.53	100.00
合计	515	100.00	

数据来源：2023 年南疆四地州实地入户调研数据。

根据调查统计结果（表 6-5），被调查农户中劳动力人数在 1 人及以下的有 42 户，占 6.82%；劳动力人数在 2 人的有 268 户，占 43.51%；劳动力人数在 3 人的有 178 户，占 28.90%；劳动力人数在 4 人的有 89 户，占 14.45%；劳动力数在 5 人以上的有 39 户，占 6.33%。可见，南疆四地州农户家庭劳动力主要以 3 人为主。

表 6-5 调查户劳动力数量

劳动力数量	户数（户）	占比（%）	累积占比（%）
1 人以下（含 1 人）	42	6.82	6.82
2 人	268	43.51	50.32
3 人	178	28.90	79.22
4 人	89	14.45	93.67
5 人以上（含 5 人）	39	6.33	100.00
合计	616	100.00	

数据来源：2023 年南疆四地州农户调查数据。

根据调查统计结果（表 6-6），被访农户中家庭土地面积在 10 亩以内的农户有 323 户，占 52.44%；有 154 户农户家庭土地规模在 11~20 亩，占 25%；有 94 户农户家庭土地规模在 21~50 亩，占 15.26%；有 45 户农户家庭土地规模在 50 亩以上，占 7.31%。可见，南疆四地州农户家庭土地规模相对较小，农业生产主要以农户分散化经营为主，小规模、分散化种植依然是南疆农户农业生产的主要形式。

表 6-6 调查户家庭土地规模

耕地面积	户数（户）	占比（%）	累积占比（%）
10 亩以下	323	52.44	52.44
11~20 亩	154	25.00	77.44
21~50 亩	94	15.26	92.69
50 亩以上	45	7.31	100.00
合计	515	100.00	

数据来源：2023 年南疆四地州农户调查数据。

6.2.1.3 农户收入情况分析

（1）调查对象及不同类型农户收入情况

根据调查统计结果（表 6-7），被调查家庭农户总收入为 86 193 元。其中，工资性收入为 46 336 元，占 53.76%；农业经营性收入为 36 365 元，比 42.19%；补贴收入为 3 492 元，占 4.05%。在不同类型农户收入中，一般户收入最高为 152 540 元，脱贫户次之为 79 617 元，监测户最少为 30 853 元。另外，一般户农业经营收入占比达到 56.05%，其余两种农户农业经营收入比例均低于 50%。

表 6-7 南疆四地州不同类型农户毛收入调查情况

收入情况	调查对象		一般户		脱贫户		监测户	
	毛收入（元）	占比（%）	毛收入（元）	占比（%）	毛收入（元）	占比（%）	毛收入（元）	占比（%）
家庭总收入	86 193	—	152 540	—	79 617	—	30 853	—
农业经营收入	36 365	42.19	85 497	56.05	29 519	37.08	6 923	22.44
工资性收入	46 336	53.76	61 900	40.58	46 798	58.78	21 656	70.19
补贴收入	3 492	4.05	5 143	3.37	3 300	4.14	2 274	7.37

数据来源：2023 年南疆四地州农户调查数据。

（2）不同地州收入情况分析

根据调查统计结果（表6-8），不同地州农户收入情况是和田地区>阿克苏>喀什>克州。从农业经营性收入来看，和田和阿克苏地区的农业经营性收入分别为 59 342 元和 61 578 元，占比分别为 61.52% 和 67.05%，高于喀什和克州两地。而从工资性收入来看，喀什和克州的工资性收入为 64 674 元和 49 355 元，占比分别为 75.46% 和 76.23%，高于和田和阿克苏地区。补贴收入方面，阿克苏补贴收入最高为 4 836 元，和田次之为 4 388 元，喀什为 3 228 元，和田最少为 1 268 元。

表 6-8 南疆四地州调查农户毛收入情况

收入情况	喀什调查户		和田调查户		克州调查户		阿克苏调查户	
	收入（元）	占比（%）	收入（元）	占比（%）	收入（元）	占比（%）	收入（元）	占比（%）
家庭总收入	85 708	—	96 453	—	64 741	—	91 844	—
其中：农业经营收入	17 806	20.78	59 342	61.52	14 118	21.81	61 578	67.05
工资性收入	64 674	75.46	32 723	33.93	49 355	76.23	25 430	27.69
补贴收入	3 228	3.77	4 388	4.55	1 268	1.96	4 836	5.27

数据来源：2023 年南疆四地州农户调查数据。

6.2.2 研究假设与模型构建

6.2.2.1 研究假设

结合南疆四地州农村结构性贫困内涵和农村贫困状况，依据实地调研数据，采用结构方程模型（SEM）构建南疆四地州农村结构性贫困治理效应假设模型，本研究提出以下假设。

假设1：南疆农村空间地理、乡村发展、乡村建设、乡村治理多维治理措施对农户生计转化能力有显著的正向影响作用；

假设2：南疆农村空间地理、乡村发展、乡村建设、乡村治理多维治理措施对农村结构性治理效应有显著的正向影响作用；

假设3：南疆农户生计转化能力对农村结构性治理效应有显著的正向影响作用，且农户生计转化能力具有中介效应；

假设4：南疆农村空间地理、乡村发展、乡村建设、乡村治理之间存在显著的相关性。

6.2.2.2 变量选取和模型构建

结合农村结构性贫困治理理论、假设模型、专家咨询，围绕南疆乡村自然环境和社会经济状况，农村结构性贫困治理效应研究变量选取涵盖了乡村空间地理环境、乡村发展、乡村建设、乡村治理、农户生计转化能力、结构性治理效应共6个潜变量，26个观测变量（表6-9）。其中，空间地理包括气候环境、交通设施、网络通讯和距中心集市距离4个观测变量；乡村发展包括产业发展水平、农技服务水平、合作社带动能力和农村电商4个观测变量；乡村建设包括生活垃圾处理、生活污水处理、义务教育保障、就医环境条件和文化娱乐设施5个观测变量；乡村治理包括基层党组织引领、村级事务决策、村务公开、法律宣传教育和精神文明建设5个观测变量；农户生计转化能力包括国语掌握水平、技术掌握应用、收入来源多元化和农业生产条件4个观测变量；结构性治理效应包括家庭增收水平、生活环境改善、家庭劳动力就业提高和公共服务水平提升4个观测变量。

表 6-9　模型变量说明

潜变量	观测变量	观测变量含义
空间地理	气候环境	农户居住乡村外部气候环境条件改善情况
	交通设施	城乡道路、乡村道路和入户道路改善情况
	网络通讯	乡村4G或5G网络通讯条件情况
	距中心集市距离	乡村距离所在区域中心集贸市场的距离远近
乡村发展	产业发展水平	乡村农业主导产业、特色产业发展情况
	农技服务水平	乡村农技人员种养殖技术服务情况
	合作社带动能力	合作社带动乡村产业发展和农户增收情况
	农村电商	乡村电商对乡村生产生活服务能力
乡村建设	生活垃圾处理	乡村生活垃圾环境治理情况
	生活污水处理	乡村污水环境治理情况
	义务教育保障	乡村幼儿园、小学及初中教育保障条件
	就医环境条件	乡村就医环境保障条件
	文化娱乐设施	乡村文化娱乐活动与设施条件情况
乡村治理	基层党组织引领	村两委党组织核心引领作用发挥情况
	村级事务决策	村级重大事务民主决策程序执行情况
	村务公开	村级重大事务公开公布情况
	法律宣传教育	村级相关法制法规宣传宣讲情况
	精神文明建设	乡村精神文明活动开展情况
农户生计转化能力	国语掌握水平	农村劳动力国语社交水平
	技术掌握应用	农户农业生产技术、职业技能掌握情况
	收入来源多元化	农户家庭经营收入、工资收入、财产收入、专业收入等情况
	农业生产条件	乡村农林渠系配套建设及高标准农田建设情况
结构性治理效应	家庭增收水平	农村居民家庭收入显著增长
	生活环境改善	农村家庭房屋及设施设备条件明显改善
	家庭劳动力就业提高	农村家庭劳动力外出就业明显改善
	公共服务水平提升	乡村交通、教育、医疗等社会保障水平明显提高

SEM是一种计量研究方法，它可以同时计算多个因变量间的关系，特别是有中介变量的模型，同时还具有分析整合功能。该方法通过建构多个潜变量，设定每个潜变量对应的观测变量，探讨潜变量之间、观测变量之间以及潜变量与观测变量之间的内在关联关系。本研究运用结构方程模型（Structural equation modeling，简称SEM），对南疆农村结构性贫困治理效果进行实证分析。其结构方程如下：

测量方程：
$$x = \Lambda_x \xi + \delta \quad (6-1)$$
$$m = \Lambda_m \eta_1 + \varepsilon \quad (6-2)$$
$$y = \Lambda_y \eta_2 + \varepsilon \quad (6-3)$$

测量方程是表示观测变量 x、m、y 与潜变量 η_1、η_2、ξ 之间关系的方程组。

结构方程：
$$\eta = \gamma \xi + \beta \eta + \xi \quad (6-4)$$

潜变量与潜变量之间的关系是用上式结构方程来表示。式中：内生潜变量为 η，外生潜变量为 ξ；γ、β 为路径系数，其中内生潜变量之间关系用 β 表示，外生潜变量对内生潜变量的影响用 γ 表示，结构方程的残差项用 ζ 表示。

农村结构性贫困治理效应结构方程模型为：
$$\zeta_1 = \lambda_{11}x_1 + \lambda_{12}x_2 + \lambda_{13}x_3 + \lambda_{14}x_4 + \delta_1 \quad (6-5)$$
$$\zeta_2 = \lambda_{21}x_5 + \lambda_{22}x_6 + \lambda_{23}x_7 + \lambda_{24}x_8 + \theta_{21}\zeta_1 + \delta_2 \quad (6-6)$$
$$\zeta_3 = \lambda_{31}x_9 + \lambda_{32}x_{10} + \lambda_{33}x_{11} + \lambda_{34}x_{12} + \lambda_{35}x_{13} + \theta_{31}\zeta_2 + \delta_3 \quad (6-7)$$
$$\zeta_4 = \lambda_{41}x_{14} + \lambda_{42}x_{15} + \lambda_{43}x_{16} + \lambda_{44}x_{17} + \lambda_{45}x_{18} + \theta_{41}\zeta_3 + \delta_4 \quad (6-8)$$
$$\eta_1 = \gamma_{11}\zeta_1 + \gamma_{12}\zeta_2 + \gamma_{13}\zeta_3 + \gamma_{14}\zeta_4 + \zeta_1 \quad (6-9)$$
$$\eta_2 = \gamma_{21}\zeta_1 + \gamma_{22}\zeta_2 + \gamma_{23}\zeta_3 + \gamma_{24}\zeta_4 + \beta_{21}\eta_1 + \zeta_2 \quad (6-10)$$

其中，$\zeta_1 \sim \zeta_4$ 分别代表空间地理、乡村发展、乡村建设、乡村治理 4 个外生潜变量，$\eta_1 \sim \eta_2$ 分别代表农户生计转化能力、乡村结构性治理效应 2 个内生潜变量。$x_1 \sim x_{18}$ 分别是 18 个外生潜变量的观测变量；λ、θ 分别表示外生潜变量与相应观测变量以及外生潜变量之间的路径系数。潜变量与观测变量之间的路径系数用 γ 表示，2 个内生潜变量之间的路径系数用 β 表示，残差项为 ξ（图 6-1）。

6.2.3 结构性治理效应实证结果分析

6.2.3.1 样本信度检验

信度检验是对问卷的调查对象在不同的时间和地点回答的问卷结果是否具有一致性和可靠性的一种判断方法，在统计学中通常是采用 Cronbach's α 值来测量问卷的一致性和可靠性，Cronbach's α 值的取值范围

第6章 新疆农村结构性反贫困治理效应

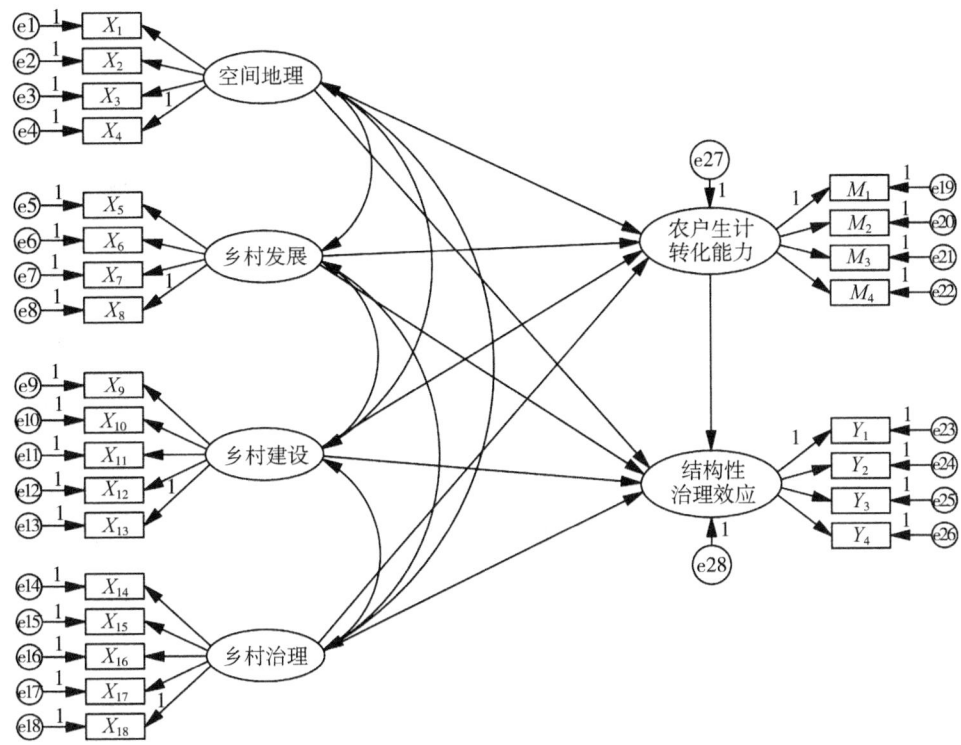

图 6-1　南疆四地州农村结构性贫困治理效应假设模型

一般是要求在 0~1，Cronbach's α 系数值 0.65~0.70 之间为最小可接受值，0.7~0.8 之间表明结果较好，在 0.8~0.9 之间则是可靠性非常好。本研究使用 SPSS 软件对各个变量及维度的 Cronbach's α 系数进行统计，从而确定每个变量及维度所回收的实证数据是否满足内部一致性和可靠性要求。经测算显示，本研究样本整体 α 系数值为 0.919，各潜变量系数值均在 0.7 以上，这说明问卷设计总体是合理的，样本数据可靠性较高（表 6-10）。

表 6-10　问卷变量信度检验

变量	测量题项	CITC	删除项后的 Cronbach's α	Cronbach's α
空间地理	X_1	0.613	0.851	0.856
	X_2	0.759	0.791	
	X_3	0.717	0.809	
	X_4	0.711	0.812	

(续表)

变量	测量题项	CITC	删除项后的 Cronbach's α	Cronbach's α
乡村发展	X_5	0.802	0.794	0.866
	X_6	0.691	0.839	
	X_7	0.729	0.824	
	X_8	0.646	0.857	
乡村建设	X_9	0.772	0.884	0.906
	X_{10}	0.765	0.886	
	X_{11}	0.831	0.872	
	X_{12}	0.71	0.897	
	X_{13}	0.75	0.888	
乡村治理	X_{14}	0.772	0.841	0.881
	X_{15}	0.651	0.87	
	X_{16}	0.712	0.855	
	X_{17}	0.729	0.851	
	X_{18}	0.708	0.856	
农户生计转化能力	M_1	0.679	0.806	0.846
	M_2	0.65	0.819	
	M_3	0.674	0.808	
	M_4	0.729	0.785	
结构性治理效应	Y_1	0.788	0.843	0.888
	Y_2	0.751	0.857	
	Y_3	0.765	0.852	
	Y_4	0.714	0.871	

由表6-10信度分析结果可知：本研究共设置26个测量题项，对应6个潜变量，空间地理的信度α值为0.856；乡村发展的信度α值为0.866；乡村建设的信度α值为0.906；乡村治理的信度α值为0.881；农户生计转化能力的信度α值为0.846；结构性治理效应的信度α值为0.888。由表6-10的统计结果可以看出，本研究涉及的各变量的信度系数均大于0.7的通用标准。故可以说明，本次研究所设计的调查问卷有较好的可信度和一致性。除此之外，观测变量及其潜变量之间的CITC（校正的项总计相关性）符合大于0.5的要求，这表明各个潜变量的问项设置情况较好，问卷信度良好。同时，对观测变量进行排除观测，具体做法是对每一个测量题项都进行一次删除处理，如果在删除之后，信度指数没有发生提高的变化，就认为该变量的测量问项具有良好的可信度。表6-10结果表明，删除每一项题项后的整体

Cronbach's α 系数均未得到提升,故说明各个题项设置较好。

6.2.3.2 样本效度检验

探索因子分析是为了测量量表的结构效度,是为了判断各个潜变量的测量变量是否具有稳定的一致性和结构,本文应用 SPSS 21 软件对各维度构成进行检验。检验结果表明:调查数据的 KMO 检验值为 0.901,大于 0.70,说明该问卷适合进行因子分析。Bartlett 球度检验结果显示,近似卡方值为 9 566.423,显著性概率为 0.000($P<0.01$),因此认为量表适合做因子分析,因此效度结构较好(表 6-11)。

表 6-11 KMO 和 Bartlett 球形度检验

项目	判断项及数值	
KMO 检验		0.901
巴特利特球形度检验	近似卡方	9 566.423
	自由度	325
	显著性	0.000

样本在通过效度检验后,本研究采用主成分分析法(Principal components),随机抽取 6 个特征值大于 1 的公因子,结果发现这 6 个因子的总方差解释率为 71.373%,大于 60% 的通用标准,所以认为本研究问卷量表的效度良好。表 6-12 为旋转后的因子矩阵表,以最大方差法正交旋转进行因子旋转,将 26 个问题选项归类为 6 类因子,每个测量项的负荷均高于 0.5,且不存在双重因子负荷均高的情况。且每个维度下的测量项均按照理论分布聚合到一起,说明该问卷有较好的内容效度。

表 6-12 旋转成分矩阵

观测变量	主成分(Z)					
	1	2	3	4	5	6
X_1					0.735	
X_2					0.831	
X_3					0.782	
X_4					0.805	

(续表)

观测变量	主成分（Z）					
	1	2	3	4	5	6
X_5			0.854			
X_6			0.792			
X_7			0.797			
X_8			0.764			
X_9	0.798					
X_{10}	0.777					
X_{11}	0.857					
X_{12}	0.773					
X_{13}	0.802					
X_{14}		0.842				
X_{15}		0.746				
X_{16}		0.778				
X_{17}		0.794				
X_{18}		0.817				
M_1						0.775
M_2						0.759
M_3						0.722
M_4						0.765
Y_1				0.804		
Y_2				0.742		
Y_3				0.789		
Y_4				0.792		

6.2.3.3　模型拟合评价

本研究 SEM 模型拟合度评价选择了卡方值（χ^2）、拟合优度指数、调整后拟合度指数、规范拟合指数、修正拟合指数、比较拟合指数、非范拟合指数、近似误差平方根指数。根据验证性因子分析模型得出的拟合指标结果显示，χ^2/df 的检验结果值是 2.622，小于标准值 3。GFI 指标结果为 0.917，AGFI 指标结果为 0.897，NFI 指标结果为 0.923，IFI 指标结果为 0.951，CFI 指标结果为 0.951，TLI 指标结果为 0.944，这些值均大于 0.8。RMSEA 指标结果为 0.051，小于 0.08 的标准水平（表 6-13）。上述结果表明本研究模型的所有拟合优度指标是达到且大于了通用的标准值，故可以说明本研究所呈现的验证性因子分析模型是有效的，模型与回收的调查数据的匹配程度是达到标准的。各指标数值均符合评价标准范围，模型整体适配度良好，假设模型构建得到支持。

表6-13　SEM整体适配度评价指标体系及拟合结果

拟合指数	判断标准	实际值
卡方自由度比 X^2/df	<5 可接受；<3 理想	2.622
拟合优度指数 GFI	>0.8 可接受；>0.9 理想	0.917
调整的拟合优度指数 AGFI	>0.8 可接受；>0.9 理想	0.897
规范拟合指数 NFI	>0.8 可接受；>0.9 理想	0.923
修正拟合指数 IFI	>0.9	0.951
比较拟合指数 CFI	>0.9	0.951
非范拟合指数 NNFI（TLI）	>0.9	0.944
近似误差平方根指数 RMSEA	<0.08	0.051

注：评价标准参照荣泰生，AMOS与研究方法，2009。

6.2.3.4　中介效应检验

基于 AMOS 软件的 Bootstrap 法进行中介效应检验，重复抽样 5 000 次样本，计算 95% 的可信区间，由检验结果（表 6-14）可知，中介路径（空间地理—农户生计转化能力—结构性治理效应）的间接效应值为 0.034，95% 置信上下区间均为正数，不包含 0，且显著性 P 值小于显著水平 0.05 的标准，说明中介效应显著存在，故证明本研究提出的假设验证成立；中介路径（乡村发展—农户生计转化能力—结构性治理效应）的间接效应值为 0.115，95% 置信上下区间均为正数，不包含 0，且显著性 P 值小于显著水平 0.05 的标准，说明中介效应显著存在，故证明本研究提出的假设验证成立；中介路径（乡村建设—农户生计转化能力—结构性治理效应）的间接效应值为 0.077，95% 置信上下区间均为正数，不包含 0，且显著性 P 值小于显著水平 0.05 的标准，说明中介效应显著存在，故证明本研究提出的假设验证成立；中介路径（乡村治理—农户生计转化能力—结构性治理效应）的间接效应值为 0.036，95% 置信上下区间均为正数，不包含 0，且显著性 P 值小于显著水平 0.05 的标准，说明中介效应显著存在，故证明本研究提出的假设验证成立。

表 6-14 Bootstrap 法中介效应检验

中介路径	估值	下线	上线	P 值
空间地理—农户生计转化能力—结构性治理效应	0.034	0.008	0.077	0.008
乡村发展—农户生计转化能力—结构性治理效应	0.115	0.07	0.168	0.000
乡村建设—农户生计转化能力—结构性治理效应	0.077	0.044	0.125	0.000
乡村治理—农户生计转化能力—结构性治理效应	0.036	0.012	0.068	0.003

6.2.3.5 结果分析

从结构方程模型整体结果看，空间地理对农户生计转化能力的标准化路径系数为 0.12（$t=2.511$，$p<0.05$），说明空间地理对农户生计转化能力有显著的正向影响作用，故假设成立；乡村发展对农户生计转化能力的标准化路径系数为 0.400（$t=8.748$，$p<0.001$），说明乡村发展对农户生计转化能力有显著的正向影响作用，故假设成立；乡村建设对农户生计转化能力的标准化路径系数为 0.269（$t=5.521$，$p<0.001$），说明乡村建设对农户生计转化能力有显著的正向影响作用，故假设成立；乡村治理对农户生计转化能力的标准化路径系数为 0.123（$t=2.869$，$p<0.01$），说明乡村治理对农户生计转化能力有显著的正向影响作用，故假设成立；可见，在经过五年的脱贫攻坚战和三年衔接过渡期，南疆乡村多维治理政策措施对农户生计转化能力提升具有明显的正向影响作用，且对农户生计转化能力的正向影响排序为乡村发展>乡村建设>乡村治理>空间地理（图 6-2）。

空间地理对结构性治理效应的标准化路径系数为 0.153（$t=3.4$，$p<0.001$），说明空间地理对结构性治理效应有显著的正向影响作用，故假设成立；乡村发展对结构性治理效应的标准化路径系数为 0.283（$t=6.221$，$p<0.001$），说明乡村发展对结构性治理效应有显著的正向影响作用，故假设成立；乡村建设对结构性治理效应的标准化路径系数为 0.12（$t=2.577$，$p<0.05$），说明乡村建设对结构性治理效应有显著的正向影响作用，故假设成立；乡村治理对结构性治理效应的标准化路径系数为 0.102（$t=2.532$，$p<0.05$），说明乡村治理对结构性治理效应有显著的正向影响作用，故假设成立。可见，南疆乡村多维治理政策措施对结构性治理效应也

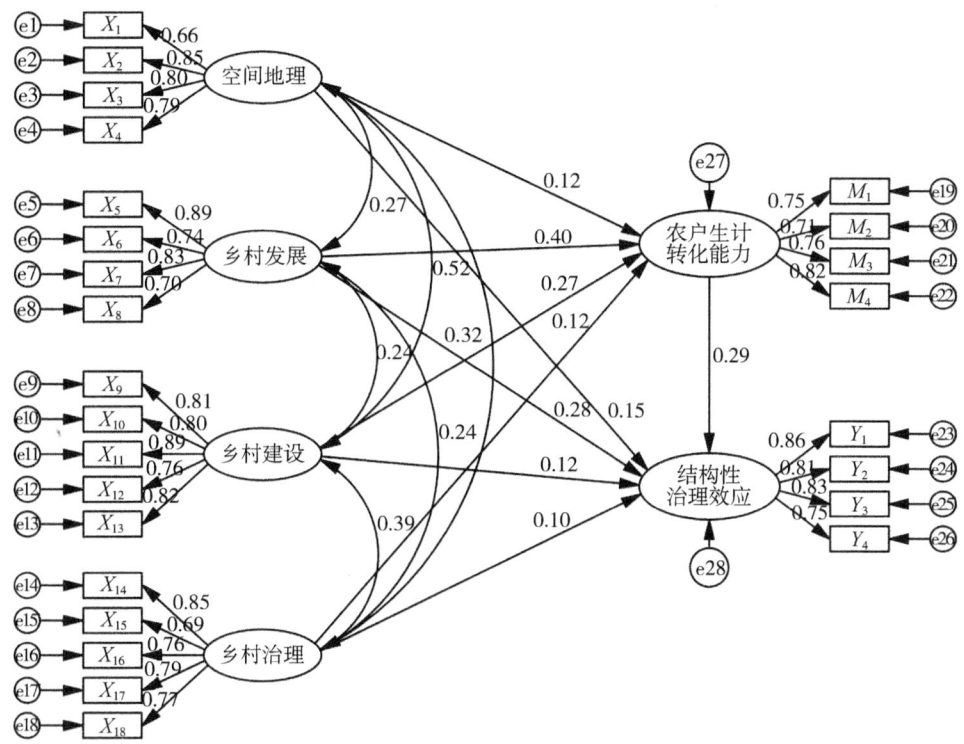

图6-2 南疆四地州农村结构性贫困治理效应路径系数

同样具有明显的正向影响作用,且对乡村结构性治理效应的正向影响排序为乡村发展>空间地理>乡村建设>乡村治理。

农户生计转化能力对结构性治理效应的标准化路径系数为 0.288（$t=5.487$，$p<0.001$）,说明农户生计转化能力对结构性治理效应有显著的正向影响作用,故假设成立。

综合以上结果可以看出：脱贫攻坚以来,南疆在乡村发展、乡村建设、乡村治理和空间地理条件改善方面所采取的政策措施,对农户生计能力和乡村治理效应尽管影响作用程度存在差异,但均具有显著的正向影响效应。这可能的解释是,脱贫攻坚以来至今,在乡村产业发展方面,南疆四地州通过持续大力发展特色畜禽、特色林果产业,同时扶持乡村车间建设,鼓励农户通过多种方式介入组织化经营。很多脱贫户不仅通过扶贫资金量化入股得到了分红收入,同时还在周边企业工厂打工就业,增加了工资性收入，这些产业帮扶模式对农户起到了直接且最大的带动作用，也得到了广大脱贫农户的认可。在乡村建设方面，国家和自治区在南疆对相对贫困人口在教育、医疗和社会保障等方面实施了大量的惠民政策，特别是自治区对南疆四地州原深度贫困地区建档立卡贫困户，在脱贫攻坚阶段实施了基本医疗、大病保险、民政救助和补充医疗"四重"报销保障，报销比例达到95%，贫困农户看病就医只需要负担很少的费用，应该说这些政策对降低贫困农户生计风险、提升农户抗逆性起到了积极的作用。而在脱贫攻坚任务完成后，一些农村惠民政策依然得到了保留，农户从中感受到了获得感。在乡村治理方面，新疆向南疆四地州每个村都下派了驻村工作队，对贫困村下派了扶贫第一书记，工作队通过与当地村"两委"密切合作，提升了南疆乡村基层治理能力，乡村基层治理秩序越加规范，治理效能不断提升，农户从中感受到了安全感。在空间环境治理上，尽管四地州外部气候环境条件在短期内并不会发生大的改善，但通过脱贫攻坚和过渡期的持续投入建设，乡村道路条件得到大幅改善，农户信息网络通讯条件也发生了明显变化。以上这些都有力提升了农户对外交往的能力和可及性。

表 6-15 南疆四地州农村结构性贫困治理效应路径及检验结果

假设关系			非标准化路径系数	标准化路径系数	标准误差	t	P
农户生计转化能力	<---	空间地理	0.111	0.120	0.044	2.511	0.012 *
农户生计转化能力	<---	乡村发展	0.449	0.400	0.051	8.748	***
农户生计转化能力	<---	乡村建设	0.223	0.269	0.040	5.521	***
农户生计转化能力	<---	乡村治理	0.109	0.123	0.038	2.869	0.004 **
结构性治理效应	<---	空间地理	0.156	0.153	0.046	3.400	***
结构性治理效应	<---	乡村发展	0.350	0.283	0.056	6.221	***
结构性治理效应	<---	乡村建设	0.110	0.120	0.043	2.577	0.010 *
结构性治理效应	<---	乡村治理	0.099	0.102	0.039	2.532	0.011 *
结构性治理效应	<---	农户生计转化能力	0.318	0.288	0.058	5.487	***
X_1	<---	空间地理	0.786	0.661	0.048	16.398	**
X_2	<---	空间地理	1.071	0.852	0.050	21.567	***
X_3	<---	空间地理	1.014	0.797	0.050	20.273	***
X_4	<---	空间地理	1.000	0.787			
X_5	<---	乡村发展	1.273	0.891	0.065	19.501	***

(续表)

假设关系			非标准化路径系数	标准化路径系数	标准误差	t	P
X_6	<---	乡村发展	1.070	0.739	0.064	16.771	***
X_7	<---	乡村发展	1.197	0.825	0.065	18.508	***
X_8	<---	乡村发展	1.000	0.696			
X_9	<---	乡村建设	1.098	0.80	0.048	23.006	***
X_{10}	<---	乡村建设	1.091	0.798	0.048	22.542	**
X_{11}	<---	乡村建设	1.105	0.886	0.042	26.071	***
X_{12}	<---	乡村建设	0.937	0.757	0.045	20.971	***
X_{13}	<---	乡村建设	1.000	0.817			
X_{14}	<---	乡村治理	1.113	0.847	0.052	21.530	***
X_{15}	<---	乡村治理	0.932	0.690	0.054	17.181	**
X_{16}	<---	乡村治理	0.998	0.762	0.052	19.202	***
X_{17}	<---	乡村治理	1.077	0.792	0.054	20.039	***
X_{18}	<---	乡村治理	1.000	0.770			
M_1	<---	农户生计转化能力	1.000	0.752			
M_2	<---	农户生计转化能力	0.956	0.714	0.056	16.979	***
M_3	<---	农户生计转化能力	0.997	0.755	0.055	17.969	***
M_4	<---	农户生计转化能力	1.066	0.823	0.055	19.445	***
Y_1	<---	结构性治理效应	1.000	0.863			
Y_2	<---	结构性治理效应	0.922	0.811	0.038	24.110	***
Y_3	<---	结构性治理效应	0.962	0.834	0.038	25.151	***
Y_4	<---	结构性治理效应	0.877	0.753	0.041	21.598	**

注：P 为标准误检验结果，"*"、"**"、"***"分别表示在5%、1%、0.1%的水平上显著。

从各潜变量对应的观测变量标准化路径系数看（表6-15）：空间地理潜变量下有4个观测变量，其中，交通设施标准化系数最大为0.852，其次为网络通讯0.797，距中心集市距离0.787，最小为气候环境条件0.661。这突出反映出南疆四地州在经过脱贫攻坚和过渡期近十余年的建设，乡村道路环境已经获得了极大改善，居民对外出交通环境比较满意；但由于所处地区位于沙漠周边，风沙天气依然较为频发，对农村居民农牧业生产生活产生了一定的影响，居民对所生活区域的气候环境条件依然明显不满意。乡村发展潜变量下有4个观测变量，其中，产业发展标准化系数最大为0.891，其次为合作社带动能力为0.825，农技服务水平为0.739，最小为农村电商 0.696。这表明脱贫攻坚至今，南疆四地州持续加大产业投入，推动特色优势产业转型升级，带动贫困地区农村劳动力就业增收。尤其是近两年来，南疆各县市加大农田基础设施建设力度，大面积开展高标准农田建设，推动农业规模化生产，鼓励农业合作经营，显著提升了土地产出率和劳动生产率。但在农业科技和农村电商发展方面，农业科技对农业生产的关键支撑作用发挥还不够，乡村存在明显的科技服务能力不足、科技人员缺乏等问题；近年来农村电商作为新发展业态取得了明显的进展，但由于受农村农户小规模经营生产、产品标准化程度低、距离大市场远等因素制约，电商对农产品营销带动作用还没有很好发挥。乡村建设潜变量下有 5 个观测变量，其中，义务教育保障标准化系数最大为 0.886，其次为文化娱乐设施 0.817，生活垃圾处理为 0.80，生活污水处理为 0.798，最小为就医环境条件 0.757。这表明脱贫攻坚至今，南疆四地州通过采取"控辍保学"等措施，持续巩固义务教育保障率，15 年免费教育在四地州得到普及。据调研，目前南疆四地州很多乡村小学 3 年级后采取住宿制教育，并且地方政府对学生住宿和伙食进行补助，乡村居民对当地的义务教育比较满意。在乡村文化娱乐上，特别在南疆乡村驻村工作队的组织下，乡村文化娱乐活动日渐丰富，居民的参与度也大幅提高。但在生活垃圾和污水处理方面，这些工程投入高、维护成本大，目前尽管在垃圾处理方面有了一定的改善，但在污水处理上还存在较大的投入需要，据调查当前仅仅在一些乡村振兴示范村开展了污水处理设施建设，实现了与乡镇污水管网联通。乡村治理潜变量下有 5 个观测变量，其中基层党组织引领准化系数最大为 0.847，法律宣传教育为 0.792，精神文明建设为 0.77，村务公开为 0.762，参与村级事务决策最低为 0.69。这表明脱贫攻坚至今，南疆四地州农村基层党组织在引领乡村发展和建设中发挥了核心领导地位，得到了广大农户的一致认可和支持。同时，近些年来各村强化了法律法规宣传宣讲，广大村民法律意识普遍得到提高。在村务公开和村级事务决策参与方面，尽管各村都有明确的制度规定，但在乡村现实运转过程中，在这些方面有些是流于形式，农民真正参与民主决策的过程非常有限，一方面农户本身缺乏这方面的意识，另外村"两委"在村级事务决策中更多是依靠经验和上级安排，对征求村民的意见方面做的还存在明显不足。

农户生计转化能力下有4个观测变量，农业生产条件标准化系数最大为0.823，收入来源多元化为0.755，国语掌握水平为0.752，技术掌握应用最低，为0.714。这表明脱贫攻坚至今，南疆四地州各县市立足自身农业生产现状，加强农田防渗渠系建设，加大高标准农田建设和高效节水工程建设。同时，随着农田规模化水平的不断提升，农业机械化应用水平也在不断提高，特别是棉花全程机械化水平提升显著，农户亲身体会到了农业生产条件的变化。其次是脱贫攻坚以来农民收入除种养殖收入外，农户在就业收入、转移性收入等方面都有了明显提高。但由于农户受到自身文化和年龄的限制，自身在国语水平和农业新技术上的掌握还非常有限。结构性治理效应下4个观测变量，家庭增收水平标准化系数最大为0.863，其次为家庭劳动力就业提高0.834，生活环境改善为0.811，公共服务水平提高最低为0.735。

综上所述，脱贫攻坚至今，南疆四地州各县市在经历了大规模反贫困治理和乡村振兴后，在空间地理环境、乡村发展、乡村建设、乡村治理对农户生计转化能力和乡村治理效应方面都产生了积极的正向影响作用；而且农户生计转化能力对乡村治理效应也具有积极的影响。同时，南疆四地州乡村社会经济系统中自然环境、产业发展、乡村建设、乡村治理子系统结构之间，以及各结构内部要素之间存在较强的相关关系。

6.3 小结

本章从结构性反贫困治理的视角，对南疆四地州脱贫攻坚农村反贫困治理效应进行了归纳和实证评价分析，得出如下结论。

结论1：南疆四地州农村结构性反贫困治理，尤其是脱贫攻坚期间实施的一系列"超常规"反贫困治理举措，可以被视为对科层组织管理的一次有效突破。其中，对"科"组织结构的突破主要是通过在省、区、县市成立由各级党委直接领导跨部门的扶贫开发工作领导小组以及脱贫后的农村工作领导小组，统领推进脱贫攻坚与乡村振兴工作，打破了扶贫、财政、农业、发改、教育、卫生、医疗、环保、民政、人社等多部门间的行政条块分割限制；同时推进各部门涉农资金在县级层面整合统筹使用等。对"层"组织结构的突破，主要是通过实施东西部对口援助、中央定点帮扶、区内协作等方式，打破区域结构，构建超区域结构；通过向贫困村派遣第一书记、向基层乡村下派驻村工作队等方式，有效缩短了国家与乡村、国家与农民之间的空间距离，有效打破了传统的科层治理结构。

结论2：脱贫攻坚至今，南疆四地州在反贫困治理过程中采取了有针对性的结构性"靶向治理"举措，有效缓解了区域农村多维结构性贫困状况，在一定程度上重塑和建构了反贫困体系中乡村持续发展的"有利结构"。结构化治理效应表现在，通过实施易地扶贫搬迁及后扶持，对口援疆，缓解区域性空间贫困问题；大力发展新产业新业态，努力重塑区域产业与市场结构；加强乡村基础设施和公共服务建设，有效松解了乡村发展困局；通过赋权增能，提升了农户内生发展动力。

结论3：运用南疆四地州脱贫县市实地调研样本数据，采用结构方程模型（SEM）对南疆四地州农村结构性贫困治理效应进行实证评价；研究发现，脱贫攻坚以来，南疆在乡村发展、乡村建设、乡村治理和空间地理条件改善方面所采取的政策措施，对农户生计能力和乡村治理效应均具有显著的正向影响效应。其中，对农户生计转化能力的正向影响标准化系数排序为乡村发展（0.400）*＞乡村建设（0.269）＞乡村治理（0.123）＞空间地理（0.120）。对乡村结构性治理效应的正向影响标准化系数排序为乡村发展（0.283）＞空间地理（0.153）＞乡村建设（0.120）＞乡村治理（0.102）。同时，南疆四地州乡村社会经济系统中自然环境、产业发展、乡村建设、乡村治理子系统结构之间以及各子系统内部要素之间也存在较强的相关性。

结论4：脱贫攻坚至今，国家和自治区实施了一系列的反贫困治理举措，其具有明显的"结构化"治理特征，逐步建构形成了一套具有中国特色的反贫困治理体系，形成了对农村结构性贫困治理的整体性解决方案，对新疆巩固拓展脱贫攻坚成果、全面衔接乡村振兴产生了积极重大影响。

---

* 括号内为标准误差，下同。

第 7 章

新疆农村结构性贫困治理与乡村振兴衔接耦合度评价

7.1 衔接耦合协调度实证评价

党的十八大以来，南疆四地州农村结构性治理取得了积极的成效，得到了广大农户的普遍认可和接受，对农户生计能力提升和乡村振兴都产生了积极影响。2018年自治区提出了实施乡村振兴战略，推动脱贫攻坚与乡村振兴有机衔接。为此，本章节重点讨论农村结构性贫困治理与乡村振兴的衔接度、结构化衔接中面临的短板、存在的困难与挑战等问题。

7.1.1 数据来源与指标体系建构

7.1.1.1 数据来源

本章节以2012—2021年为研究时间区间，数据来自《中国农村贫困监测历史资料汇编2021》《新疆统计年鉴》《新疆年鉴》《阿克苏统计年鉴》《喀什地区统计年鉴》《克孜勒苏柯尔克孜自治州统计年鉴》《和田地区统计年鉴》、阿克苏历年统计公报、喀什地区历年统计公报、克孜勒苏柯尔克孜自治州历年统计公报、和田地区历年统计公报等，部分数据为实地调研数据。

7.1.1.2 指标体系构建

该指标体系构建包括结构贫困指标体系和乡村振兴指标体系两大部分（表7-1）。在结构贫困指标体系构建中，参考罗玉辉（2019）、杜国明（2021）、甘晓成（2023）等对我国多维贫困指标体系构建，在此基础上从空间贫困、经济贫困、二元结构、文化贫困四个维度构建指标体系。为更好考察农村结构性贫困治理与乡村振兴的衔接度，在四个维度基础上选取人均耕地面积、公路网密度、财政收支比、农村最低生活水平保障率、农村居民可支配收入收支比、城乡人均收入比、自来水入村率、义务教育巩固率、农村教师担负比等9个指标对结构性贫困治理水平进行量化测度。

表 7-1 南疆四地州农村结构性贫困治理指标体系

决策层	目标层	指标层	指标解释
结构性贫困	空间贫困	人均耕地面积	农村总人口/耕地总面积
		公路网密度	公路里程数/国土面积
	经济贫困	财政收支比	财政总收入/财政总支出
		农村最低生活保障率	农村最低生活保障费用/农村人均消费支出
		农村居民可支配收支比	农村人均可支配收入/农村人均消费支出
	城乡二元	自来水入村覆盖率	自来水入村数/行政村数
		城乡人均收入比	农村人均可支配收入/城镇人均可支配收入
	文化贫困	义务教育巩固率	义务教育阶段入学率
		农村教师担负比	学生数/（农村小学教师+农村初中教师）

在乡村振兴指标体系建构中，重点参照我国乡村振兴战略中提出的生态振兴、产业振兴、城乡融合和文化振兴四个维度构建指标体系（表7-2），与农村结构性贫困治理维度进行衔接应对。参考赵忠亮（2023）、李忠平（2023）、宋川（2023）、郑瑜晗等（2023）构建的乡村振兴评价体系，根据研究区域实际，选取农村人均水资源量、化肥施用强度、土地产出率、农村人均用电量、城镇化率、每万人卫生技术人员、教育支出比等12个指标对乡村振兴水平进行测度。

表 7-2 南疆四地州乡村振兴指标体系

决策层	目标层	指标层	指标解释
乡村振兴	生态振兴	农村人均水资源量	农业用水量/乡村人口
		农村人均节水灌溉面积	节水灌溉面积/乡村人口
		化肥施用强度	化肥施用总量/耕地面积
		森林覆盖率	森林覆盖率
	产业振兴	土地产出率	农业总产值/耕地面积
		农业机械化强度	农用机械总动力/耕地面积
		农村人均用电量	农村用电总量/乡村人口
		农林牧渔服务业占比	农林牧渔服务业产值/农林牧渔总产值
		农业支出占总支出比	农林水支出/财政总支出
	城乡融合	城镇化率	城镇常住人口/总人口
		每万人卫生技术人员拥有量	卫生技术人员数/总人口
	文化振兴	教育支出占比	教育支出/财政总支出

7.1.2 数据处理与评价方法

7.1.2.1 熵值法

目前确定权重的方法大体上分为主观赋值法和客观赋值法，主观赋值法主要有德尔菲法、层次分析法、二项系数法等，客观赋值法主要有熵值法、主成分分析法、离差均值分析等。本研究采用熵值法确定权重，熵值法是一种客观赋权的多指标综合评价方法，它根据各指标联系程度或各指标所提供的信息量来决定指标权重，能够客观地评价研究结果。曹诗颂（2016）、贾海发（2020）、张媛媛（2021）等学者在研究两个及两个以上系统耦合度测算过程中，运用最多的为熵值法。

第一步：对基础数据进行整理，列出矩阵。

$$Z = \begin{bmatrix} x_{11} & \cdots & x_{1m} \\ \vdots & 0 & \vdots \\ x_{n1} & \cdots & x_{nm} \end{bmatrix} \quad \text{式（1）}$$

式（1）中，x_{ij} 为第 i 年底 j 个指标值。

第二步：对数据进行无纲量化处理，正向指标和负向指标计算公式如下。

$$\text{正向指标：} y_{ij} = \frac{x_{ij} - \min(x_{1j}, x_{2j}, \ldots, x_{nj})}{\max(x_{1j}, x_{2j}, \ldots, x_{nj}) - \min(x_{1j}, x_{2j}, \ldots, x_{nj})} \quad \text{式（2）}$$

$$\text{负向指标：} y_{ij} = \frac{\max(x_{1j}, x_{2j}, \ldots, x_{nj}) - x_{ij}}{\max(x_{1j}, x_{2j}, \ldots, x_{nj}) - \min(x_{1j}, x_{2j}, \ldots, x_{nj})} \quad \text{式（3）}$$

式（2）（3）中，$i = 1, 2, \cdots, n$；$j = 1, 2, \cdots, m$。

第三步：计算各项指标比重。

$$p_{ij} = \frac{y_{ij}}{\sum_{i=1}^{n} y_{ij}} \quad \text{式（4）}$$

式（4）中，$i = 1, 2, \cdots n$；$j = 1, 2, \cdots, m$。

第四步：测算指标信息熵值。

$$e_j = -k \times \sum_{i=1}^{n} p_{ij} \ln(p_{ij}) \quad \text{式（5）}$$

式（5）中，$j = 1, 2, \cdots, m$；$k > 0$，一般令 $k = 1/\ln n$，且 $e \in [0, 1]$。

第五步：计算各指标的权重。

$$w_j = \frac{1 - e_j}{\sum_{j=1}^{m}(1 - e_j)} \quad \text{式（6）}$$

式（6）中，$j = 1, 2, \cdots, m$。

第六步：根据权重计算各指标得分。

$$q_i = p_{ij} \times w_j \times 100 \quad \text{式（7）}$$

式（7）中，$i = 1, 2, \cdots n$；$j = 1, 2, \cdots, m$。

7.1.2.2 耦合协调度模型

系统耦合指两个或两个以上系统通过相互作用而彼此影响以致协同的现象。其中，耦合度是系统中各个部分之间相互作用的强度。用于描述系统中各部分之间的相互依赖关系，这种依赖关系可以是积极的相互促进，也可以是消极的相互抑制。耦合协调度用来描述系统中各个部分之间相互作用的一致性和有效性程度。主要用于评价系统各个部分之间协调性以及协同的整体效应。众多学者曾经利用耦合协调度模型进行生态环境质量与经济贫困、水资源贫困与经济贫困、乡村旅游与乡村振兴、脱贫攻坚与乡村振兴等系统之间的耦合协调研究，根据研究结果表明，该模型能较为真实地反映两个及以上系统之间的协调程度，可以避免人为主观因素的干扰，使各种复杂系统评价结果更具有客观有效性。本研究在众多学者研究基础上，利用耦合模型对新疆南疆四地州结构性贫困治理指数与乡村振兴指数进行耦合，计算研究南疆四地州农村结构性贫困与乡村振兴的耦合协调度。计算公式如下：

耦合度函数计算公式：
$$C = \left[\frac{q_1 \times q_2}{\left(\frac{q_1 + q_2}{2} \right)^2} \right]^{\frac{1}{2}} \quad \text{式（8）}$$

式中，q_1 为结构贫困治理系统综合得分，q_2 为乡村振兴系统综合得分。C 为结构贫困治理和乡村振兴两个系统耦合发展程度，取值为［0,

1]。当 $C=0$ 时，系统将趋于无序混乱状态发展；当 $0<C\leq0.3$ 时，系统位于低水平耦合阶段；当 $0.3<C\leq0.5$ 时，系统处于相互抑制阶段；当 $0.5<C\leq0.8$ 时，系统处于磨合阶段；$0.8<C\leq1.0$ 时，系统互相促进、协调发展，进入高一级耦合阶段（杨更生，2020）。

耦合协调度计算公式：

$$D = \sqrt{C \times T} \quad \text{式（9）}$$

$$T = \alpha \times O_1 + \beta \times O_2 \quad \text{式（10）}$$

式中（9）中，D 为耦合协调度，取值为 [0，1]，数值越高，耦合协调发展越好（表7-3）。

表 7-3 耦合协调发展类型判断标准

协调发展类型	协调度发展类型	协调度
失调类型	极度失调型	0.00~0.10
	严重失调型	0.11~0.20
	中度失调型	0.21~0.30
	轻度失调型	0.31~0.40
过渡类型	濒临失调型	0.41~0.50
	勉强失调发展型	0.51~0.60
协调发展类型	初级协调发展型	0.61~0.70
	中级协调发展型	0.71~0.80
	良好协调发展型	0.81~0.90
	优质协调发展型	0.91~1.00

式（10）中，T 为两个系统综合协调性指数，α、β 为待定系数。α、β 待定系数参考同类型学术文献研究王静媛（2023）的研究结果，并结合专家打分法确定 α、β 系数均取 0.5。

7.1.3 耦合协调时序和空间耦合度评价

7.1.3.1 结构性贫困治理评价

利用熵值法对南疆四地州阿克苏地区、克州、喀什地区和和田地区结构性贫困治理进行测度,各地州结构性贫困治理测度结果如下。

（1）阿克苏地区

经测算,阿克苏地区结构性贫困治理得分总体呈先降后升趋势,综合得分由2012年的10.01分减少到2016年的6.85分,随后逐年提高到2021年的22.35分（表7-4）,2021年结构性贫困治理得分较2012年提高了123.3%。

表7-4 阿克苏地区结构性贫困治理水平测度得分　　　　单位：分

年份	空间贫困	经济贫困	二元结构	文化贫困	综合得分
2012	2.48	6.79	0.36	0.38	10.01
2013	3.02	5.92	0.69	0.43	10.07
2014	3.43	5.04	0.57	0.48	9.51
2015	3.79	2.60	1.03	0.00	7.42
2016	0.47	5.05	0.86	0.47	6.85
2017	2.57	2.33	1.83	0.43	7.15
2018	2.65	2.56	1.83	0.73	7.76
2019	3.04	3.15	1.87	0.96	9.02
2020	3.15	3.84	1.98	0.88	9.85
2021	13.88	5.56	2.04	0.88	22.35

从目标层得分变化趋势来看,空间贫困治理得分总体呈上升趋势,由2012年的2.48分提高到2021年的13.88分,得分较2012年提高了459.85%；经济贫困治理得分呈U形下降趋势,由2012年的6.79分下降到2017年的2.33分,之后又逐步上升到2021年的5.56分,得分较2017年增长了138.63%；二元结构治理得分总体呈上升趋势,由2012年的0.36分上升到2021年的2.04分,得分较2012年提高了467.32%；文化贫困治理得分总体呈上升趋势,由2012年的0.38分上升到2021年的0.88分,得分较2012年提高了129.62%。

从目标层得分对阿克苏地区结构性贫困治理贡献度来看,经济贫困治理得分最高,占平均得分的42.8%；其次是空间贫困治理,占平均得分的

38.5%；再次是二元结构治理，占平均得分的13.1%；最后是文化贫困治理，占平均得分的5.6%。

（2）克州

经测算，克州结构性贫困治理得分总体呈波动式上升趋势，综合得分由2012年的7.57分提高到2021年的11.01分（表7-5），得分较2012年提高了45.45%。

表7-5 克州结构性贫困治理水平测度得分　　　　　　　单位：分

年份	空间贫困	经济贫困	二元结构	文化贫困	综合得分
2012	0.16	7.41	—	—	7.57
2013	2.29	5.29	0.44	0.18	8.21
2014	5.02	3.09	0.87	0.74	9.72
2015	6.23	1.95	1.21	0.68	10.06
2016	6.57	2.67	1.51	0.75	11.50
2017	6.31	2.42	1.53	0.46	10.72
2018	3.92	1.71	1.72	0.66	8.02
2019	7.96	2.01	2.00	0.46	12.43
2020	5.06	2.52	2.47	0.71	10.77
2021	3.74	3.42	2.92	0.94	11.01

从目标层得分变化趋势来看，空间贫困治理得分总体呈倒U形变化趋势，由2012年的0.16分提高到2019年的7.96分，随后逐年下降到2021年的3.74分，得分较2012年提高了2 237%；经济贫困治理得分呈先下降后逐步上升趋势，由2012年的7.41分下降到2021年的3.42分，得分较2012年减少了53.89%；二元结构治理得分总体呈逐年上升趋势，由2013年的0.44分上升到2021年的2.92分，得分较2013年提高了559.91%；文化贫困治理得分总体呈上升趋势，由2013年的0.18分上升到2021年的0.94分，得分较2013年提高了414.17%。

从目标层得分对克州结构性贫困治理贡献度来看，空间贫困治理得分最高，占平均得分的47.3%；其次是经济贫困治理，占平均得分的32.5%；

再次是二元结构治理，占平均得分的 14.7%；最后是文化贫困治理，占平均得分的 5.6%。

(3) 喀什地区

经测算，喀什地区结构性贫困治理得分总体呈波动式上升趋势，综合得分由 2012 年的 4.67 分提高到 2021 年的 25.19 分（表 7-6），得分较 2012 年提高了 439.1%。

表 7-6 喀什地区结构性贫困治理水平测度得分　　　单位：分

年份	空间贫困	经济贫困	二元结构	文化贫困	综合得分
2012	1.46	2.41	0.38	0.43	4.67
2013	2.02	2.35	1.22	0.57	6.16
2014	2.29	1.87	0.75	0.33	5.24
2015	2.85	1.76	0.96	0.29	5.86
2016	3.75	2.25	1.00	0.00	7.00
2017	2.05	1.43	1.25	1.02	5.75
2018	5.06	1.76	1.24	2.36	10.42
2019	5.24	2.20	1.74	3.25	12.42
2020	8.23	2.67	2.60	3.78	17.28
2021	13.20	3.24	2.60	6.16	25.19

从目标层得分变化趋势来看，空间贫困治理得分总体呈上升趋势，由 2012 年的 1.46 分提高到 2021 年的 13.20 分，得分较 2012 年提高了 801.92%；经济贫困治理得分呈 U 形上升趋势，由 2012 年的 2.41 分提高到 2021 年的 3.24 分，得分较 2012 年提高了 34.45%；二元结构治理得分总体呈上升趋势，由 2012 年的 0.38 分上升到 2021 年的 2.60 分，得分较 2012 年提高了 590.06%；文化贫困治理得分总体呈先下降再上升趋势，由 2012 年的 0.43 分上升到 2021 年的 6.16 分，得分较 2012 年提高了 1 347.47%。

从目标层得分对喀什地区结构性贫困治理贡献度来看，经济空间治理得分最高，占平均得分的 46.2%；其次是经济贫困治理，占平均得分的

21.9%；再次是文化贫困治理，占平均得分的 18.2%；最后是二元结构治理，占平均得分的 13.7%。

（4）和田地区

经测算，和田地区结构性贫困治理得分总体呈上升趋势，综合得分由 2012 年的 5.65 分提高到 2021 年的 20.49 分（表 7-7），得分较 2012 年提高了 262.74%。

表 7-7　和田地区结构性贫困治理水平测度得分　　　　单位：分

年份	空间贫困	经济贫困	二元结构	文化贫困	综合得分
2012	1.28	3.54	—	0.83	5.65
2013	1.65	3.28	0.81	0.98	6.72
2014	1.64	2.96	2.21	1.04	7.85
2015	1.43	2.33	3.98	0.58	8.32
2016	1.23	3.81	3.11	0.00	8.16
2017	1.83	2.94	3.10	0.68	8.55
2018	3.82	2.45	1.75	1.30	9.32
2019	3.70	2.49	1.79	3.59	11.58
2020	3.56	2.77	2.66	4.37	13.36
2021	3.48	4.51	6.17	6.33	20.49

从目标层得分变化趋势来看，空间贫困治理得分总体呈波动式上升，由 2012 年的 1.28 分提高到 2021 年的 3.48 分，得分较 2012 年提高 171.36%；经济贫困治理得分呈 U 形上升趋势，由 2012 年的 3.54 分提高到 2021 年的 4.51 分，得分较 2012 年提高了 27.39%；二元结构治理得分总体呈波动式上升趋势，由 2013 年的 0.81 分上升到 2021 年的 6.17 分，得分较 2013 年提高了 660.22%；文化贫困治理得分总体呈波动上升趋势，由 2012 年的 0.83 分上升到 2021 年的 6.33 分，得分较 2012 年提高了 666.84%。

从目标层得分对和田地区结构性贫困治理贡献度来看，经济贫困治理得分最高，占平均得分的 31.1%；其次是二元结构治理，占平均得分的

25.6%;再次是空间贫困治理,占平均得分的 23.6%;最后是文化贫困治理,占平均得分的 19.7%。

总体来看,在南疆四地州结构性贫困治理中,阿克苏地区和喀什地区结构性贫困治理效果好于克州和和田地区。在空间贫困治理中,喀什治理效果最好,其次是阿克苏地区和克州,最后是和田地区;在经济贫困治理中,阿克苏地区治理效果最好,其次是喀什地区和克州,最后是和田地区;在二元结构治理中,阿克苏地区治理效果最好,其次是喀什地区和和田地区,最后是克州;在文化贫困治理中,克州治理效果最好,其次是和田地区和喀什地区,最后是阿克苏地区。同时,从四个维度贫困治理贡献度看,过去十余年间,南疆四地州在经济贫困治理和空间贫困治理上取得的成效较为突出,在城乡二元治理和文化贫困治理上还有待提升,这一研究结论与前一章农村结构性治理效应研究结果基本一致。

7.1.3.2 乡村振兴发展评价

利用熵值法对阿克苏地区、克州、喀什地区和和田地区乡村振兴发展水平进行测评,测评结果如下。

(1)阿克苏地区

经测算,阿克苏地区乡村振兴发展水平得分总体呈上升趋势,综合得分由 2012 年的 4.84 分提高到 2021 年的 22.68 分(表 7-8),得分较 2012 年提高了 368.44%。

表 7-8 阿克苏地区乡村振兴水平测度得分　　　　　　　　单位:%

年份	生态振兴	产业振兴	城乡融合	文化振兴	综合得分
2012	1.66	1.44	0.44	1.31	4.84
2013	1.74	1.49	0.38	1.56	5.17
2014	0.90	2.07	0.34	2.03	5.34
2015	0.99	2.06	0.58	1.89	5.51
2016	1.41	2.77	1.19	1.91	7.27
2017	1.64	3.65	1.06	1.55	7.90
2018	3.07	4.23	1.93	1.28	10.50
2019	3.27	5.01	1.82	1.44	11.54

(续表)

年份	生态振兴	产业振兴	城乡融合	文化振兴	综合得分
2020	3.34	10.98	3.50	1.42	19.24
2021	4.79	9.53	6.22	2.14	22.68

从目标层得分变化趋势看，生态振兴得分总体呈波动式上升，由2012年的1.66分提高到2021年的4.79分，得分较2012年提高了188.08%；产业振兴得分呈逐年上升趋势，由2012年的1.44分提高到2021年的9.53分，得分较2012年提高了563.59%；城乡融合得分总体呈波动式上升趋势，由2012年的0.44分上升到2021年的6.22分，得分较2012年提高了1 325.48%；文化振兴得分总体呈波动上升趋势，由2012年的1.31分上升到2021年的2.14分，得分较2012年提高了63.84%。

从目标层得分对阿克苏地区乡村振兴发展贡献度来看，产业振兴得分贡献度最高，占平均得分的43.2%；其次是生态振兴，占平均得分的22.8%；再次是城乡融合，占平均得分的17.4%；最后是文化振兴，占平均得分的16.5%。

（2）克州

经测算，克州乡村振兴发展水平得分总体呈上升趋势，综合得分由2012年的6.17分提高到2021年的20.32分（表7-9），得分较2012年提高了229.52%。

表7-9 克州乡村振兴水平测度得分　　　　　　　　　　　单位：分

年份	生态振兴	产业振兴	城乡融合	文化振兴	综合得分
2012	2.29	1.10	2.27	0.50	6.17
2013	1.47	1.28	1.50	0.48	4.74
2014	1.19	1.47	1.66	0.75	5.07
2015	1.78	2.45	1.06	0.26	5.55
2016	2.14	3.15	0.87	1.78	7.95
2017	3.37	3.20	0.60	1.82	8.99
2018	4.03	2.30	2.97	2.32	11.61

(续表)

年份	生态振兴	产业振兴	城乡融合	文化振兴	综合得分
2019	4.27	3.28	1.78	3.93	13.25
2020	4.98	4.74	2.74	3.89	16.35
2021	5.00	5.41	3.98	5.92	20.32

从目标层得分变化趋势来看,生态振兴得分总体呈U形上升趋势,由2012年的2.29分提高到2021年的5.00分,得分较2012年提高了118.36%;产业振兴得分呈逐年上升趋势,由2012年的1.10分提高到2021年的5.41分,得分较2012年提高了391.77%;城乡融合得分总体呈U形上升趋势,由2012年的2.27分上升到2021年的3.98分,得分较2012年提高了75.22%;文化振兴得分总体呈波动上升趋势,由2012年的0.50分上升到2021年的5.92分,得分较2012年提高了1 081.13%。

从目标层得分对克州乡村振兴发展贡献度来看,生态振兴得分贡献度最高,占平均得分的30.5%;其次是产业振兴,占平均得分的28.4%;再次是文化振兴,占平均得分的21.7%;最后是城乡融合,占平均得分的19.4%。

(3) 喀什地区

经测算,喀什地区乡村振兴发展水平得分总体呈上升趋势,综合得分由2012年的3.85分提高到2021年的17.37分(表7-10),得分较2012年提高了350.87%。

表7-10 喀什地区乡村振兴水平测度得分　　　　　　　　　　单位:分

年份	生态振兴	产业振兴	城乡融合	文化振兴	综合得分
2012	1.48	0.09	1.83	0.45	3.85
2013	0.50	1.14	1.98	0.67	4.29
2014	1.20	2.43	0.11	1.03	4.77
2015	1.32	3.28	1.14	1.69	7.44
2016	2.67	5.15	1.53	1.42	10.77
2017	3.99	3.12	1.22	1.17	9.49

第7章 新疆农村结构性贫困治理与乡村振兴衔接耦合度评价

(续表)

年份	生态振兴	产业振兴	城乡融合	文化振兴	综合得分
2018	3.37	3.47	1.73	1.62	10.19
2019	4.60	3.88	4.28	1.53	14.30
2020	5.66	4.91	5.34	1.63	17.54
2021	7.08	3.16	4.66	2.47	17.37

从目标层得分变化趋势来看，生态振兴得分总体呈上升趋势，由2012年的1.48分提高到2021年的7.08分，得分较2012年提高了379.57%；产业振兴得分呈波动式上升趋势，由2012年的0.09分提高到2021年的3.16分，得分较2012年提高了328.55%；城乡融合得分总体呈波动式上升趋势，由2012年的1.83分上升到2021年的4.66分，得分较2012年提高了154.28%；文化振兴得分总体呈逐年上升趋势，由2012年的0.45分上升到2021年的2.47分，得分较2012年提高了267.47%。

从目标层得分对喀什地区乡村振兴发展贡献度来看，生态振兴得分贡献度最高，占平均得分的31.9%；其次是产业振兴，占平均得分的30.6%；再次是城乡融合，占平均得分的23.8%；最后是文化振兴，占平均得分的13.7%。

（4）和田地区

经测算，和田地区乡村振兴发展水平得分总体呈上升趋势，综合得分由2012年的4.79分提高到2021年的18.90分（表7-11），得分较2012年提高了294.53%。

表7-11 和田地区乡村振兴水平测度得分　　　　　　　　单位：分

年份	生态振兴	产业振兴	城乡融合	文化振兴	综合得分
2012	2.61	0.26	0.99	0.94	4.79
2013	2.47	0.98	0.50	1.22	5.16
2014	2.49	1.26	0.44	1.10	5.29
2015	2.90	3.48	0.00	1.43	7.80
2016	2.98	3.85	0.91	1.26	9.01

(续表)

年份	生态振兴	产业振兴	城乡融合	文化振兴	综合得分
2017	4.15	3.20	1.07	0.74	9.16
2018	5.16	3.62	3.56	0.86	13.19
2019	6.45	7.27	3.57	0.77	18.06
2020	3.34	9.06	4.08	0.93	17.41
2021	5.87	8.97	2.95	1.11	18.90

从目标层得分变化趋势来看，生态振兴得分总体呈上升趋势，由2012年的2.61分提高到2021年的5.87分，得分较2012年提高了124.65%；产业振兴得分呈波动式上升趋势，由2012年的0.26分提高到2021年的8.97分，得分较2012年提高了341.6%；城乡融合得分总体呈U形上升趋势，由2012年的0.99分上升到2021年的2.95分，得分较2012年提高了199.47%；文化振兴得分总体呈波动式变化，上升幅度较小，2012年得分为0.94分，2021年得分仅1.11分，得分较2012年提高了18.44%。

从目标层得分对和田地区乡村振兴发展贡献度来看，产业振兴得分贡献度最高，占平均得分的42%；其次是生态振兴，占平均得分的38.4%；再次是城乡融合，占平均得分的18.1%；最后是文化振兴，占平均得分的10.3%。

总体上，南疆四地州乡村振兴发展水平总体较低且发展不均衡。阿克苏地区生态振兴和产业振兴相对较好，但城乡融合和文化振兴是阿克苏地区乡村振兴发展的短板；克州产业振兴和文化振兴相对较好，但生态振兴和城乡融合是克州乡村振兴发展的短板；喀什地区和和田地区乡村振兴发展水平均衡，但总体发展水平相对较低。从各维度对乡村振兴发展贡献度看，产业振兴和生态振兴发展相对较快，文化振兴与城乡融合还有待加快提升。

7.1.3.3 耦合协调时空特征分析

（1）耦合度特征分析

经测算，阿克苏地区2012年耦合度为0.7725，系统处于磨合阶段，

2013年耦合度上升到0.8038，之后每年耦合度均大于0.8，且在2015年、2016年、2018年、2019年和2021年的耦合度均高于0.95（表7-12），表明此阶段阿克苏地区结构性贫困治理与乡村振兴处于高度耦合态势，且表现出较高的影响关联性。克州在2012年以来结构性贫困与乡村振兴耦合度均大于0.8，系统总体处于协调发展阶段，但克州耦合度表现不稳定，其中2012年、2015年、2016年、2017年、2019年处于高度耦合态势。克州结构性贫困与乡村振兴耦合度整体分为三个阶段：2012—2014年耦合度由0.9793下降到0.8567，2015—2018年耦合度由0.9725下降到0.9342，2019—2021年耦合度由0.9979下降到0.8311，其中第二个阶段系统耦合性相对较高。喀什地区结构性贫困治理与乡村振兴耦合度均大于0.8，表明系统总体处于协调发展阶段，其中2012年、2016年、2018年、2019年和2020年的耦合度大于0.95，表明这些年份处于高度耦合发展态势。和田地区结构性贫困治理与乡村振兴耦合度均大于0.9，期间除2017年、2018年和2019年三个年度外，其他年份耦合度均高于0.95，此外，2019年以来耦合度呈不断增加态势，表明此阶段和田地区结构性贫困治理与乡村振兴处于高度耦合状态。

表7-12 南疆四地州结构性贫困治理与乡村振兴耦合度测量表

地州	年份									
	2012	2013	2014	2015	2016	2017	2018	2019	2020	2021
阿克苏	0.7725	0.8038	0.8636	0.9998	0.9899	0.9292	0.9555	0.9701	0.8028	0.9999
克州	0.9793	0.8616	0.8567	0.9725	0.9704	0.9968	0.9342	0.9979	0.9171	0.8311
喀什	0.9816	0.9368	0.9407	0.8333	0.9552	0.8508	0.9998	0.9902	0.9999	0.9336
和田	0.9866	0.9660	1.0000	0.9969	0.9933	0.9110	0.9417	0.9066	0.9657	0.9968

总体看，南疆四地州结构性贫困治理与乡村振兴耦合度除极个别年份外均大于0.8，表明南疆四地州结构性贫困治理和乡村振兴处于高度耦合态势，其结构性贫困治理与乡村振兴之间具有很强的影响作用。究其原因，是南疆四地州农村结构性治理系统与乡村振兴系统各部分之间具有较强的相互影响作用。比如，在空间贫困中的区域人均耕地面积会直接影响乡村

产业振兴中的土地产出率、农机化强度、农业节水灌溉面积、农村用电量等；经济贫困中的财政收支情况直接影响乡村振兴中农业支出占比、教育经费支出等。同样，乡村振兴中城镇化发展水平会影响农民人均可支配收入、城乡收入比等。教育经费支出额度会影响农村教师数量、义务教育入学率等。

（2）耦合协调度特征分析

经测算，阿克苏地区耦合协调度呈逐年上升趋势（表7-13），2012—2018年阿克苏地区结构性贫困治理与乡村振兴耦合协调度发展属于中度失调，2019—2020年属于轻度失调，到2021年耦合协调度达到0.4745，属于过渡类型的濒临失调型，即到2021年阿克苏地区结构性贫困治理与乡村振兴系统才达到协调发展的过渡阶段。克州耦合协调度呈波动上升趋势，但在0.2~0.4区间增长，2012—2015年期间协调度发展类型处于中度失调，2016—2021年期间处于轻度失调，可见克州在2016年协调发展就进入了轻度失调，快于其他三个地州，但到2021年克州仍未发展到过渡类型阶段。喀什地区耦合协调度呈逐年上升趋势，2012—2017年喀什地区耦合协调度属于中度失调，2018—2019年属于轻度失调，2020—2021年耦合协调度达到0.4，实现耦合协调度失调型向过渡类型转变，可见喀什地区在南疆四地州中首先进入到协调发展过渡期。和田地区耦合协调度呈逐年上升趋势，2012—2016年和田地区耦合协调度属于中度失调，2018—2020年属于轻度失调，到2021年达到耦合协调度的过渡类型，即到2021年和田地区结构性贫困治理与乡村振兴系统才达到协调发展的过渡阶段。

表7-13 南疆四地州结构性贫困治理与乡村振兴耦合协调度测量表

地州	年份									
	2012	2013	2014	2015	2016	2017	2018	2019	2020	2021
阿克苏	0.2395	0.2475	0.2547	0.2710	0.2701	0.2864	0.2954	0.3158	0.3417	0.4745
克州	0.2593	0.2362	0.2557	0.2959	0.3153	0.3336	0.3028	0.3580	0.3526	0.3608
喀什	0.2045	0.2212	0.2442	0.2632	0.2807	0.2605	0.3210	0.3637	0.4172	0.4457
和田	0.2269	0.2396	0.2797	0.2939	0.2932	0.3147	0.3256	0.3665	0.3854	0.4431

总体看，南疆四地州农村结构性贫困治理与乡村振兴耦合协调度均呈持续增加态势，但协调度总体不高，2012—2019年期间基本在0.2~0.4区间增长，表明南疆四地州结构性贫困治理与乡村振兴耦合协调状况属于失调类型，2020年以后协调度也仅位于0.3~0.5，表明2020年以来，南疆四地州结构性贫困治理与乡村振兴耦合协调状况由中度失调类型向基本协调类型转变。从总体趋势看，从早期2012年自治区开展精准扶贫，到2015年实施脱贫攻坚，到2018年提出启动乡村振兴战略，再到2020年后进入过渡期，从乡村治理的维度和广度上看，农村贫困治理与乡村振兴衔接领域都在加大，因此，二者的耦合协调性也在逐步增强。但南疆四地州农村结构性贫困治理与乡村振兴耦合协调度总体偏低，究其原因有以下几个方面。一是南疆四地州属于原国家深度贫困地区，脱贫攻坚目标任务非常重，在2020年前当地政府首要目标是确保贫困人口"两不愁三保障"得到彻底解决，同时贫困人口收入必须达到相应脱贫标准收入线。实现这些脱贫硬性指标成为各级政府首要考虑的工作任务，对如何实现乡村振兴并不在其考虑的首要范围内。二是为尽快见到扶贫效果，很多扶贫资金重点用于开展短平快产业建设投资，而在乡村基础设施、公共服务等方面的建设非常有限，也会导致二者耦合协调性明显偏低。三是即便到了2020年脱贫攻坚目标任务完成后，尽管国家明确了五年过渡期，要求这一期间加强巩固拓展脱贫攻坚成果同乡村振兴有效衔接，但调研发现很多脱贫村并不明确该如何衔接，主要任务就是巩固脱贫成果，确保不发生规模性返贫，而对如何推动乡村振兴，过渡期前两年并没有明确的措施和有效办法，这也成为二者耦合协调性不高的原因。

7.2 衔接面临的结构性难点与挑战

7.2.1 脱贫农户规模性返贫潜在风险依然存在

在党中央的集中统一领导下，新疆各族群众经过不懈努力，到2020年与全国一同实现了全面脱贫目标，"两不愁三保障"绝对贫困问题得到彻底解决。但由于南疆四地州整体发展相对滞后，脱贫水平质量并不高，巩固拓展脱贫攻坚成果的任务还比较繁重。一是"三保障和饮水安全"脱贫质量还不高，需要进一步巩固。在脱贫攻坚阶段，南疆脱贫人口的吃和穿"两不愁"问题得到了彻底解决，但在教育、医疗、住房和安全饮水、义务教育控辍保学方面成还需进一步巩固，困难学生资助救助政策体系尚需完善；因病返贫致贫长效机制尚需完善，对脱贫人口疾病分类救治措施尚需优化；农村低收入群体住房安全尚需进一步加强，危房改造质量安全管理仍待提高；脱贫地区农村饮水质量不高，供水尚不稳定等问题依然存在。二是脱贫人口收入水平相对较低，还存在一定规模的低收入人口易返贫致贫。2020年新疆贫困地区农村居民可支配收入为13 052元，较全疆平均水平低1 004元，较全国平均水平低4 079元。尽管脱贫后农村绝对贫困人口已经全部彻底消除，但脱贫地区还存在一定规模的脱贫不稳定户、边缘易致贫户，以及因病因灾因意外事故等刚性支出较大或收入大幅缩减导致基本生活出现严重困难户，这些低收入人口依然存在致贫返贫风险。这些群体一旦产业经营失败，劳动力大量失业，或者发生重大意外事故，导致家庭收入骤减或者家庭支出骤增，将出现返贫致贫，直接影响脱贫攻坚成果。加之，近几年疫情持续蔓延，在一定程度上影响了农产品销售和乡村经济发展。三是自然灾害频发风险冲击易导致返贫。自然灾害与贫困之间具有显著的正向相关性，是导致大规模返贫、致贫最直接的诱因。表现在南疆四地州本身农业生产水平和设施相对较弱，气候、水土、病虫害等自然地理因素对农业生产的影响就比较高，农业生产对自然环境的依附性比较高，一旦灾害发生会给当地农业生产带来较大的冲击，一些农业生产条件相对低的地区农民依然无法摆脱"靠天吃饭"的窘迫境界。另外，南疆四地州是新疆地震灾害频发高发的地区，区域内近年来多次发生地震灾害，给当地农户家庭和农牧业生产带来了直接损失，这些灾害的发生对于本身抗逆力不足的大多农户来说，会成为返贫致贫的重要因素。

此外，搬迁安置群众可持续生计问题依然面临挑战。目前南疆四地州搬迁群众主要以集中安置为主，一般安置群众都以社区方式进行集中管理，很多农户居住的楼房无法满足粮食存储、畜禽饲养需求。还有一些安置点距离农民生产区相对较远，有些农户不得不往返于居住地和生产区之间，无形中也增加了农业生产成本。与以前相比，农户在居住地小区生活也增加了日常食品采购、小区物业管理等费用的开销。调查中有农户说道，"我觉得住楼房还是不习惯，以前住的老房子周边可以种地、种菜、养畜，都习惯了，关键生活花钱也少。"也有部分安置区周边建设有卫星工厂等，但一般工厂的月工资水平在2 000~3 000元，对年轻人的吸引力非常有限。而且很多安置区工厂是在脱贫攻坚期间给予大量的便利条件和财政支持下建设运行起来的，也解决了一定比例的搬迁群众就业问题，但进入乡村振兴阶段，如何在有限的资源条件下，继续让搬迁人口能够实现就业增收，避免出现返贫或产生新的贫困问题，这也成为当前亟待破解的难题之一。

7.2.2 空间区域发展结构性障碍依然明显

空间区域发展不平衡，是发展不平衡不充分的具体表现，也是主要诱因。这种区域发展不平衡体现在区域生态环境脆弱、不同区域间经济发展水平差异大、城乡收入差距、农户间贫富差距大等方面。正是这种不平衡，在一定程度上制约了农村结构性贫困治理与乡村振兴的有效充分衔接。一是生态环境脆弱，恢复难度大。南疆四地州面临着生态环境恶劣、历史上过度开发和土地利用不合理导致土地退化和荒漠化现象，土壤质量下降，植被覆盖率下降。同时，不合理的农业管理措施加剧了生态环境恶化，如过度灌溉、不合理施肥等，导致农村地区生态系统变得更加脆弱，很难在短时间内恢复。加之气候变化影响，生态系统恢复更加困难。同时，不合理的农业活动也加剧了农村生态环境恶化。例如，不合理的施肥和农药使用造成土壤和水源污染，过度开垦和放牧导致土地退化和荒漠化。二是区域发展水平差距大。由于历史、地理资源等各种原因，新疆区域间经济发展水平存在较大差异，北疆地区由于地理环境相对优越、交通条件较好，经济总量高于南疆地区，2021年北疆地区生产总值占新疆地区生产总值的69.9%，而南疆地区仅占30.1%；北疆地区产业结构相对多样化，主要以农业、工业和服务业为主，而南疆地区产业结构相对单一，对农业依赖程度较高，经济发展潜力有限，增加了经济发展的风险。另外，北疆农村除了农业生产以外，农村劳动力外出务工比例相对较高，而南疆地区则以种植棉花、红枣、核桃等经济作物为主，对农产品市场的依赖程度较高，一旦市场出现波动，就会对农民的收入造成较大影响；另一方面，新疆整体农业技术发展水平相对较低，没有形成以现代农业、科技装备和农业科技为支撑的农业生产格局，南北疆差距尤为明显，南疆地区由于经济社会发展相对滞后，缺乏资金和技术支持，农业技术发展受到限制。三是城乡收入差距大。统计局数据显示，自脱贫攻坚任务完成以来，2020—2022年间新疆地区城乡收入比为2.48、2.42、2.32，均小于全国平均水平，新疆城乡收入差距在一定程度上呈现出缩小趋势，说明新疆在脱贫攻坚和城乡一体化方面取得了显著成效，虽然城乡收入比逐渐缩小，但城乡收入的绝对差距不断扩大。此外，南疆地区的城乡收入比远高于新疆平均水平，以和田地区和克州为例，2020年两地区的城乡收入比分别为3.14和3.36，远远高于新疆平均水平，城乡收入差距明显。从城乡居民收入来看，2022年新疆农村居民收入为16 550元，与全国平均水平差距3 583元，而克州和和田地区农村居民收入为8 907元、9 733元，远低于全国和全疆平均水平，不仅限制了当地居民的生活质量，也制约了农村地区经济发展。四是农户之间贫富差距大。在南疆农村农户之间贫富差距近些年来有扩大趋势。这种农户之间贫富差距不仅体现在家庭收入水平方面，还体现在生计方式选择、住房设施条件和教育软性支出等方面。在对南疆四地州入户调查的616户农户中，家庭总收入在20万~50万元的农户有14户，占总调查户数的2.27%；家庭总收入在10万~20万元的有117户，占18.99%；家庭总收入在5万~10万元的有243户，占39.45%；家庭总收入在1万~5万元的有182户，占29.54%。可见，家庭总收入10万元以上的农户依然是乡村居民中的绝大多数，占调查总户数的69%。调研还发现，中低收入家庭大多受限于家庭人口结构和劳动力数量，而导致务工收入较低，家庭收入水平也因此不高。特别是遭遇有重大疾病困扰的家庭，若再面临老人照料和子女上学等多重压力，就会明显限制家庭劳动力外出务工，只能依靠家里种植的农作物和少量牛羊养殖收入。

7.2.3 农业产业发展结构性问题突出

由于受到水土资源、产业结构、产品市场等因素的制约，南疆四地州农业产业发展中仍然存在一定的结构性问题，产业发展的可持续性受到挑战。一是水土资源结构性矛盾突出。新疆是我国典型的季节性缺水大区，且南北疆时空分布差异明显，水资源安全问题非常突出。南疆塔里木河流域内因受水土等资源约束限制，农业生产和产业结构调整空间和规模有限，流域内农业主导产业培育发展壮大难度大，特别是水资源约束矛盾尤为突出，成为农业结构优化升级的最大障碍。在水资源利用上，2021年南疆四地州农业用水量264.47亿立方米，已超出自治区控制红线要求，流域内农作物种植结构与水资源时空分布不均的矛盾非常明显。特别是农业灌溉春旱缺水问题突出，春季来水量不足全年来水量的10%。在土地资源利用上，南疆耕地资源分布不均且质量不高。根据第三次全国国土普查数据，全疆耕地突破1亿亩，人均耕地面积4.1亩，但在南疆和田地区、喀什地区，受耕地资源少、人口多等因素限制，人均耕地面积不足2亩，耕地资源极为紧缺；同时南疆耕地质量水平不高，高标准农田占比低，耕地平均等级为5.22等，一至三等优质耕地仅占耕地总面积的25.12%，均低于全国平均水平。二是南疆农林间作种植结构面积大，可持续性面临挑战。南疆四地州林麦间作面积约占小麦面积的60%，其中和田地区占83.9%，喀什地区占64.4%，阿克苏地区占56.3%。随着果树成林郁闭度加大，林下小麦产量和质量呈明显下降趋势，2020年三个地区小麦单产较2015年下降了40~65千克/亩。据调研，和田地区林粮间作地小麦亩产仅为240~270千克，核桃亩产量几十千克，均较全疆平均水平低100千克左右。此外，南疆低产郁闭果园面积大，标准化程度低。据调查，全疆标准化果园面积占林果总面积的比重不足40%。为了追求高产，枣树栽培多为矮化密植模式，每亩均种植枣树80~400株，还有极少枣园高密栽培，每亩达800株上下。香梨主产区有近30%的梨园由于冻害而造成缺株、树势衰弱，产量较低，树龄在30年左右的老梨园约占40%。苹果生产以传统的乔冠稀植栽培模式为主，约占总面积的90%，以农户为单位的分户种植管理是苹果生产的主要方式，管理难度大，人工成本高，标准化技术实施困难。三是产业化水平低，一二三产业融合不够。南疆四地州农业产业主要集中在种养生产环节，很多产品销售依然是以"原字号"产品为主，农业产业化整体发展水平低，龙头企业带动能力弱，生产、加工、销售链条不完整，现有农产品加工转化率仅达40%，低于全区平均水平。加之很多产业发展基础设施条件差，劳动力素质不高，尚处于培育发展中，技术含量较低，产品远离主销售市场，运输成本大，易受市场波动风险影响。同时，部分地方政府对产业发展依然仅关注生产，而没有太多关注产业发展链条，依然是以抓农产品生产为主，而没有过多关注产业发展，抓的依然是农业产业的某一个环节，而没有去整体抓产业体系建设。另外，企业与地方政府对当地"土特产"挖掘不够，目前乡村旅游开发模式较为单一，缺少特色产业与乡土资源深度融合，如缺乏特色农业"+人文""+体育""+旅游""+体验""+生态""+康养"等多业态融合发展。四是产业可持续发展难度大。在脱贫攻坚期间，部分扶贫产业是政府通过行政干预，给予特殊资源配置，从而催生出产业发展，而这些产业对特殊扶持政策依赖性极高。据调研，在南疆四地州很多地县都鼓励发展服装鞋帽、鸽兔养殖、木耳等"扶贫车间"产业，而这些产业由于在很多县市存在高度"同质化"问题，导致脱贫攻坚目标任务完成后，市场需求不景气，很多"扶贫车间"倒闭关门。外加在地方政府给予这些产业相应的扶贫资金注入后，一般会要求企业在一定年限内按照一定比例分红给贫困户，但由于很多扶贫产业盈利周期长，企业经营和分红比较困难，有的需要依靠政府补贴才能勉强维持生存下去。这些现实困境使一些扶贫产业陷入保留还是淘汰的僵局，甚至有些企业在脱贫攻坚完成后的2~3年直接破产走人，"产业兴旺"就无从谈起。五是小农户在规模化经营中被挤出。户均不足10亩田，人均不足2亩地是南疆四地州农户家庭经营土地规模的现状，要推动土地适度规模流转也是一个逐步渐进的过程。但近年来各地在政府的引导下，在加快推动土地流转速度，通过引进企业和扶持大的合作经营组织，加速推动土地规模化经营。而在这个过程中有相当部分小农户土地流转后被挤出了农业生产领域，而又没有找到合适的就业岗位，明显存在排挤小农户，却在垒大户的情况。六是农业现代化对农村现代化发展传导存在结构性障碍。党的十八大提出了新型工业化、信息化、城镇化和农业现代化，又称为"新四化"；到了党的十九大，中央首次提出了"农业农村现代化"的概念。经过近40多年的发展，即便在南疆四地州这样的相对贫困地区，农业机械化、规模化和信息化水平都取得了较快发展，尤其是近些年来现代农业发展迅猛。但在现实中农业"增产不增收"的现象依然存在，尤其是粮食生产上这种现象尤为突出。这种现象背后的一个重要运行机理是，国家现有的农业政策和体制不足以支撑农业现代化向农村现代化传导和转变，两者之间不存在共同性和传导性（王春光，2021）。这除了国家在控制粮食等农产品价格外，由市场机制决定的生产资料和劳动力成本价格在快速上涨也是重要因素。

7.2.4 乡村社会福利建设结构性短板明显

乡村社会福利主要是乡村建设发展中具有普惠性的基础设施、公共服务等建设，其具有明显预防返贫的功能作用，同时对乡村产业发展也具有长期的溢出效应。近年来，通过脱贫攻坚和巩固拓展脱贫成果的推动实施，南疆四地州农村经济社会发展水平有了明显提高，但乡村基础设施、公共服务和信息化等乡村福利供给依然明显不足，与广大人民群众日益增长的美好生活需求不相适应。一是农业生产经营性基础设施相对滞后。相对完备的生产性基础设施硬件条件，是推进乡村全面振兴的先决条件，也是实现乡村共同富裕的前提条件。长期以来，由于南疆四地州各县市财政能力有限，在农业生产经营方面的投入不高，农业生产经营设施相对薄弱，农业现代化基础设施和水利等设施建设水平相对低下，特别是在一些相对偏远的沙漠腹地乡村，生产经营基础设施投入强度明显不足。特别是用于农业生产经营的基础电力、农田渠系、节水灌溉、产业道路、电商、仓储物流等服务设施建设投入明显不足。而这些农业生产经营性基础设施支撑条件和供给能力，直接阻碍了乡村产业振兴和共同富裕的扎实推进。二是农村生活性基础设施供给不足。在长期的城乡二元发展模式主导下，城乡基础设施和公共服务条件差异化逐步显现。在脱贫攻坚阶段，贫困地区在基础设施和公共服务等领域加大投入建设，尤其是在安全饮水、安全住房、教育和医疗等方面得到有效改善，有力提升和扩大了贫困人口的发展能力和机会。但由于南疆原深度贫困地区在这些方面长期历史性欠账多，在很多服务领域、服务水平和服务质量上，依然很难满足当地居民生产生活基本需求。尽管在公共教育、医疗卫生、社会服务和住房保障等这些基本公共方面有了极大改善，但服务质量和水平还不高，突出表现在教学水平不高、优秀教师缺乏，甚至在很多少数民族地区连国语教师都很紧张。在医疗服务上，基层乡村医生尤其是全科医生缺乏，医生医疗水平不高，对稍严重些的疾病，基层医疗机构很难有效开展治疗。另外，除了水电路等乡村基础设施外，在乡村厕所建设、乡村生活垃圾收集处理、污水集中处理和村容村貌美化提升等方面，短板问题还很突出，这些设施建设还存在较大缺口。除以上基本公共服务外，对于提升贫困人口信息获取和交通便利性的公共交通、通讯、网络基础、广播电视等服务设施，对于提升贫困家庭生计能力的培训、社会福利、金融服务、农业保险等服务水平，对于增强儿童、老人、残疾人等弱势群体所需要的社会救助、养老、社会福利设施等，在这些方面的公共服务水平条件与贫困地区居民需求还存在较大差距。加之，南疆四地州是全国原深度贫困地区"三区三州"之一，集中了全疆90%以上的贫困人口，虽然到2020年底实现了消除绝对贫困现象，但南疆地方财政自给能力低，2020年四地州财政自给率仅为12.35%，远低于全疆26.70%的水平，可见南疆贫困地区自我发展能力还十分薄弱。三是数字乡村建设有待加强。要推进乡村全面振兴，数字乡村建设是战略方向，要实现共同富裕，推动数字乡村建设也是必然要求。据调研，目前南疆部分乡村在开展数字乡村建设试点，但面对新的发展需求，大多数乡村在数字基础设施建设、数字治理、智慧农业、数字经济、数字文化、数字服务等方面还存在明显短板。同时，围绕乡村数字化建设的立法政策、保障制度、机制及标准等还存在很多空白和不足，在很大程度上限制了乡村数字化在推动全面振兴和共同富裕中的作用发挥。四是基础公共设施运行维护难。在脱贫攻坚阶段，由地方政府指导自上而下的乡村公共设施投入不断提高，但由于建设和管理存在"两张皮"现象，而且重建轻管的现象长期存在，加之管护费用缺乏，同时部分公共设施投入建设中存在与当地农户需求错位的问题，不仅影响了公共服务功能的发挥，甚至一些路灯、体育设施、公共运动场所等已经损坏或拆除，如不维修保护，不少公共设施将逐渐废弃。

7.2.5 县域城乡融合中存在多维结构性张力

县域是城乡融合的重要载体，党的十八大以来新疆城镇化建设取得了长足发展，许多县城通过规模扩张、园区建设和功能提升，带动了县域城镇化的发展。截至2022年新疆常住人口城镇化率为57.89%，较2012年提高了13.91个百分点。县城在重塑城乡关系、破除城乡二元结构、重构县域城乡功能等方面还存在空间结构失衡、要素结构失衡和产业结构失衡等多维结构性张力。一是存在县域层面的空间结构性张力。由于长期的重视城市而轻视乡村的二元结构，导致在县域层面存在明显的城乡空间开发机会不均等，资源、人口和经济等在空间布局上存在不协调。出现县城空间大规模扩张与农村劳动力转移不协调的结构性矛盾，农村产品资源供给地与城市消费地空间错位；随着城镇化建设用地需求的不断扩张，乡村农业用地和生态用地的空间不断受到挤压，生产、生活和生态空间结构性矛盾逐步凸显；受到城乡二元土地管理模式的制约，限制了农村转移人口的市民化与农村土地利用效率，导致县域城市建设的城镇化高于县域城镇人口的城镇化。二是存在县域层面要素流动的结构性张力。土地、人才、技术与资本等要素，受到城乡二元诸多因素限制，在城乡之间双向流动受到阻碍，供需不匹配。长期存在要素从乡村流向城市不平等模式，导致出现乡村衰败的"空心化"困境，加剧了县域层面城乡之间发展的不平衡性与乡村发展的不充分。据调研，近些年南疆部分县城存在冠以工业园区、经济新区、开发区等名义，"多业并举、多头推进"的开发模式加大资源资金投入，财政资金投入存在碎片化、分散化、条块化等现象，资金投入存在重复性、不协同和分散等普遍现象，导致资源要素配置失衡和低效。三是县域层面存在产业发展的结构性张力。县域层面三次产业内部结构不协调，产业结构与就业结构发展不协调。一方面是存在工业与农业产业发展的城乡分离现象，表现在城乡产业之间不衔接，所加工的产业并非乡村所种养发展的产业，也并非乡村的特色优势资源。很多县域产业没有形成完整的产业链，产品附加值极低。即便有些县域在加快推动加工业发展，但由于缺乏总体设计和准入"门槛"偏低等，导致同质化初级加工业较为普遍。另一方面，就是产城融合水平低，表现为"有城无产"或"有产无城"。更多县市表现为热衷于"造城运动"，造新城、建新区，但却没有支柱产业，产业集聚规模小，城市缺乏就业机会，难以吸引人才集聚。很多城市热衷修马路、盖高楼，财政投入很大，但在教育、医疗、社会保障性住房等公共服务方面发展滞后，无法为农业转移人口市民化提供必需的公共服务需求，导致产业工人流动性强，城镇发展后劲不足（陈文胜等，2023）。

7.3 小结

本章运用耦合协调模型，测算分析了南疆区域结构性贫困治理与乡村振兴有效衔接过程中时空耦合关系，得出了二者在时空范围内的有效耦合协调程度。同时，从多维视角探寻二者衔接过程中面临的结构性难点与挑战。得出如下结论。

结论1：从耦合度上看，除个别年份外，南疆四地州农村结构性贫困治理和乡村振兴耦合度均大于0.8，表明南疆四地州结构性贫困治理和乡村振兴处于高度耦合态势，其结构性贫困治理与乡村振兴之间具有很强的影响作用。从耦合协调度上看，南疆四地州农村结构性贫困治理与乡村振兴耦合协调度总体呈增长态势，但协调度目前不高。2012—2019年期间基本在0.2~0.4区间增长，表明南疆四地州农村结构性贫困治理与乡村振兴耦合协调状况属于失调类型，2020年以后协调度也仅在0.3~0.5，表明2020年以来，南疆四地州农村结构性贫困治理与乡村振兴耦合协调状况由中度失调类型向基本协调转变。

结论2：在农村结构性贫困治理中，从各维度贡献度看，过去十余年间，南疆四地州在经济贫困治理和空间贫困治理上取得的成效较为突出，在城乡二元治理和文化贫困治理上还有待提升。从乡村振兴各维度贡献上看，产业振兴和生态振兴发展相对较快，文化振兴与城乡融合还有待加快提升。同时，耦合协调度评价结果表明，党的十八大以来，南疆四地州在农村结构性治理与乡村振兴衔接过程中，尽管二者发展具有明显的相关性（促进或抑制），即二者的耦合度很高，但实践发展中存在明显地重视脱贫治理而忽视乡村振兴，即二者的耦合协调度总体不高的现象。

结论3：当前，南疆四地州农户脱贫水平和质量不高，规模性返贫风险依然存在，表现在"三保障和饮水安全"脱贫质量还不高，需要进一步巩固；贫困人口的收入水平相对较低，还存在一定规模的低收入人口易返贫致贫；自然灾害频发风险冲击易导致返贫。此外，搬迁安置群众尽管解决了小尺度极端空间贫困问题，但进入乡村全面振兴阶段，如何实现安置区的产业可持续发展和搬迁人口就业增收，依然面临严峻挑战。

结论4：南疆四地州在农村结构性治理与乡村振兴统筹衔接中面临有结构性的衔接难点和挑战。其中，在空间区域发展上存在生态环境脆弱、区域发展水平差距大、城乡居民收入差距大、农户内部之间贫富差距大、农户分化加剧等问题。农业产业发展衔接中存在水土资源结构性矛盾突出、农林间作面积大、一二三产业融合不够、产业可持续面临困难、农业现代化与农村现代化发展不存在传导共同性等结构性问题；乡村社会福利建设衔接中存在乡村农业基础设施投入不足、生活基础设施及公共服务能力仍待改进提升、数字乡村建设滞后、服务设施维护难等结构性难题。城乡融合中存在县域城市建设城镇化高于城镇人口城镇化、城乡发展要素双向流动受阻、存在"有城无产"或"有产无城"等诸多结构性张力。

第 8 章

新疆农村结构性贫困治理与乡村振兴统筹衔接体系建构

第8章 新疆农村结构性贫困治理与乡村振兴统筹衔接体系建构

8.1 衔接演进建构与运行逻辑

8.1.1 衔接演进建构

我国农村结构性贫困治理由来已久,国家对农村结构性贫困治理行动从来也没有停止过。自20世纪80年代提出的"三西"扶贫,到后期的14个集中连片贫困带扶贫,再到2017年"三区三州"深度扶贫,其实质都是结构性贫困治理的生动具体实践。但我国真正开始全面系统地开展农村结构性贫困治理,应该是党的十八大以来在精准扶贫方略下的脱贫攻坚治理行动,脱贫攻坚期间实施的一系列"超常规"反贫困治理举措具有系统性的显著"结构化"治理特征,也为我国农村结构性贫困治理提供了一套行之有效的总体性解决方案和经验借鉴。之后,随着我国社会进入巩固拓展脱贫攻坚成果同乡村振兴有效衔接过渡期,推进乡村全面振兴,迈向共同富裕发展新阶段,每个阶段农村结构化治理理念都将始终贯穿其中。也就是说,如何有效推动农村结构性治理与乡村振兴统筹衔接这一问题会持续存在。只是在不同发展阶段,农村社会结构化治理对象、治理举措会发生变化。面对当前巩固拓展脱贫攻坚成果同乡村振兴过渡期,南疆农村结构性贫困治理的对象已经从过去脱贫攻坚期间的贫困人口转变为过渡期的脱贫人口、监测对象;结构性治理举措重点是巩固"三保障"成果,拓展衔接乡村振兴;随着过渡期结束,推进乡村全面振兴将成为新疆"三农"工作的总抓手,南疆农村结构性贫困治理对象也将从过去过渡期的脱贫人口、监测对象逐步转向全体农村居民、欠发达地区。结构性治理重点任务也将转向解决好乡村全面振兴问题,解决好乡村之间、城乡之间发展不平衡不充分问题,目标是实现全社会共同富裕(图8-1)。

8.1.2 衔接战略逻辑

脱贫攻坚目标任务的完成,标志着长期困扰我国农村绝对贫困问题得以彻底解决,也从实质上缩小了贫困村与非贫困村的发展差距,在一定程

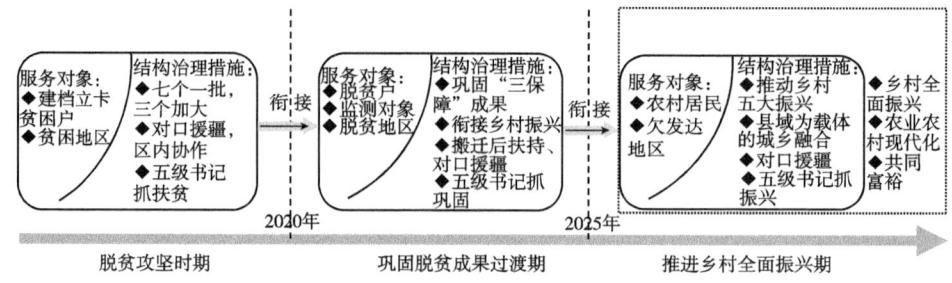

图 8-1　南疆农村结构性贫困治理与乡村振兴衔接演化建构

度上缓解了农村内部发展不平衡问题。站在新的发展阶段，面对我国社会新的社会矛盾，城乡区域发展不平衡、农业农村发展不充分的问题依然非常突出，而要有效解决这些问题，需要用结构化的治理思路加以应对。而随着脱贫攻坚战的胜利结束，巩固脱贫成果、衔接乡村振兴、扎实推动共同富裕这一系列重大战略举措，正是针对我国当前社会主要矛盾，通过破除农业农村社会发展中"不利结构"，搭建农业农村社会发展中的"有利结构"，最终解决城乡区域发展不平衡、农业农村发展不充分的问题。应该说，农村结构化治理理念会始终贯彻于从脱贫攻坚到乡村振兴，最终再到实现共同富裕的全过程。不同阶段结构化治理衔接关系与不同时期重大战略衔接逻辑关系是内在一致的，也是衔接一体的。为此，本研究在探讨农村结构性贫困治理与乡村振兴统筹衔接逻辑关系时，重点探讨的是从脱贫攻坚到乡村振兴整个过程中几大战略之间的内在衔接逻辑。

8.1.2.1　脱贫攻坚与乡村振兴战略衔接逻辑

从共性上看，脱贫攻坚、巩固拓展脱贫攻坚成果防止返贫，推进乡村全面振兴是一个有机联系的衔接整体。首先，目标上是完全相通的。可以看到，实现"两个百年"奋斗目标既是脱贫攻坚的任务，也是乡村振兴战略要达到的目标。全面建成小康社会，实现第一个百年奋斗目标，是脱贫攻坚战的治理目标，这个目标是以解决"两不愁三保障"问题以及贫困地区农民人均可支配收入增幅高于全国平均水平、公共服务指标水平与全国指标水平接近作为衡量标准（高强，2019b）。脱贫攻坚完成后，有大量需要巩固的成果，巩固拓展脱贫成果，有效防止返贫，是对前期精准扶贫成果的进一步延伸,是巩固党执政根基的需要(黄承伟,2023)。应该说,巩固脱贫成果的目标是为了防止返贫,而巩固脱贫成果未来发展的方向是衔接乡村振兴。第二个百年奋斗目标作为乡村振兴战略的着眼点,乡村振兴的目标是全面建成社会主义现代化强国。总之,脱贫攻坚战、巩固脱贫成果与衔接乡村振兴战略之间,相互衔接,相互联系,逐步深入,不断提升。在每一个阶段整体治理过程中,均有社会经济等多重结构,体现了阶段性和连续性的内在统一。其次,内容上具有共融性。无论是脱贫攻坚,巩固脱贫成果,还是乡村振兴,都是从产业发展、搬迁扶持、乡村建设、公共服务、乡村治理、民生保障和工作体制机制等结构性治理方面做出系统化、制度性安排,以解决"三农"发展中存在的突出问题。三是主体上具有一致性。贫困群体既是脱贫攻坚的对象,也是脱贫致富的对象。帮扶对象的主体性主要体现在,贫困人口是项目实施的主体、乡村治理的主体,也是乡村建设的主体。而政府的主体性体现在,政府是帮扶的主体、是社会动员的主体,也是巩固脱贫成果的责任主体(高强,2019b)。在乡村振兴战略实施中,农民群体的主体性也同样需要得到发挥,这种主体性突出表现在乡村振兴的动力来自农民、意愿也出自农民,一切治理行动的出发点和落脚点在于维护农民群众的根本利益,始终以"人民为中心"。同样,在不同的发展战略阶段,农民主体性要得以真正体现,就要通过培育新型经营主体、加强村集体经济发展壮大、培育健全自治组织等方式,提高农民与现代农业的有机衔接性,而不能仅仅认为通过提高农民的个人技能和参与度即可(高强,2019b)。四是体制和工作机制的延续性。脱贫攻坚最终取得决定性胜利,党的领导体制机制创新是核心。具体说,党的定点帮扶和区内协作机制、东西部协作机制、社会力量参与机制是脱贫攻坚取得决定性胜利的三大机制。中央统筹、省负总责、市县抓落实,是脱贫攻坚战取得胜利的工作机制;同时,在这个过程中建立了行业扶贫、专项扶贫和社会扶贫的大扶贫格局。这些行之有效的领导体制和工作机制,展现出了我国社会主义国家的制度优势和巨大的政治优势。为当前巩固拓展脱贫攻坚成果、有效衔接乡村振兴提供了有力的工作基础和制度保障;很多好的工作机制和领导经验在新的发展阶段被吸取和嫁接,并进行创新转化发展，有力巩固了脱贫攻坚成果，防止了规模性返贫。

从差异性上看，首先，实施时间节点上存在差异。精准扶贫和脱贫攻坚是党的"十八大"以来提出，目标是到2020年贫困人口"两不愁三保障"问题得到彻底解决，确保现行标准下农村贫困人口全部脱贫，贫困县全部摘帽，区域性整体贫困问题得到解决（闫红，2016）。党的十九大提出乡村振兴战略，实施期限为2018—2050年，这期间分为三步走实现，即制度框架和政策体系到2020年基本形成，到2035年乡村振兴取得决定性进展，基本实现农业现代化和农村现代化（黄宝力，2021）。而在两大战略衔接过程中，即2021—2025年国家设立了过渡期，时间期限为5年，这个阶段的任务，一是巩固脱贫成果，二是逐步衔接乡村振兴。其次，服务对象上存在差异。建档立卡贫困户、贫困人口是脱贫攻坚帮扶对象，而且这些对象的确定是有一定标准和条件的，贫困人口确定后其退出时要达到相应标准才行。而在各类扶贫政策执行过程中，贫困县与非贫困县、贫困村与非贫困村、贫困户与非贫困户之间有严格执行限制，享受政策也存在较大差异（高强，2019b）。但在乡村全面振兴阶段，其服务对象是全部乡村和乡村人口，这个阶段更加注重整体性、协同性和关联性。实施政策具有普惠性，而非针对某些特殊群体。在两大战略衔接阶段，也就是说在过渡期内，虽然脱贫了，但还不稳定的农户，一些家庭条件并不富裕的边缘户，因为灾害、交通等意外事故发生较大支出或收入减少的农户，这些人群将被纳入监测服务对象。三是治理内容目标存在差异。脱贫攻坚解决的是贫困人口不愁吃穿，住房、教育和医疗要有保障问题，贫困人口收入要达到一定标准（张红霞，2021）。而乡村振兴是要持续解决乡村相对贫困问题，是要从教育、医疗、养老和社会保障等多维度，建立乡村发展和乡村建设长效机制和增收致富机制。在两大战略过渡期内，实现"一个确保、一个衔接"是重要的目标，即确保不发生规模性返贫，有效衔接乡村振兴。四是存在微观精准施策和宏观整体谋划的差异。脱贫攻坚体现在"五个一批""六个精准"的精准扶贫和精准脱贫方略，在巩固脱贫成果阶段聚焦精准监测、精准帮扶策略，强调的是对每一位出现贫困或返贫的对象，找到致贫返贫原因，制定差异化帮扶措施，实施因人施策，因户施策。

到了乡村振兴阶段，更加强调区域协调发展，目标是推动农业现代化和农村现代化，二者要协同推动。

8.1.2.2 推动乡村全面振兴与共同富裕衔接逻辑

从内涵上看，所谓共同富裕是指发展成果大家共享，而且也享有平等的机会，不仅物质上富有，而且精神上也要富足。应该说全面全民性、共建共享性和循序渐进性是共同富裕具有的特征。在脱贫攻坚和小康社会取得全面胜利后，国家提出了乡村振兴和共同富裕战略，这是对脱贫攻坚战略深化拓展和政策体系的延续。就乡村振兴与共同富裕内在逻辑看，二者具有的背景和长期实现目标是统一的。具有相互促进、相辅相成、紧密联系的内在关系（杨涛，2023）。

第一，二者的愿景目标具有一致性和辩证统一性。"共同富裕"的概念是1953年中央提出的，当时将共同富裕定义为"使农民能够逐步摆脱贫困的状况而取得共同富裕和普遍繁荣的生活"。邓小平1992年在南方谈话中指出，社会主义的本质是解放和发展生产力，消灭剥削，消灭两极分化，最终走向共同富裕。2017年党的十九大提出共同富裕"两步走"目标，到2035年全体人民共同富裕迈出坚实步伐，到2050年全体人民共同富裕基本实现的目标任务。乡村振兴战略提出了两阶段奋斗目标，在2018年印发的《中共中央、国务院关于实施乡村振兴战略的意见》中明确提出，到2035年乡村振兴战略取得决定性进展，农业农村现代化基本实现；到2050年，乡村实现全面振兴，农业强、农村美、农民富全面实现。可见，二者的战略愿景目标具有内在的统一性和一致性。

第二，推进乡村全面振兴是最终实现共同富裕的必由之路和应有之义。一方面，只有通过推进乡村全面振兴，农村生产力才能得到充分解放和发展，共同富裕才能有扎实的物质基础。要实现乡村振兴，首先就要推动乡村发展，尤其是要通过强化农业发展基础，转变农业生产经营模式，积极推动全产业链建设，推动三次产业融合发展。其次，就是要推动乡村建设。立足乡村基础设施和公共服务短板，强化基础投入，提升服务质量和能力，推动城乡融合发展。创造丰富而充裕的物质文化生活资料，促进农村迈向共同富裕，为全体人民实现共同富裕奠定坚实基础。另一方面，推进乡村全面振兴，要持续健全城乡体制机制，为共同富裕提供制度政策保障。习近平总书记指出，巩固农村基本经营制度，走共同富裕之路。二十大报告指出，要巩固和完善农村基本经营制度，深化土地制度改革，完善农业支持保护制度，推进乡村全面振兴。要深化农村土地制度改革，在教育、医疗、养老等方面加大建设投入，避免出现公共资源分配不均，贫富差距被持续拉大。在投入和政策上，要坚持农业农村优先发展战略，持续推动城乡融合发展。要破除城乡间要素流动壁垒，推动要素均衡高效流动，而这些重大举措明显具有结构化治理的显著特征（杨涛，2023）。同时，推动乡村振兴能有效缩小城乡收入差距。可以说，乡村振兴是新时代"三农"工作的总抓手，是实现全体人民共同富裕的必然要求。目前，尽管我国常住人口城镇化率已经达到65%以上，但仍然有近5亿人口生活在农村，而且每年在城乡之间流动的农民工人数达2.6亿人以上。即便到了2035年，城镇化率达到70%以后，我国仍然有4亿多人口在农村生活（陈锡文，2018）。因此，如果农村共同富裕问题得不到有效解决，全体人民共同富裕就是一句空话。

第三，共同富裕是乡村振兴战略的价值指向，也是乡村振兴最终要实现的目标。一方面，共同富裕具有全民性特征。乡村振兴坚持以人民为中心的发展理念，最终目标是让广大人民实现共同富裕，过上幸福生活。即便在过渡期内，乡村振兴也是将守住不发生规模性返贫作为一条底线任务，通过聚焦产业发展、乡村建设、乡村治理和深化改革等治理举措，做大农业农村经济"蛋糕"，让广大人民群众的获得感、安全感和幸福感得到持续提升（杨涛，2023）。另一方面，共同富裕的共建共享性，为乡村振兴明确了主体力量。坚持农民群众的主体力量始终是乡村振兴必须要坚持的。乡村振兴以共富为引领，探索广大农民群众实现共同富裕的实现机制，需要有效行动路径，人民群众对美好生活的向往得到满足，全体人民福祉得到提升。同时，共同富裕作为乡村振兴实施效果的重要依据，乡村要实现全面振兴，不仅要发展好产业，而且要建设好乡村；不仅要物质丰富，人民富裕，而且要精神富足，乡风文明。总之，要实现共同富裕，乡村振兴是前提，只有乡村实现全面高质量振兴，共同富裕目标任务才能算完成。同样，共同富裕为乡村振兴树立了目标追求，也是乡村振兴的目标导向，也才能有序指导乡村振兴沿着科学的谋划和有序的方向前进。

8.1.3 衔接运行机理

社会往往是在一种结构化的模式中运行，结构的含义不仅仅是要打破一些传统固有不利结构，还要善于搭建一些新的有利结构；过去我们比较强调用结构的思路去分析问题产生的原因，但面对新的社会矛盾，要求我们更要善于用结构的思路去改造客观世界。换言之，在新的发展征程上结构主义不仅是用来分析问题的，更是要用来解决问题的。农村社会结构性治理是一项系统工程，其贯穿于脱贫攻坚、防止返贫、有效衔接、乡村振兴和共同富裕这样一个不断演进变化的动态全过程。社会结构治理系统包括在不同阶段国家制度安排和发展战略，市场交换系统治理、各方参与主体的行动治理等。其中，国家的法律、政策具有强制性，会导致"供给强制性制度变迁"。国家制度安排作为最高的制度约束，对区域经济、社会、文化等演进发展具有显著的影响；同时，也是各方参与主体行动的"过滤器"，其嵌入到区域经济社会发展部门之中，通过整合或者排斥，改变系统运行属性、交换秩序，管控或制造风险、增进或削减行动能力，从而影响区域社会经济运行。市场交换系统治理强调的是发挥市场机制的作用，在要素流动配置、主体行动激励、产权保护中发挥市场机制作用。但是历史经验表明，完全放任的自由市场政策会导致市场和政府的二元对立，也会造成市场和资本缺乏监管，从而形成区域发展的"马太效应"。为此，在社会结构性治理过程中，构建起高效运行的"有效市场+有为政府"，应成为农村社会结构治理的一项重要目标。

在农村社会结构性治理所贯穿的各项发展战略中，在脱贫攻坚与巩固脱贫成果阶段所采取的结构性治理，总体属于扶贫工作体制范畴。其中，在脱贫攻坚阶段，在新疆维吾尔自治区党委和政府的统一领导下，贫困县市各级政府针对当地多维贫困现状，采取了一系列"超常规"举措，开展了针对性的"靶向治理"，有效破解了南疆农村社会经济发展中长期存在的"不利结构"和原深度贫困县市存在的"贫困陷阱",最终在2020年与全国同步实现了现行标准下贫困人口的全部脱贫。脱贫攻坚目标任务完成后,巩固拓展脱贫攻坚成果,防止出现规模性返贫就成为当下扶贫工作的重要任务。核心就是通过对低收入易返贫人口的监测,持续巩固"三保障"脱贫成果和饮水安全,实施行之有效的精准帮扶等多维治理举措,守住不发生规模性返贫底线。在巩固脱贫成果的同时,通过对脱贫乡村治理对象、治理范围和实施政策的拓展提升,在开展产业帮扶的基础上,推动乡村基础设施和公共服务建设,到2025年实现巩固拓展脱贫攻坚成果同乡村振兴的全面衔接。

在进入推进乡村全面振兴、扎实迈向共同富裕发展新阶段,所采取的结构性治理总体属于农村工作体制范畴。这个阶段结构性治理的对象由前一个阶段的贫困人口、监测对象转化为全体农村居民,由原贫困村转向所有农村地区。其核心治理举措就是要围绕农村居民对美好生活的需求和乡村发展不平衡不充分的新矛盾,通过持续巩固脱贫成果,在夯实乡村全面振兴的基础上,推动乡村产业高质高效发展,畅通城乡发展要素流通,切实保障改善民生,优化国民经济三次分配结构等一系列"有利结构"的建构,高质量推动乡村全面振兴,不断提高农业农村现代化水平,最终实现共同富裕(图8-2)。

总之,在农村结构性贫困治理与乡村振兴整体全过程衔接中,即在脱贫攻坚阶段重点是围绕"不利结构"的破解,巩固脱贫成果阶段是"有效治理结构"的拓展,在到从推动乡村全面振兴实现共同富裕阶段的"有利结构"大规模建构过程中,农村结构性治理机制要聚焦立体化、全域化和动态化多维度展开。一是农村结构性治理衔接要注重宏观到微观的一体化推进。宏观层面就是要通过在国家层面构建统一的政策框架制度,用于规范治理行动主体的运行规范和预期程度。乡村治理要坚持综合性和法治化的方向,依托乡村振兴促进法,明确乡村治理理念原则、权力履行和监督问责等情形。中观层面就是要打造信息畅通和资源高效整合的合作机制,打造政府各部门之间、政府与社会单元之间的共享机制,实现治理效能的最大化和治理主体间的联动响应。微观层面要充分发挥非正式制度的优势,

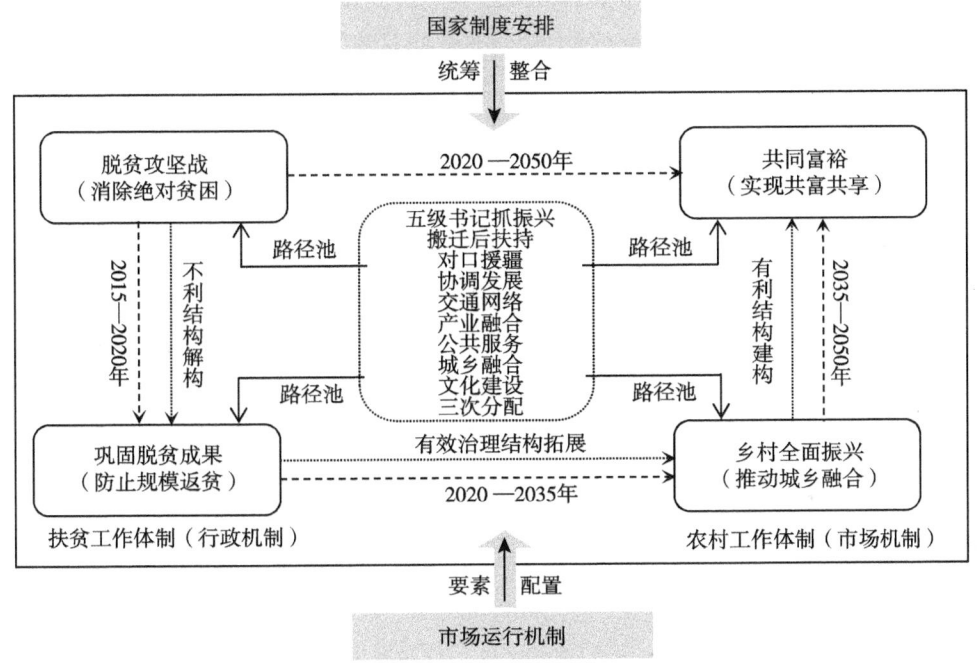

图 8-2 南疆农村结构性治理与乡村振兴统筹衔接运行逻辑机理

与正式制度有效衔接,在乡村基层起到"嵌入弥合"的作用,用于软化正式治理制度执行的刚性(李松有,2020)。二是农村结构性治理衔接要统筹从个体到整体的全域化过程。首先要将农村结构性治理置于国家多元化治理体系的互动关系中予以考量,要始终善于从经济、政治、社会、生态和文化等多元化结构中推动治理衔接。其次要将统筹城乡发展置于极为重要的位置推动结构性治理衔接。要在畅通城乡要素双向流动、推动城乡公共服务均等化中推动农村结构性治理的深化发展。同时,在农村结构性贫困治理衔接过程中,要充分集成运用好脱贫攻坚阶段区域发展政策、开发式扶贫政策、精准扶贫政策,破除乡村不同群体的外部限制和阶层流动障碍。同时,要注重财政投入保障、基础设施和公共服务投入政策、科技和人才支撑政策,发挥结构性治理的普惠性、广覆盖性。三是要建立农村结构性贫困治理衔接的动态化调适长效机制。由于在统筹衔接的不同发展阶段,治理的目标任务差异大,这需要在不同阶段的责任机制、工作机制、乡村发展、乡村建设和乡村治理机制，能力建设与监督考核机制等方面进行动态化调适，从而使农村结构性治理衔接具有常规化和长效化的动力保障与制度保障。

8.2 结构性治理多维衔接路径

进入新时代，南疆农村结构性贫困治理与乡村振兴统筹衔接问题，必须强化系统观念、整体观念和动态观念，要科学把握巩固拓展脱贫成果，推进乡村全面振兴，实现共同富裕不同阶段性重点任务和推进时序，注重多维度并进，多目标平衡，重点从空间区域结构治理、产业振兴结构治理、公共服务短板治理、推动城乡融合发展和弘扬乡村文化建设结构治理等维度着手，从根本性、接续性、长期性一体化推进农业现代化和农村现代化，实现乡村全面振兴，迈向共同富裕。结构性治理多维衔接路径如下。

8.2.1 空间地理结构性衔接路径

南疆四地州由于其所处的地理位置和特殊的生态地理环境条件，空间贫困和生态贫困问题始终较为明显。通过有效的空间贫困治理措施，能显著改善因地理资本缺失，导致社会排斥所形成的弱势积累。在脱贫攻坚期间，国家通过易地扶贫搬迁、对口援疆区内协作等措施，在一定程度上缓解了空间贫困问题。脱贫攻坚任务结束后，面对推进乡村全面振兴，实现共同富裕新目标，南疆四地州空间生态贫困问题还需进一步拓展创新。在新发展历史阶段，本研究认为应重点从以下几方面进一步巩固拓展和创新空间结构性衔接路径。

第一，下大力气高质量做好易地扶贫搬迁后续扶持工作。脱贫攻坚期间，新疆共有16.92万贫困人口进行了易地扶贫搬迁安置。为实现这些群众由"搬得出"向"稳得住、能致富"稳定转变，需要持续高质量做好搬迁区后续相关工作。首先，提升安置区基础设施和公共服务软硬件条件。安置区脱贫人口的生活质量、生产条件和发展前景，与安置区公共服务基础设施条件建设水平密切相关，也是搬迁人口幸福感、获得感的重要体现因素（武汉大学易地扶贫搬迁后续扶持研究课题组，2020）。这些基础条件建设水平会显著影响搬迁群众的行为选择，限制或促进搬迁人口的可持续发展。要结合各安置区实际需求，进一步完善供水管网设施建设，推进供电和电网增容改造，同步完善配套污水处理设施、休闲娱乐活动场所，畅通外界交通干线与安置区的衔接。在公共服务供给上，在推动新型城镇化规划与建设中，要考虑将安置区教育、医疗、养老和产业等配套设施纳入统筹建设，不仅要解决安置区公共服务供给"有没有"的问题，更要提高公共服务质量解决"好不好"的问题。在安置区教育资源供给上，要充分考虑随迁子女上学需求，在编制、经费等投入上给予考虑倾斜。对国语普及率不达标、推广压力大的安置区，鼓励当地职业技术学校、高等院校等给予帮扶支持。要结合安置人口规模，合理配置完善安置区社区医院、卫生站、医疗诊所等机构。要重点关注解决好搬迁人口中的失独老人、留守老人等养老问题。推动医养结合养老供给服务体系建设，完善社区养老功能，整合县乡养老资源。积极对接援疆省区，探索"医联体""医共体"多种医疗资源整合。要平稳衔接各项社会保障政策，简化社保转移流程，强化农村低保、新农保等与易地扶贫搬迁政策的衔接。据调研，在和田于田县达里亚布依乡达里亚布依村，曾经被传说成"最后的沙漠部落"，于2019年9月底361户村民全部搬出了这个沙漠腹地。时隔四年后，达里亚布依村在"搬得出"后，基本实现了"稳得住""能致富"的目标。从搬迁前的笆子房，贫困发生率高达80%，到现在新村安置区蓝瓦白墙二层小楼，实现了通电、通路、通水、通光缆、通电视，有了学校、卫生室、文化活动室、休闲广场、超市、社区服务中心等，完全实现了"五通七有"的目标，结束了没有信号、常年无电，居民用水难、就医难和上学难的历史。安置区中心小学孩子们能熟练使用"班班通"，设立有于田县医共体总院达里雅布依乡分院。依托当地沙漠腹地原生态"最后的沙漠部落"人文资源，打造出3A级旅游景区，同时将新村200余户房屋改造为民宿客房，增加旅游收入。组织全村700余人劳动力在于田县技工学校进行养殖、电焊、泥瓦工、缝纫工等培训，在周边工业园区实现就业增收。

第二，做好非贫困村与原贫困村、非贫困户与原贫困户之间的平衡协调发展问题。由于脱贫攻坚期间贫困村、贫困户享有大量特殊优惠政策，导致原贫困村收入超过非贫困村并且差距被逐步拉大，非贫困村村民的剥夺感增加。表现在非贫困村基础设施相较于原贫困村相对较差，贫困村在经过几年的脱贫攻坚扶持后，基层党组织能力水平明显提升，相较非贫困村反而组织力量相对薄弱。另外，在脱贫攻坚期间，由于所有的贫困村都实现了驻村工作队全覆盖，而且对深度贫困村还派遣的有扶贫第一书记，这样贫困村的村风、村情、村貌等都有了很大的改善提高，村里老百姓的向心力得到大幅提高，主人翁意识得到不断增强。而相比之下，非贫困村村干部和群众就会感受到明显的离散倾向。为此，在巩固脱贫成果，推进乡村全面振兴过程中，要特别关注原贫困村和非贫困村的均衡协调发展，不能为了巩固脱贫成果而不考虑非贫困的乡村振兴，需要在乡村全面振兴中协调推进原贫困村和非贫困的统筹发展。其次，从农户层面看，脱贫攻坚期间，贫困户享受有入户产业发展，教育、医疗等大量的补贴，而这些对于非贫困户来说都无法享有。但在贫困户和非贫困户认定过程中，政策规定是一旦高于贫困户收入标准的边缘户即为非贫困户，而这些非贫困户并不能享有相关扶贫政策，包括不能享有特殊的就业政策。据调研，在南疆和田地区农业产业化企业调研期间，该企业负责人说，"作为老板，我更愿意带动非贫困户，他们在厂里上班工作更加努力，而那些贫困户家里有政府帮助，动不动还不愿意来上班。"为此，在巩固拓展脱贫攻坚成果，全面衔接乡村振兴的过程中，要全面了解不同类型村庄、不同类型农户的现实发展需求，处理好非贫困村与原贫困村、非贫困户与原贫困户之间的资源分配公平性问题。

第三，加大生态环境治理力度，推动生态保护与开发和谐共生。在党的十九届五中全会上，将"人与自然和谐共生"作为中国现代化的重要建设目标，提出要完善生态领域统筹协调机制，构建生态文明体系，推动社会经济绿色转型，建设人与自然和谐共生的现代化。为此，南疆四地州在推动乡村全面振兴、实现共同富裕的过程中，生态环境治理应重点从以下方面进行推动。一是要持续加大对环塔里木盆地周边防沙治沙工程建设。持续实施好新疆"三北"防护林体系建设工程、退牧还草工程、小流域综合治理与水土保持工程。同时，推动绿洲内部沙化土地综合治理，按照查漏补缺的原则，选择农田边、绿洲边缘防护林带不完善区域，营造防风固沙林体系。构建塔里木盆地绿洲内部防护林体系，从而使绿洲始终处于一种人工创造的庇护环境下。以防护林工程建设和封沙育林建设推动绿洲外围治理工程，有效地保护绿洲生存和发展。二是要积极做好生态产业开发利用与保护并举，实现生态效益与经济效益双赢。在绿洲外围沙漠地区，通过种植红柳大芸、梭梭大芸等产业不仅加强了对绿洲外围沙漠治理保护，同时能够有效发挥沙漠红柳、梭梭特殊功能，发展大芸产业，为当地群众增收致富创造新路径。据调研发现，近年来和田地区于田县结合当地生态地理条件，通过在沙漠边缘沙地种植红柳、梭梭等生态林，支持在红柳、梭梭根部接种大芸，推动沙漠生态治理与发展沙产业相结合。县里通过为农牧民免费发放大芸种子，开展大芸种植技术培训，成立大芸种植农民专业合作社等措施，迅速扩大大芸种植规模。目前，全县大芸种植规模达到18万亩，产量3万吨；为进一步延伸大芸产业链，于田县成立了中药材交易市场。截至2023年，市场已入驻商户59家、合作社16个、种植经销大户43户，建有烘干房45座，采收季节市场每天收购大芸80~100吨，产品销售到全国各地。于田县大芸产业的发展，真正实现了"既要绿水青山，也要金山银山"，为当地群众增收致富开辟新路径。

第四，持续推动完善内引外联重大交通网络基础设施建设。交通基础设施建设规模和空间网络布局对乡村发展影响作用重大。从短期看，大量交通建设项目投资可以显著带动当地农民工就业，从而增加他们的收入水平。从长远看，交通网络设施完善，能有效扩展农产品销售半径和区域范围，促进城乡消费市场加快融合，畅通农产品进城便捷性，降低交易成本，提升农产品市场竞争力，带动农业产业结构优化调整，提升农村人口收入水平。同时，交通基础设施可以显著提高人流、物流和信息流流动效率，降低农产品社会物流成本，从而显著提高整个社会运行效率，从而使农村人口从交通基础设施条件改善中受益。近些年，新疆重大交通网络基础设施建设发生了巨大变化，交通运输服务能力得到大幅度提升，交通领域科技创新水平显著提高，交通治理现代化能力大幅提升。2021年新疆交通网里程达59.87万千米，其中，铁路运营里程0.78万千米，公路里程21.73万千米，民用航线里程34.89万千米，管道输油里程2.48万千米。全年旅客周转量425.32亿人千米，货物周转量3 578.82亿吨千米。截至2023年新疆高速公路里程已突破7 700千米，机场数量已达到25个。为此，在推动南疆乡村全面振兴、实现共同富裕过程中，要通过发挥有效投资的关键作用，在南北疆积极加快建设东联西出的铁路运输网、通行便捷的公路网、干线支线联通的航空网、高效运行的商贸物流网和绿色低碳的算力网。特别是要围绕南疆四地州，围绕高速公路、农村公路、客运货站、口岸陆港、自由贸易试验区等，新建、续建一批交通基础设施项目，加快推进交通基础设施互联互通，加快完善南疆现代化综合立体交通网。

8.2.2 产业发展结构性衔接路径

产业是乡村全面振兴的根基和核心。在巩固拓展脱贫成果、推进乡村全面振兴促进共同富裕的进程中，推动产业结构性治理要紧紧围绕一产，做强农业生产基地，加大发展二三产，拓展延伸产业链，实现乡村产业发展"以一为主，接二连三"的产业发展业态，只有这样才能有效改变过去南疆农业产业长期停留在始终以"种养为主"的农业产业生产阶段，而是通过结构化治理实现乡村产业结构的改进和优化跃迁。

第一，持续加大南疆农田水利基础设施建设，推动农业适度规模化经营。首先是加大南疆高标准农田建设力度。南疆农业生产中存在的突出问题是农林间作和分散化小规模种植问题，南疆四地州仅林麦间作面积占小麦面积的60%以上，其中，和田地区占83.9%，喀什地区占64.4%，阿克苏地区占56.3%。随着果树成林郁闭度加大，林下小麦产量和质量呈明显下降，2020年三个地区小麦单产较2015年下降了40~65千克/亩。在推进南疆乡村产业结构性治理中，要抓住国家当前推进高标准农田建设力度，提高高标准农田建设标准的有利契机，加快推动南疆基本农田高标准化建设。通过开展林果疏密、土地平整、土壤改良、灌溉排水、农田防护、田间道路和生态治理等措施，提高农田耕地质量和水平，改善农田生产条件，推动适度规模化经营，改变南疆农业生产中长期小规模分散种植的不利结构,提升农田抗旱防洪抗风险能力。调研发现,当前南疆部分地方政府已开始意识到推动高标准农田建设的重要性,意识到这是一项抓根本、利长远的事情,值得下大力气推动建设。据调查,阿克苏地区已累计完成高标准农田建设规模759万亩,其中仅2023年就完成78.8万亩,力争2025年实现永久基本农田全部建成高标准农田。其中,柯坪县作为阿克苏地区两个脱贫县之一,2023年在5个行政村共投资2.6亿元,完成6 300亩高标准农田建设。其次,要优化配置和合理利用水资源。据相关部门统计,截至2021年南疆地区建有水库189座,库容95.45亿立方米,共有大中型灌区151处,实际用水量仅占水资源可利用量的85%左右;干支斗渠系防渗率60.3%,其中干渠为77.4%,支渠为63.8%,斗渠为53%,渠系水利用系数为0.64,亩均灌溉定额在610立方米左右。总体看,水源开发利用还存在一定潜力,仍需加大推动建设。南疆水资源时空分布不均,春季来水量不足全年来水量的10%,缺水问题突出。要确保南疆农业产业高效种植生产,就要持续深化水资源管理体制改革,建立统一的水资源管理体系。要按照"以水定地与以地找水相结合"原则,坚持地表水充分利用、水库水优化调蓄、地下水合理开采,制定科学精准供水计划,保障农业生产用水。以南疆为重点,加快构建水网骨干网络,加大渠系与灌区骨干工程连接,推广田间高效节水和农业节水技术,提高水资源节约集约利用效率。深化农业水价综合改革。确保南疆农业灌溉用水需求,从根本上破解结构性、工程性缺水难题。再次,要下大力气加大盐碱地治理,积极发展适宜产业。新疆是我国盐渍化土壤分布最大的地区,而南疆又是新疆盐渍化土壤最大的区域。要始终将盐碱地治理作为一项长期任务、一项常态化工作,通过采取规模化、连片化治理模式,实施分类推进治理,对没有产生次生盐碱化的灌区,以预防为主;对已经产生次生盐碱化的灌区,采取防治并举,对盐碱地取得成效的灌区,以巩固提升为主。同时,坚持做好选种、整地、施肥、灌溉等环节,坚持不懈,久久为功。

第二,打造一批国家级和自治区级现代农业产业园区,为特色优势主导产业发展提供强有力的支撑平台。现代农业产业园是在规模种养基础上,通过"生产+加工+科技",聚集现代要素和经营主体,加快产业全环节升级全链条增值，全面推行绿色生产方式，创新科技集成和联农带农方式，形成有明确的地理界限和一定区域范围、建设水平比较领先的现代农业发展平台。为此，南疆四地州在巩固拓展脱贫攻坚成果、推动乡村全面振兴过程中，各县市要紧紧围绕当地特色优势主导产业，每个县市集聚3~6个乡镇，选择1~2个主导产业，科学合理布局建设一批现代农业产业园。一是通过产业园建设做大做强主导产业，依托当地优势特色主导产业，建成规模化原料生产大基地，培育农产品加工大集群和大品牌。二是产业园建设要能有效集聚市场、资本、信息、人才等现代生产要素，力争把产业园打造成技术先进、金融支持有力、设施装备配套的现代技术和装备加速应用集成区。三是产业园建设要构建起生产、加工、收储、物流、销售于一体的农业全产业链，挖掘农业生态价值、休闲价值、文化价值，推进一二三产业融合。四是产业园建设要积极发展绿色生态种养业，强化品牌培育，推进农业绿色化、优质化、特色化、品牌化，推动农业由增产导向转向提质导向。另外，通过建立产业园内农民分享全产业链增值收益的利益保障机制，推动发展合作制、股份制、订单农业等多种利益联结方式，显著带动农民增收。

第三，实施一二三产业融合发展，推动产业链优化升级。坚持市场导向，持续推动种养规模化、标准化、品牌化和绿色化发展，深入挖掘南疆四地州特色产业优势，发挥当地"土特产"优势，开发乡村多元价值，拓展农业多功能性。同时，推动农产品加工业加快发展。围绕县域特色优势主导产业，开展农产品产地初加工、农产品精深加工，副产品综合利用加工等，实现农产品价值多层次、多环节增值转化。紧紧围绕农业产业链，优化布局农业科技链、人才链，助力农产品全产业链加速推进。大力发展乡村旅游，围绕乡村生态涵养、康养休闲、大漠风光、民宿体验等业态，深度挖掘乡村多元价值，改变乡村产业原始结构形态（白永秀和宁启，2021）。据调查，在阿克苏地区柯坪县骆驼产业园，围绕骆驼养殖、驼奶加工、文旅融合、产业延伸的目标，建设标准化养殖与生态农业双循环为一体的绿色生态养殖示范基地，主要用于规模养殖与农业循环示范经营，打造成新疆骆驼标准化养殖示范基地。目前已建成标准化骆驼圈舍17栋，饲养能繁母驼和种公驼 2 000 峰以上，年产奶 1 000 余吨，已提供稳定就业岗位 100 余个。该项目坚持以扩量、增奶、树品牌为重点，用政策"小扶持"撬动骆驼"大投资"。推行"加大建圈奖励、全额贷款贴息、提升外购补助标准、保险半额补贴、示范户扶持奖励、发放奶罐、建立奶站"等政策奖励，积极引导农户集中圈养奶驼，吸引社会投资加入骆驼产业发展。2022 年发放奖励资金 300 余万元，撬动社会资本和民间资本近亿元，实现了农民致富、企业增收。在产业延伸与产品升级方面下功夫，谋划和启动"旅游+产业"融合发展战略，推进养殖观光基地提档升级，展示骆驼文化。

第四，促进乡村社会化服务加快发展。以促进农民共同富裕为导向，聚焦农业产业高质量发展，加快建设一批乡村新产业新业态。做大做强农产品流通业，支持一批农产品加工流通企业做大做强，实施农产品加工业提升计划，鼓励企业向产地下沉、向园区集中。加快推动以乡村电子商务、物流快递为主的乡村现代服务业发展，完善县域商业体系建设，提高物流网络在乡村的覆盖度。积极发展农产品电商直采、农产品定制生产等销售模式，实施"互联网+"农产品出村进城工程，推动形成"一村一品"产业融合发展模式（杨涛，2023）。据调查，在和田地区墨玉县现代农业产业园，园区通过积极引进培育电商和网络信息科技企业，发挥电商公共服务中心和 65 家电商服务站点作用，引导园区内 10 家企业在京东、天猫、快手、抖音和 832 网等电商平台实现当地农产品电商销售额 0.8 亿元，有力带动了当地农业产业快速发展。

8.2.3 公共服务结构性衔接路径

对于南疆四地州乡村刚刚摆脱绝对贫困的脱贫人口，绝大部分仍属于低收入人群，仍然存在基本公共服务供给不足或匮乏的现状，由于受到资金和技术人才的限制，这一现实并未发生实质性改变或明显改善，这也成为这些地区推进乡村全面振兴的一块明显短板。在脱贫攻坚期间，通过精准扶贫识别出来的贫困人口及致贫因素，包括因病致贫、因学致贫、因残致贫和因交通不便等致贫；这些致贫因素，站到巩固拓展脱贫攻坚成果、全面衔接乡村振兴新阶段，其实质上表现为公共卫生服务和医疗保障不足、公共受教育水平和机会不足、基础道路和公共交通工具不足、兜底保障和避灾机制不健全、职业技能培训和社会化服务不足、缺乏普惠金融支持等，这些最终会导致生活在其中的人口出现"机会缺失"和"能力不足"的问题。为此，在推动乡村全面振兴、实现共同富裕发展的新阶段，坚持以基本公共服务均等化为减贫战略方向，推动以机会均等为基础的减贫战略，保障乡村人口获得基本公共服务的权利和公共服务享有的机会，使他们免于因机会剥夺或能力不足导致返贫（李卓等，2022b）。到2020年，经过脱贫攻坚建设，乡村基础设施和公共服务有了较大提高，但新疆乡村生活污水治理率不足30%，对生活垃圾进行处理的村占比不足90%，乡村卫生厕所普及率为60%。对标宜居宜业和美乡村建设要求，乡村在人居环境整治、基本公共服务、防汛抗旱和供水保障、数字乡村建设、共富乡村建设等方面还存在较大差距。为此，在南疆四地州公共服务结构性衔接路径上，要大力学习运用"千万工程"经验，主要从以下方面着力推进。

第一，推进宜居宜业和美乡村建设。要学习运用好"千万工程"经验，深刻领会"千万工程"的内涵与精髓，从结合南疆四地州乡村自身实际与特点出发，不能简单照搬照抄浙江乡村做法，将"千万工程"蕴含的发展理念、工作方法和推进机制应用到实施南疆人居环境的整治提升，推进宜居宜业和美乡村建设上来。一方面，在厕所改造上，要积极探索适合南疆气候环境条件的使用技术产品和改厕模式，将具备条件的乡村振兴示范村推进厕所与生活污水处理同步实施建设一并纳入管护。分类梯次推进南疆乡村生活污水治理，逐步推动农村生活垃圾分类收运处置体系。充分利用驻村工作队、村两委的动员优势，建立常态化乡村清洁制度，开展定期村庄清洁行动，提升村容村貌。总之，在推进宜居宜业和美乡村建设上，要重视乡村"外在美"与"内在美"的融洽，重点是在"和"字上下功夫，即要很好体现乡村人居硬环境与软环境之"和"、乡村多元文化之"和"、乡村治理体系（自治、法治、德治）之"和"。

第二，持续加大乡村基础设施和公共服务设施建设投入。一方面要加大对乡村道路（村道）、垃圾分类集中处理、污水治理、厕所革命、村容村貌最基本的基础设施建设投入外，随着经济社会的发展，农村居民对人居环境的需求也在不断增强深化，除了以上五个方面，还要在数字乡村、农村物流网络、文化乡村、共富乡村等方面加大建设力度，同步推动新型乡村基础设施建设。另外，要不断提升农村基础教育质量，特别是南疆农村儿童基础教育，持续推动国语教育，提升义务教育阶段师资水平，阻断相对贫困的代际传递。推动优质资源向农村流动，积极利用对口援疆优势条件，推动远程对口网络教育。通过开展技能培训和文化教育，提升农村人口的普遍文化素质，为乡村振兴创造良好的发展条件。

第三，推动数字乡村建设。以乡村数字化为抓手，推动乡村新质生产力发展。一是要强化顶层设计，推动多元主体协同参与。南疆目前尚不具备大规模开展数字乡村建设的现实条件，要积极统筹国家和自治区部门力量，做好新疆数字乡村建设顶层设计，稳步有序推动试点示范，同时逐步建立健全数字乡村发展政策支持体系和相应配套机制，营造有助于乡村振兴各主体协调参与的外部政策环境。二是积极开展数字化乡村应用场景建设。乡村数字化场景应用要以南疆乡村群众的基本需求和存在的治理问题为导向，比如从教育、医疗、交通、党建、政务公开等方面进行系统设计和应用场景设置。同时，要加强网络安全、信息安全建设，维护好用户的私人权益，降低采集分析风险等。三是数字乡村要注重与产业发展互嵌。围绕乡村特色优势产业数字化建设，通过数字化建设促进乡村一二三产业融合发展，畅通产业供应链、循环链，有力催生乡村新产业新业态、新模式，通过微店、淘宝店铺、直播电商等途径，打造全方位新网络农产品销售平台。

第四，提升乡村公共服务供给和运营能力。要着力推动基本公共服务资源、权力和管理下沉到乡村，真正推动县域内义务教育资源、医疗卫生资源等基本公共服务落地见效。扎实推动农村居民平等享受普惠性民生政策，增强社会保障的共享性和公平性。另外，要完善乡村公共服务多元供给机制。要重视引入市场机制和社会力量，这是乡村建设和环境治理有效性、持续性的重要因素。也就是说，乡村建设既要力求有效供给，又要重视对建成项目的有效管护。对乡村建设项目的治理与管护，要重视引入市场机制，将社区建设公共品转化为市场品。对于具有公共属性的乡村建设设施，有效的营运管护是乡村公共设施可持续利用的重要保障。政府要在义务教育、公共文化体育、医疗卫生服务、社会保险等领域发挥直接供给与主导作用。在非基本公共服务领域，积极引入市场机制，采用竞争招标、特许权经营、公私合作、使用者有偿付费等多种形式推动建设实施（杨涛，2023）。可以说，南疆不同地区的乡村建设，要从自身发展实际出发，在体现乡村建设普惠性、基础性和兜底性的同时，也重视体现乡村建设的动态发展性，使乡村建设能更好地体现乡村发展功能。

8.2.4 城乡融合结构性衔接路径

建立健全城乡融合发展的体制机制和政策体系，是实施乡村振兴战略的制度性保障。乡村振兴只有在逐步改变城乡二元结构的体制过程中才能真正得以实现，只有改变城乡二元体制才能改变乡村长期处于资源要素净流出的不利地位，才能在城乡资源要素互动中吸纳新资源新要素，从而与农村原有的资源要素进行重新组合和优化配置，提高乡村经济效率与质量，使乡村居民获得更加充分的就业机会和更加丰厚的收益。为此，建立健全南疆四地州结构性城乡融合衔接路径，重点要从两方面着手发力推动：一方面是要破除二元结构体制，让愿意进城、能够进城的农业转移人口更加顺利地转为市民；另一方面是如何把城市在经济社会发展中所产生的新质资源不断地输入乡村，与乡村传统特色资源要素结合，发展出新的生产方式和生产力。

第一，加快推动农业转移人口市民化。随着南疆四地州国语教育水平的不断提高，新生代农业转移人口会逐步增加。从全国层面看，改革至今，我国常住人口城镇化率有了明显提高，目前大体在65%。也就是说常住城镇人口已经超过了9亿人，常住乡村人口已经不足5亿人，这对于我们这样一个人口大国来说，已经是一个巨大的社会进步。但是要看到的问题是，尽管我国常住人口的城镇化率达65%上下，但是我国户籍人口的城镇化率仍然不到50%，我国常住人口和户籍人口的城镇化率之间差距有16~17个百分点，也就是说常住城镇人口中有2.6亿~2.7亿人是已在城镇工作但未能够在城镇落户的农民工及其家属。同样在南疆四地州，据调查随着近些年新生代的长大，也有相当比例的年轻人不愿意在乡村种地，而更愿意外出去大城市或周边县市务工。比如在城市做小买卖，在宾馆做服务员，或从事汽车修理、美容美发、家政服务等。尽管近些年国家和地方政府层面，都推出了一系列城镇户籍制度改革的措施，但是我们看到的结果是城镇户籍人口比重提高的进展仍然很不明显，其核心在于没有可供落户的稳定住房，特别是进入到稍大一些城市的农村转移人口，大部分人是以租赁的方式居住在私人的出租房屋中，而这样落户就成为一大难点。为此，需要通过落实对进城农民工落户实行租售同权政策，租房和买房都享有市民权，一定条件下无论是否有房均可落户，也要让转移人口家庭成员能够享受与城市居民在教育、医疗、养老等方面的同等公共服务政策。特别是要解决孩子在城市义务教育阶段结束之后能不能在当地考高中、考大学等一系列突出问题。

第二，以县域为重要切入点，推动城乡公共服务融合发展。以县域为单元推动城乡融合是一个比较现实可行做法，特别是对于发展相对滞后的南疆四地州地区更是如此。在县域范围内，县城、乡镇、村庄都是在县域空间之内，这些空间区域之间的融合具有现实的必要性和必然性。首先，在区域布局安排上，要将产业发展、基础设施和公共服务在县域层面进行统筹，建设过程要一体设计、一并推动。要在县、乡、村层面形成布局衔接、功能互补的城乡公共服务体系。要将资源整合调配的更多主导权留给县级，实现资源在县域范围内优化配置。目前，城乡最直观、最明显的差距体现在二者的公共服务与基础设施差别上，要坚持农业农村优先发展方针，这个优先要体现在政策安排与公共资源配置上，以便让公共资源能够更好地落实到乡村。其次，在推动乡村基础设施和普惠共享的公共服务体系建设上，要把农民群众最关心、最直接、最现实的利益问题放在首位去解决。要推动农村教育优先发展，基层卫生服务体系不断完善，基本养老保险制度不断健全，农村老人、妇女和留守儿童关爱服务体系不断健全，特别是对困难群众的兜底安全网和急需救助人员救助网不断进行完善（习近平，2019）。

第三，以县域为重要载体，推动城乡产业融合发展。南疆四地州乡村振兴，关键在于乡村产业兴旺；乡村产业发展必须以强农为根本，在农业不断强化的基础上，延伸融合出其他产业发展，这些新的产业发展才会有根基、才会有源头、才能够持续。要注重以县城为中心，以产业园区、产业强镇为载体，推动产业集聚发展。一是要注重延伸农业产业链，提升产品附加值。按照规模化、片区化集中连片的思路，在做好种植业、养殖业的基础上，向前延伸产业链，延伸到加工、仓储、物流、营销；同时，利用新技术新科技开展农产品精深加工。二是充分运用数字化、信息化技术赋能乡村产业。要注重把智慧农业、数字农业等新质生产力嵌入到传统农业中去，改变传统农业以手工、劳动力为主的生产方式，大幅度地提高生产效率和效益。三是积极推动农业社会化服务加快发展。近年来南疆四地州高标准农田建设在加快推进，土地流转规模呈上升趋势。随着农业科技的快速发展，大户和新型经营主体种地规模在快速提高。通过发展农业社会化服务，帮助农户和新型经营主体种地和服务，推动服务规模化，有效降低农业生产成本，提高种植效益。

第四，合理引导城市资源进入乡村发展。城乡融合的另一个关键问题是打破长期以来资源城市偏向问题，有序引导城市资本、人才、技术主动流向乡村，成为推动乡村振兴的重要构成要素。首先，要持续深化农村土地制度改革，让土地制度能很好适应城乡一体化发展的迫切需要。要充分利用市场机制，深化农村宅基地试点改革，完善配套政策，为城乡融合发展提供土地保障。其次，要扎实推进宜居宜业和美乡村建设。乡村建设要引入多元投入市场机制，关键是要惠及民生，让老百姓切实感觉到，进而使其心态变化、思想变化，然后就有了发展的动力。乡村建设不仅要把乡村建设好，更加注重乡村公共产品的运营管理。这样才能更好地发挥乡村人居环境的改善效应和乡村营商环境改进的叠加效应，才能把乡村自然与人文生态优势转化为经济社会发展优势，进而促进乡村产业振兴的联动溢出效应。要充分借鉴浙江"千万工程"经验，久久为功，推动乡村建设，不仅要改变乡村的人居环境，而且也要改变乡村的发展理念、营商环境、产业结构、公共服务、治理方式以及城乡关系，只有这样才能有效引导城市资源要素主动流向乡村。

8.2.5 乡村文化建设结构性衔接路径

在推进乡村全面振兴，实现共同富裕的道路上，要重点从以下方面推动乡村文化建设结构性治理与乡村振兴统筹衔接。

第一，持续加大国家通用语言普及和职业技能培训。一方面，在南疆四地州持续推动国家通用语言学习和使用。持续深入推动学前教育全部使用国家通用语言文字，在义务教育阶段实行国家通用语言文字教学，夯实国家通用语言文字教育教学覆盖基础。在学校、机关、新闻出版、广播电视等公共服务领域，做好国家通用语言文字达标工作，持续推动南疆四地州公共场所使用国家通用语言文字交流规定。努力提高教师使用国家通用语言文字综合应用能力、语言文化素养和教学能力。提高少数民族青壮年劳动力国家通用语言培训与普及，提高劳动力就业能力（赵妍，2023）。另一方面，要在南疆四地州大力发展农村职业教育，大力实施南疆优质中等职业学校和职业教育质量提升工程，在人口较多的县市，高质量办好一所中职学校；在人口较少的县市，办好能承担就业技能培训的机构或职业学校。在南疆四地州实施职业学校教师素质提升计划，推动"双师型"培训基地。推动技能培训与职业教育融合发展，推动产教融合。

第二，加强乡村人才引育，强化共同富裕支撑。人才是乡村振兴的第一资源，也是最关键、最重要的资源。要实现乡村全面振兴、共同富裕的目标，需建立健全人才引育培养机制，具有重要的现实价值。首先，吸引人才流向乡村基层。通过制定引才政策，搭建创新创业平台，吸引更多外出农民工、大学毕业生、退伍军人等来乡村创业就业。采取免费师范生招聘、选调生招考和企事业单位招聘等多种方式，吸引社会各界人士投身到南疆乡村振兴事业发展中去（杨涛，2023）。要在土地流转、贴息贷款、职称竞聘和职务晋升等方面，给予返乡创业人员优惠政策。要在新疆"5+2"人才计划上，加大对南疆四地州基层人才的倾斜支持。其次，要加大本土人才的培养培训。四地州各县市政府，要紧密结合地方人才需求，推动与大专院校共建"订单式"人才培养计划，特别是针对南疆乡村振兴领域需要的"乡村规划""农村电商""乡村管理""产业经营"等专门人才,实施专项人才培养培训。出台政策引导高校、科研院所与四地州乡村基层共建产学研合作基地、院地产业研究院等新型研发机构。持续加大对南疆乡镇村干部,采用分层次、分专业等方式分期分批进行轮训,切实提高基层干部的领导力和执行力。再次,充分利用援疆机制,促进与对口援疆省区人才双向流动。持续在南疆基层选派优秀基层干部,前往对口援疆省区挂职,学习内地省区先进观念、思想和工作作风。采取组团式支农、支教、支医,委托培养、两地培训等多种方式,加强对四地州科教文卫等各领域的支持和帮扶(吴丰华,2023)。

第三,要始终坚持做好欠发达地区的"扶智扶志"工作。要始终将帮扶过程与扶智扶志有机结合。关键是要调动脱贫群众的主动性、积极性,引导他们从"要我致富"向"我要致富"转变。要让他们发扬自力更生精神,树立主人翁意识,不是等着来帮扶,而是要依靠自己的不懈努力去改变贫困状况。正如习近平总书记曾指出"贫困群众既是脱贫的对象,也是脱贫致富的主体"。为提升部分脱贫人口内生动力,要通过统筹安排相应资源,提高脱贫地区基础教育、职业技能培训等投入力度,依托"访惠聚"驻村工作队为后盾,大力培养本土化乡镇领导干部,引领带头不断提升乡村群体发展能力,丰富他们的文化生活,有效激发农户的内生发展动力。始终要将宣传教育引导村民积极生活作为一项重要任务,让农户过上现代文明的新生活方式,通过常态化组织各种文体娱乐活动、感恩教育和弘扬中华传统文化等,使广大村民在各类丰富多彩的文体活动中,主动激发他们生活的内生动力,铸牢中华民族共同体意识。

8.3 衔接支撑保障体系建构

农村结构性贫困治理与乡村振兴统筹衔接是一项系统性工程,其贯穿于从脱贫攻坚到推动乡村全面振兴,扎实迈向共同富裕全过程。除了从区域空间贫困、乡村产业、乡村公共服务、城乡融合、乡村文化等维度做好结构性衔接外,还要坚持系统推进观念,同时注重从观念衔接、主体责任衔接、重点空间衔接、保障体系等方面进行全方位衔接，以确保整体衔接工作平稳、有序、有效。

8.3.1 观念衔接

从目前各地调研实践看，由于在脱贫攻坚期间形成了一定的路径依赖，很多地方政府和乡村领导，总是按照"头疼医头、脚疼医脚"的治理模式推动乡村工作，对如何提升地区整体发展能力，拓展帮扶人口、帮扶对象与帮扶标准，激发脱贫地区群众的内生动力，以及优化完善帮扶政策，做得还非常不够。很多地方政府缺少对不同发展阶段各项战略之间内在关联衔接的认识，导致衔接力度不够，衔接水平不高。对农村结构性贫困治理与乡村振兴统筹衔接问题，我们要站在共同富裕的高度去认识，要明确推动结构性治理有效衔接是迈向共同富裕、顺利实现第二个百年奋斗目标的重要任务。其次，要注重在"精准"上下功夫，在推进乡村全面振兴过程中，要继承"精准"理念，要在准确把握乡村发展内在规律的基础上，做到精准施策、分类指导，有序稳步推进乡村全面振兴。同时，还要注重培养"主动"理念，各地县、乡镇和村基层政府，要创造性发挥主观能动性，不断创新乡村振兴路径。要彻底改变在精神上表现出的"等靠要"思想，在行动上表现出"干部干、群众看"的行动主体错位现象，在帮扶效果上表现出"扶则立、不扶则废"的易返贫现象（曲海燕，2019）。要引导脱贫人口，从"被动脱贫"转向"主动振兴"。特别是在南疆四地州少数民族集中聚居区，由于受到传统文化、语言、生活习惯等因素影响，很多人不愿意外出务工，这就需要帮助引导这些乡村劳动力从内心深处转变价值观念，鼓励他们通过勤劳致富。

8.3.2 主体责任衔接

主体责任衔接目的是在农村结构性贫困治理与乡村振兴整体统筹衔接过程中，促进形成多元主体联动，明确分工和行动边界，形成衔接合力，高质量推动乡村全面振兴。主体责任衔接主要包括主体衔接、政策衔接、考核衔接和社会力量衔接。

一是在主体衔接上，与脱贫攻坚阶段相比，推进乡村全面振兴范围更广、任务更多、持续时间更久，各级部门肩负的使命更艰巨（黄少安，2018）。调研发现，在南疆四地州部分县市，很多基层干部对如何有效履行防止返贫的职责和义务并不清楚，在过渡期内衔接推进乡村振兴缺少创造性的工作办法，特别是对如何发挥市场机制作用方面能力不足。为此，在推进乡村全面振兴过程中，要持续将脱贫攻坚期间形成的"中央统筹、省负总责、县市抓落实"主体责任工作机制贯穿下去。要将五级书记抓振兴，特别是县委书记当好"一线总指挥"的责任贯彻好。要继续发挥好驻村工作队的帮扶责任，完善驻村工作队工作机制，特别是工作绩效中的责任考核机制，发挥好作为村"两委"后盾的作用。二是在政策衔接上，总体要按照"退出、延续、升级、新增"的思路，结合推进乡村全面振兴，扎实迈向共同富裕的不同发展阶段、目标任务，推动政策创新衔接。对于在脱贫攻坚期间制定的突击性、超常规性等一些政策，在今后政策语境下应及时退出。推动乡村全面振兴涉及巩固脱贫成果，推动乡村发展、乡村建设和乡村治理，这与脱贫攻坚期间提出的产业发展、基础设施建设、保障民生、加强基层治理等实践功能具有内在的一致性，这就要求在推动乡村全面振兴过程中，产业帮扶政策、公共服务保障政策、对口援疆政策等，需要在新的背景下继续实施。目前尽管脱贫目标任务已经实现，但由于脱贫质量并不高，在新的发展背景下乡村生计系统还比较脆弱，抵御风险的能力还不足，外部环境的不确定性非常多，在推进乡村全面振兴过程中，提高兜底保障水平、推动搬迁后扶持工作、扶智扶志等政策，仍然需要继续提升。同时，随着"三农"工作全面转向乡村振兴，在人才支持政策、土地支持政策、财政投入政策和数字化乡村建设政策等方面，需要加大实施力度，丰富政策实施内容。为高质量推动乡村全面振兴工作，需要立足新发展目标任务，站在推动共同富裕的目标下，从推动城乡融合发展、促进乡村全面振兴上制定一批新的政策措施。三是在考核衔接上，借助各地州县市搭建的防返贫监测系统，开展跟踪监测，对监测结果有的放矢地开展定期考核，并把考核结果作为领导干部推动乡村振兴绩效考核的内容。同时，在考核中也要注重考核频次、范围等，切实不能增加基层负担。四是在社会力量衔接上,要推动东部定期定点协助开展四地州推动乡村全面振兴衔接;激励部门、单位和社会组织,积极参与南疆四地州农村结构性治理与乡村振兴统筹衔接建设工作;鼓励企业,发挥市场机制作用,在南疆四地州共建产业园,形成各方衔接合力。

8.3.3 支撑保障衔接

农村结构性贫困治理与乡村振兴统筹衔接问题,贯穿于整个乡村振兴发展阶段。需要发挥好保障体系功能,做好衔接过程中的组织保障、资金保障和科技支撑保障。一是加强组织保障。在推动南疆四地州衔接工作中,要持续健全自治区负总责、地县抓落实、乡村抓落地的工作体制,将脱贫攻坚工作中所形成的组织推动、要素保障、政策支持、协作帮扶、考核督导等工作机制,因地制宜地衔接到巩固脱贫成果,推进乡村全面振兴进程中来。四地州党委政府要定期研究衔接工作推动情况。县市委书记应当把主要精力放在"三农"工作上。落实一把手负责制,党政主要领导是第一责任人,实行五级书记一起抓,构建责任清晰、各负其责、执行有力的乡村全面振兴的领导体制。持续强化党委农村工作领导小组,牵头抓总、统筹协调作用,乡村振兴成员单位出台重要涉农政策要征求领导工作小组办公室意见并进行备案。强化农村工作领导小组办公室决策参谋、统筹协调、政策指导、推动落实、督促检查等职能,每年分解"三农"工作重点任务,落实到各责任部门推动实施。二是加强资金投入保障。从自治区层面,建立健全与四地州任务相适应的资金投入保障机制,做好财政资金的投入引导作用,提高金融资金、社会资金的多元化投入意愿。完善项目资产管理长效机制,做好经营性资产的运营管理,明晰产权,规范收益分配和资产处置,防止资产流失,或被少数人受益。强化公益性资产的有效管护。要赋予乡镇和村两级更加充分的资源配置权力,加大乡村振兴衔接资金绩效管理,提高资金使用效率。三是强化科技支撑保障。推动由南疆四地州、县市、乡镇农技推广机构为骨干,以农业科研机构为支撑的南疆基层农业产业技术推广体系,强化公益性服务功能,打通科技进村入户"最后一公里"。制定科研人员走出去、沉下去的激励机制,促进农业行政主管部门、科研院校走出机关、走出实验室,通过"定点定向定责定效""包地区、包县、包乡、包村"的技术推广责任制,激发科技人员带着项目、带着技术深入一线开展科技推广服务的积极性。采取"联产联质联效计酬"的形式,将农业科技人员服务所带来的效益作为考核指标,探索通过与服务对象签订协议的形式,从新增加的经济效益中提取一定比例,奖励给技术推广人员,引导更多的科技人员走出去服务南疆基层,鼓励科技人员和科技成果进企业、进农村、进一线。大力推动"企业出题、科研团队解题"的技术攻关模式。发挥自治区现代农业产业技术体系岗位科学家作用,支持以岗位首席科学家牵头,组团式为基层开展产业技术服务。

8.4 小结

本章提出了南疆四地州农村结构性贫困治理与乡村振兴统筹衔接的动态历程演进、衔接战略逻辑关系,衔接运行逻辑机理;提出了结构性多维衔接路径,明确衔接保障体系,最终构建了南疆四地州农村结构性贫困治理与乡村振兴统筹衔接体系。得出结论如下。

结论1:农村结构性治理是一项系统工程,其始终贯穿内嵌于脱贫攻坚、防止返贫、有效衔接、乡村振兴和共同富裕这样一个不断演进变化的动态全过程之中,并与其实现动态有效自洽性衔接。在不同发展阶段农村结构性治理服务对象和治理举措存在差异。其中,在巩固拓展脱贫攻坚成果过渡期,治理对象主要聚焦监测户、脱贫户和脱贫地区,结构性治理举措重点是巩固"三保障"成果,开展搬迁后扶持工作,逐步衔接乡村全面振兴。推进乡村全面振兴时期,治理对象是服务全体农村居民和欠发达地区,结构性治理举措主要是推动乡村全面振兴,解决好城乡之间、乡村之间发展不平衡、不充分问题,最终实现共同富裕。

结论2:在衔接治理运行逻辑机理上,在农村结构性贫困治理与乡村振兴过程衔接中,在脱贫攻坚阶段重点是"不利结构"的破解,在巩固脱贫成果阶段重点是"有效治理结构"的拓展,在推动乡村全面振兴,实现共同富裕阶段重点是"有利结构"大规模建构的过程。结构性治理机制需要聚焦立体化、全域化和动态化多维度展开。其中，脱贫攻坚阶段通过破解不利结构，消除绝对贫困问题；巩固脱贫成果阶段通过拓展有效结构，防止出现规模性返贫问题；这两者属于扶贫工作体制范畴，遵循的主要是行政主导下的资源分配机制。从推动乡村全面振兴到实现共同富裕阶段，是通过"有利结构"的大规模建构实施，促进城乡融合发展和农业农村现代化，实现共富共享，共同富裕；后两者属于农村工作体制范畴，遵守的主要是市场运行下的要素配置机制。

结论3：农村结构性贫困治理与乡村振兴统筹衔接，要科学把握从巩固拓展脱贫成果到推进乡村全面振兴，最终实现共同富裕不同阶段的重点任务和推进时序，注重多维并举，多目标平衡，从接续性、根本性、长期性上一体化推进结构性治理衔接路径。其中，空间区域结构性衔接路径重点是高质量做好搬迁后续扶持工作，做好非贫困村贫困户与原贫困村贫困户协调发展、区域生态环境保护治理和区域重大交通基础设施建设等。产业结构性衔接路径重点是持续加大南疆农田水利基础设施建设，打造一批国家和自治区现代农业产业园区，推动一二三产业融合发展，加强绿色农业发展和乡村社会化服务建设。公共服务结构性衔接路径重点是推进宜居宜业和美乡村建设，加大乡村基础设施和公共服务建设，推动数字乡村建设，提升乡村公共服务供给和运营能力等。城乡融合结构性衔接路径重点是稳步推动农业转移人口市民化，以县域为切入点的城乡公共服务融合发展，城乡产业融合发展，合理引导城市资源进入乡村。乡村文化结构性衔接路径重点是持续加大国家通用语言普及和职业技能培训，加强乡村引才育人，做好欠发达地区"扶智扶志"工作等。

结论4：农村结构性贫困治理与乡村振兴统筹衔接是一项系统性工程，除做好多维结构性路径衔接外，还要坚持系统推进观念，注重从观念上衔接、主体责任上衔接和支撑保障等方面进行全方位衔接，确保整体各项衔接工作平稳、有序、有效。

第 9 章

研究结论与政策建议

第9章 研究结论与政策建议

9.1 主要结论

本研究按照提出问题、分析问题、解决问题的总体思路，围绕"贫困结构的解构（构成表现与形成机理）—结构性反贫困治理的解析（治理效应与衔接耦合）—结构性衔接治理体系的建构（衔接逻辑与实现路径）"这一研究架构体系，进行南疆四地州农村结构性贫困治理与乡村振兴统筹衔接，得出以下主要研究结论。

第一，中国共产党历代领导集体都高度重视反贫困工作，始终将反贫困工作纳入党和国家社会事业发展全局加以部署推动。自20世纪七八十年代，新疆开始了有组织的大规模反贫困计划，反贫困过程经历了由早期的体制改革推动扶贫，到大规模开发扶贫、"八七"攻坚扶贫，再到参与式大规模综合扶贫时期，以及党的十八大以来全面建成小康社会的脱贫攻坚时期和当下的巩固拓展脱贫攻坚成果同乡村振兴有效衔接时期。南疆四地州片区区域发展与脱贫攻坚"十三五"实施规划，为解决南疆四地州整体性贫困问题起到了重要指导作用。片区所在的和田地区、喀什地区、克州和阿克苏地区紧紧围绕"两不愁三保障"脱贫目标任务，通过发展贫困乡村产业，增加贫困地区劳动力就业，确保吃穿不愁；通过完善乡村基础设施、教育、医疗发展短板，确保贫困人口"三保障"水平不断提高。到2020年四地州脱贫攻坚目标任务全面完成。过渡期内前三年，各项脱贫成果得到有效巩固拓展，有力确保了不发生规模性返贫问题。同时，通过脱贫攻坚战的全面胜利完成，也总结出了一系列行之有效的脱贫攻坚好经验和做法，为当前和今后推进乡村全面振兴实践提供了重大经验借鉴。这些经验包括：坚持中国共产党对脱贫攻坚的集中统一领导，始终秉承以人民为中心的发展理念；充分发挥中国特色社会主义制度的独特优越性，构建起全社会大扶贫治理格局；坚持"精准扶贫、精准脱贫"基本方略，这是打赢脱贫攻坚战的制胜法宝；明确落实层层目标责任，发挥广大党员领导干部无私奉献和拼搏进取的大无畏精神；调动贫困群众脱贫致富的内生动力，激发各族群众"越是艰险越向前"的顽强意志；坚持开发式扶贫，将发展贫困地区产业和就业作为实现脱贫的重要抓手。

第二，南疆四地州是新疆集中连片扶贫地区，在长期的历史变迁中，表现出整体性贫困、多维结构性贫困特征。一是在地理空间贫困上，表现在区域内地形地貌崎岖，戈壁沙漠和山地居多，气候干燥寒冷，地震、沙暴等自然灾害频发。同时，片区内水土资源紧缺，土地亩均灌溉耗水量高，季节性缺水非常明显。人均耕地资源少，土壤沙化严重，土地质量等级偏低。二是在经济结构上，表现出区域内经济发展水平滞后，一二三产业结构不协调，农民收入来源结构单一，增长缓慢。农业生产劳动生产率、土地产出率和资源利用率不高。农户用于家庭生计所需的自然、物质、社会、金融、人力等生计资本相对短缺，农户生计资本转化能力弱，抗风险能力不足。三是城乡二元经济社会结构上，贫困乡村用于发展生产的土地整治、农田水利、节水工程、农村电力等生产性基础设施建设长期不足，历史欠账多，城乡之间、乡村内部之间分化加剧。乡村交通道路、垃圾污水处理、村庄环境整治等生活设施建设滞后，用于乡村社会发展的教育、医疗、社会保障等设施建设投入长期不足，质量不高。

第三，农村多维结构性贫困有其内在的运行机理，贫困结构间存在相互建构、勾连、碰撞、叠加、演变和再生的特征。农村多维贫困结构不仅以一种现实的客体存在于乡村社会经济系统之中，而且这些多维结构性贫困产生有其内在形成机理。其形成机理主要包括：一是时空弱势积累；二是行动主体与外部交换系统的负向互构；三是风险与脆弱性的耦合叠加；四是多重结构负向勾连互构。对农村结构性贫困的历史归因，我们不能简单将地理位置偏远、资源匮乏、经济发展滞后等因素归结为边疆少数民族地区农村结构性贫困的根源，而应将其置于国家整体历史变迁中长期存在的城乡二元社会结构、经济结构、治理结构等发展失衡而引发的资源性错配和连锁反应，最终形成了"结构性不利"带来的贫困问题；而这种"结构性不利"又被置于贫困乡村特殊空间贫困场域中，在长期历史变迁中形成了相对固化的"致贫结构"，且各系统结构之间相互呈现负向效应，又被持续反复叠加放大，致使生活在其中的贫困人口自身越发难以摆脱这种结构性制约。

第四，新中国成立70余年来反贫困实践一再证明，反贫困是一项复杂的系统工程，帮助贫困地区改变贫困面貌，摆脱发展困境，帮助贫困人口提升自我发展能力，仅仅依靠个体、区域、民间等力量不足以实现贫困地区的整体性改变，需要国家强有力干预，需要实施国家战略和国家行动。而结构主义反贫困理论强调的就是国家的有效干预、政府的社会动员和资源再分配。脱贫攻坚至今，南疆四地州在反贫困治理过程中，采取了有针对性的结构性"靶向治理"举措，有效缓解了区域农村多维结构性贫困状况，在一定程度上重塑和建构了反贫困体系中乡村持续发展的"有利结构"。结构化治理效应表现在，通过实施易地扶贫搬迁及后扶持，对口援疆，缓解了区域性空间贫困问题；大力发展新产业新业态，努力重塑区域产业与市场结构；加强乡村基础设施和公共服务建设，乡村发展能力不断提升；通过赋权增能，提升了农户内生发展动力。南疆四地州农村结构性反贫困治理，尤其是脱贫攻坚期间实施的一系列"超常规"反贫困治理举措，可以被视为对科层组织管理的一次有效突破。其中，对"科"组织结构的突破，主要是通过在自治区、地州、县市成立由各级党委直接领导跨部门的扶贫开发工作领导小组以及脱贫后的农村工作领导小组，统领推进脱贫攻坚与乡村振兴工作，打破了扶贫、财政、农业、发改、教育、卫生、医疗、环保、民政、人社等多部门间的行政条块分割限制；同时推进各部门涉农资金在县级层面整合统筹使用等。对"层"组织结构的突破，主要是通过实施东西部对口援助、中央定点帮扶、区内协作等方式，打破区域结构，构建超区域结构；通过向贫困村派遣第一书记，向基层乡村下派驻村工作队等方式，有效缩短了国家与乡村、国家与农民之间的空间距离，有效打破了传统的行政治理结构。总之，国家和自治区实施的一系列反贫困举措，其具有明显的"结构化"的治理特性，逐步建构形成了一套具有中国特色的反贫困治理体系，形成了对农村结构性贫困治理的整体性解决方案，对新疆巩固拓展脱贫攻坚成果、全面衔接乡村振兴具有积极重大影响。

第五，运用南疆四地州脱贫县市实地调研样本数据，采用结构方程模型（SEM）对南疆四地州农村结构性贫困治理效应进行实证评价。分析发现，脱贫攻坚以来南疆在乡村发展、乡村建设、乡村治理和空间地理条件改善方面所采取的政策措施，对农户生计能力和乡村治理效应均具有显著的正向影响效应。其中，对农户生计转化能力的正向影响排序为乡村发展（0.400）＞乡村建设（0.269）＞乡村治理（0.123）＞空间地理（0.120）。对乡村结构性治理效应的正向影响排序为乡村发展（0.283）＞空间地理（0.153）＞乡村建设（0.120）＞乡村治理（0.102）。同时，南疆四地州乡村社会经济系统中自然环境、产业发展、乡村建设、乡村治理子系统结构之间以及各子系统内部要素之间存在较强的相关性。通过采用耦合协调度模型，对南疆四地州2012—2021年农村结构性贫困治理与乡村振兴指标进行耦合协调度测算表明，南疆四地州农村结构性贫困治理与乡村振兴耦合协调度均呈持续增加态势，但协调度总体不高。2012—2019年期间基本在0.2~0.4区间增长，表明南疆四地州结构性贫困治理与乡村振兴耦合协调状况属于失调类型；2020年以后协调度也仅在0.3~0.5之间，表明2020年以来，南疆四地州结构性贫困治理与乡村振兴耦合协调状况由中度失调类型向基本协调转变。

第六，在巩固拓展脱贫攻坚成果，推进乡村全面振兴的过程中，在区域发展、农业产业发展、乡村社会福利、城乡融合、生态环境治理等诸多方面，南疆四地州面临着结构性衔接难点和挑战。其中，在空间区域发展上存在生态环境脆弱性、区域发展水平差距大、城乡居民收入差距大、农户内部之间贫富差距大、农户分化加剧的问题。农业产业发展衔接中存在水土资源结构性矛盾突出，农林间作面积大，一二三产业融合不够，产业可持续面临困难、农业现代化与农村现代化发展不存在传导共同性等结构性问题；乡村社会福利建设衔接中存在乡村农业基础设施投入不足，短板明显；乡村垃圾、污水、厕所等生活基础设施仍待改进提升，教育、医疗和社会保障服务能力低，数字乡村建设滞后，乡村公共服务设施维护难等结构性难题。城乡融合中存在县域城市建设城镇化率高于城镇人口城镇化率；城乡发展要素双向流动受阻，供需不匹配；产城融合水平低，存在"有城无产"或"有产无城"等诸多结构性张力。

第七，农村社会结构性治理是一项系统工程，其始终贯穿内嵌于脱贫攻坚、防止返贫、有效衔接、乡村振兴和共同富裕这样一个不断演进变化的动态全过程。在不同发展阶段农村结构性治理服务对象和治理举措存在差异。在巩固拓展脱贫攻坚成果过渡期，治理对象主要聚焦监测户、脱贫户和脱贫地区，结构性治理举措重点是巩固"三保障"成果，开展搬迁后扶持工作，逐步衔接乡村振兴。推进乡村全面振兴时期，治理对象是服务全体农村居民和欠发达地区，结构性治理举措主要是推动乡村全面振兴，解决好城乡之间、乡村之间发展不平衡、不充分问题。在农村结构性贫困治理与乡村振兴过程衔接中，在脱贫攻坚阶段重点是"不利结构"的破解，消除绝对贫困问题；在巩固脱贫成果阶段重点是"有效治理结构"的拓展，防止出现规模性返贫问题；这两者属于扶贫工作体制范畴，遵循的主要是行政主导下的资源分配机制。在推动乡村全面振兴、实现共同富裕阶段，重点是"有利结构"大规模建构的过程，促进城乡融合发展和农业农村现代化，实现共富共享，共同富裕；后两者属于农村工作体制范畴，遵守的主要是市场运行下的要素配置机制。总之，结构的含义不仅仅是要打破一些传统固有不利结构，更要善于搭建一些新的有利结构，以实现由量向质的突破。社会往往是在一种结构化的模式中运行，过去我们比较强调用结构的思路去分析问题，但面对推动乡村全面振兴，迈向共同富裕的新任务，我们更要善于用结构的思路去改造客观世界。换言之，在新的发展征程上结构主义不仅是用来分析问题的，更是要用来解决问题的。

第八，农村结构性贫困治理与乡村振兴统筹衔接，要科学把握从巩固拓展脱贫成果到推进乡村全面振兴，扎实迈向共同富裕不同阶段的重点任务和推进时序，注重多维并举，多目标平衡，从接续性、根本性、长期性上一体化推进结构性治理衔接路径。其中，空间区域结构性衔接路径重点是高质量做好搬迁后续扶持工作，做好非贫困村和非贫困户与脱贫村和脱贫户协调发展、区域生态环境保护治理和区域重大交通基础设施建设等。产业结构性衔接路径重点是持续加大南疆农田水利基础设施建设，打造一批国家和自治区现代农业产业园区，推动一二三产业融合发展，促进乡村社会化服务加快发展。公共服务结构性衔接路径重点是推进宜居宜业和美乡村建设，加大乡村基础设施和公共服务建设，推动数字乡村建设，提升乡村公共服务供给和运营能力等。城乡融合结构性衔接路径重点是稳步推动农业转移人口市民化，以县域为切入点的城乡公共服务融合发展，城乡产业融合发展，合理引导城市资源进入乡村。乡村文化结构性衔接路径重点是持续加大国家通用语言普及和职业技能培训，加强乡村引才育人，做好欠发达地区"扶智扶志"工作等。除选好多维结构性路径衔接外，还要坚持系统推进观念，注重从观念上衔接、主体责任上衔接和保障体系等方面进行全方位衔接，以确保整体衔接工作平稳、有序、见效。

9.2 政策建议

党的二十大后，我国已进入推进乡村全面振兴发展的新阶段。笔者团队认为，当前在扎实做好巩固拓展脱贫攻坚成果、有效衔接乡村振兴的基础上，结合南疆四地州农村社会经济发展呈现出的新特点、新任务和新趋势，围绕推进乡村全面振兴目标任务，重点从以下方面持续深化农村结构性贫困治理，有效衔接乡村振兴，扎实迈向共同富裕。

第一，建立低收入人口常态化帮扶机制。随着绝对贫困人口的消除，南疆四地州贫困问题的性质和状态也发生了变化。建立低收入人口常态化帮扶机制，开展相对贫困治理，是实现乡村振兴的重要基石，也是实现城乡共同富裕的必然要求。一是持续健全防止返贫动态监测机制。结合乡村全面振兴不同阶段的目标任务，结合南疆四地州农村居民生活水平，建立健全防止返贫监测范围年度调整机制，动态调整监测范围和标准。建立监测对象快速发现与核查机制，要重点关注和救助帮扶有大病重病和负担较重的慢性病患者、重度残疾人、失能老年人口等特殊群体家庭；同时关注监测收入支出情况、"两不愁三保障"及饮水安全情况，规范开展动态管理。通过完善农户自主申报、基层干部定期排查、部门信息筛查预警、社会信息补充相结合的易返贫致贫人口发现和核查监测对象快速发现、快速核查机制。二是建立健全防范和化解因病返贫致贫长效机制。强化南疆四地州高额医疗费用支出监测预警，重点监测经基本医保、大病保险保障后个人年度医疗费用负担仍然较重的农村低收入对象和农村易返贫致贫人口，做到及时预警。对因高额医疗费用支出导致家庭基本生活出现严重困难的大病患者加强监测,对经基本医疗、大病保险保障后个人医疗费用负担超过一定额度的,建立申请救助机制。健全引导社会力量参与救助保障机制,加强与相关社会保障制度衔接,合力防范化解因病返贫致贫风险。三是建立社会保障长效机制。社会保障制度是重要的反贫困治理制度,也是相对贫困治理的有效工具。通过优化社保管理体制,加强社会行政;加强部门联动和业务协同,提高相关职能部门的组织协调效率;充分利用现代信息技术手段,打破部门信息壁垒和利益羁绊,优化服务流程,实现部门协同。积极完善建立"托—推—引"并举的低收入人口常态化帮扶政策,在脱贫攻坚大数据平台建设的基础上,搭建完善标准化、一体化和智能化监测预警机制,改革完善更加基础性、包容性的帮扶制度安排等一系列救助帮扶政策体系,大幅提升低收入人群救助帮扶水平,努力推动更多低收入人群迈入中等收入行列,促进乡村实现共同富裕。四是完善收入分配制度体系,处理好初次分配、再次分配和第三次分配的关系。要在以按劳分配为主体、多种分配并存的分配制度基础上,树立共享发展理念,通过发挥我国收入分配制度优势,更加注重分配公平导向。要通过持续完善社会主义市场经济体制,发挥市场在要素配置中的基础作用;要深化收入分配制度改革,破解深层次利益格局固化问题;要规范收入分配调节秩序,完善三次分配领域相关法律法规体系建设。

第二,持续深化推进南疆农业供给侧结构性改革。一是构建科学系统有序的南疆四地州农业产业空间布局体系。遵循比较优势原理,依据南疆四地州不同区域资源禀赋,重新分配调控区域农业资源,促进生产要素集聚,科学研判区域内产业布局和产业规模,实施与各地区资源条件、经济发展水平相适应的不同农业产业集群与产业融合发展的产业空间布局优化战略。二是优化南疆农业生产结构优化升级。提高粮食生产能力,提升粮食比较效益。建议优化水资源配置,扩面积、优化结构,攻单产,提升粮食产能,建设国家粮食安全后备粮仓,尤其要保障内地粮食主产区遭受严重自然灾害或国家粮食安全受到严重威胁时,能快速提高生产能力。优化粮油品种结构,逐步调减普通小麦和南疆果粮间作区麦田面积，大力推广强弱筋小麦和有机小麦，满足加工发展需求。扩增玉米种植规模，扩大粮改饲试点，因地制宜发展粮饲兼用玉米。做优棉花产业，推动棉花生产向长绒、强度等纺织企业需要的高品质方向转移。做强优质果蔬，逐步退出南疆间作果园，改造低产低效果园，优化树种和品种结构，建设标准果园和生态健康果园。科学合理设计蔬菜种植规模和产品结构，坚持露地蔬菜和设施蔬菜并重，实现多品种、全季节蔬菜均衡生产供应；同时，大力推动南疆戈壁设施产业加快发展。做大畜牧产业，注重农牧区结合、大小畜结合，草畜配套，提升羊肉、禽肉的生产能力。积极发展循环水养殖产业，打造"戈壁滩里的渔乡"新名片。三是大力推动绿色农业发展。重点围绕南疆四地州粮油、棉花、果蔬产业集群，支持加大对液体肥料、水溶性肥料、微生物肥料、土壤改良调节剂等新型肥料的推广应用。加大加厚地膜使用推广力度，鼓励地膜生产企业和农户推广应用新型高强度环保地膜。不断深化绿色农业补贴制度改革，推动相关农业补贴与农业绿色生产行为相挂钩，可将补贴获得与农民环境友好行为挂钩。在农机购置补贴中，除常规纳入名录的机械补贴外，建议还应将绿色防控、粪便资源化利用、秸秆粉碎、智能化装备等机械纳入名录；同时加大对农业绿色生产技术的补贴力度。四是完善农业科技支撑体系。坚持农业科技服务公益性定位，强化政府主导作用，在队伍建设、体制机制创新、投入保障等方面加大扶持力度，健全机构、稳定队伍、提升能力，充分发挥公益性专业服务机构的主体作用，农业科研院校的关键作用和社会化服务组织的市场作用，构建起多元化服务主体广泛参与、分工协作的农业科技服务体系，努力发挥我区农业科技服务和技术推广"三驾马车"的协同作用。构建由自治区农业行政主管部门牵头，以自治区、地州、县市、乡镇农技推广机构为骨干，以农业科研机构为支撑的农业产业技术推广体系，充分依靠科学技术，促进四地州农业产业结构升级，实现农业产业结构优化。

第三，加大农业产业链条化、融合化、集群化发展政策扶持。推动乡村产业全面振兴阶段，要转变产业发展经营理念和思路，要从前期的抓生产向抓链条转变，从抓产品向抓产业转变，从抓环节向抓体系转变。为此，要通过加大政策扶持力度，有效推动南疆链条化、融合化、集群化发展。一是加大招商引资政策落地实施。支持南疆四地州区县设立招商引资专项资金，根据投资项目带来的新增地方财力、新增固定资产投资等评价指标，对招商引资落地项目给予支持奖励。持续改善四地州营商环境，持续清理和废除妨碍统一市场和公平竞争的政策规定，加强政府诚信建设。二是加大农产品加工流通企业财税政策扶持力度。聚焦南疆四地州，积极落实延续西部大开发企业所得税政策、增值税小规模纳税人减免增值税政策、中西部地区国际性展会展期内销售的进口展品税收优惠政策等。统筹农业产业发展资金、财政衔接推进乡村振兴补助资金、工业及冷链物流相关资金等，向南疆四地州农产品加工流通企业倾斜。三是加大对现代农业产业园区建设政策扶持。在新疆维吾尔自治区对现代农业产业园政策扶持的基础上，南疆四地州各级财政要加大对产业园建设的资金支持力度，鼓励统筹整合相关资金渠道，通过政府与社会资本合作、政府购买服务、以奖代补、贷款贴息等方式，撬动更多金融和社会资本建设产业园。鼓励产业园与金融机构合作，为入园企业、合作社和农户贷款提供担保、贴息、保险保障等服务。鼓励政策性金融机构增加产业园信贷规模、拓宽抵押物范围。将产业园纳入农业信贷担保体系支持重点，对入园区主体提供担保服务。四是加大产业融合化、集群化发展政策扶持。围绕农业四大产业集群建设和重点产业链建设，以南疆四地州为重点，支持宜初则初、宜精则精、宜深则深，推动四地州农产品加工转化。通过支持加工业发展短板，发挥"接二连三"的特殊功能，切实实现一端支撑种养优化，一端满足市场需求。同时，出台特殊政策支持一批百亿元产业集群"群主"企业、十亿元产业链"链主"企业和骨干龙头企业发展壮大。

第四，完善城乡融合发展机制，畅通城乡要素流动。解决社会发展不平衡不充分问题，扎实推动共同富裕，关键举措是消除城乡二元结构。一是持续深入推动农村改革，破除城乡融合发展制度性障碍。在坚持集体土地所有权和农户土地承包经营权的前提下，激活农村土地交易要素市场，推动土地经营权流转和适度规模经营；加快盘活乡村闲置建设用地，鼓励按市场原则盘活利用；适度放活农民宅基地使用权，增加农户资产性收益机会；深化农村集体产权制度改革，发展壮大村集体经济，巩固农村基本经营制度。二是加快推动城乡要素自由流动。加快推进以县域为中心的城镇化建设，为农村劳动力提供就业机会和增收渠道。积极发展农村要素市场，打破城乡要素平等交换的制度壁垒，推动产品、技术、资金、土地等要素在城乡之间实现自由流动。三是破除城乡融合发展的体制机制。持续深化户籍制度改革，逐步取消和全面放开城市落户限制。优先支持和鼓励脱贫地区农村人口落户城镇就业、上学和居住等，稳步放宽和取消对他们的户籍限制。通过制度和政策创新设计，推动城乡要素自由流动和平等交换。四是完善城乡人才流动机制。深化乡村人才培育，推动人才引进、激励、流动、使用等制度改革深化。出台政策鼓励原籍大学毕业生、经商人员去乡村创业兴业；引导高校毕业生去基层乡村任职，扎根基层。推动职称评定、工资待遇等，向乡村医生、教师、农业技术推广人员倾斜，促进各类人才投身脱贫乡村建设。五是推进低收入人口社会机会均等化。打破对"三农"发展中一些不当的行政管制，疏通社会各种流通渠道，防止社会阶层固化。坚决取消对低收入人口、进城务工农民工等歧视性政策，对低收入人口及其子女在升学、医疗、就业、社保等方面提供更多可及机会。

第五，深化社会帮扶机制，推动区域平衡协调发展。一是坚持深化对口援疆帮扶。保持南疆四地州现有对口援疆支援体系不变，优化帮扶方式，在继续给予资金支持、援建项目的基础上，进一步加强产业合作、技术交流、智力支援，推进产业梯度转移，鼓励与对口援疆省区在四地州共建产业园区。鼓励和支持中央企业、援疆省市企业以独资、控股、参股等多种方式参与四地州帮扶县产业发展、到帮扶县投资兴业。支持援疆省市在四地州帮扶县跨区域建设"飞地园区"。依托援疆省市开拓区外市场，推动帮扶县特色产品走出去。推进教育"组团式"援疆，提高帮扶县教育教学质量，探索以促进就业和适应产业发展为导向的职业教育体系。巩固深化医疗人才"组团式"援疆成果，提升四地州帮扶县医疗服务水平。二是坚持定点帮扶。积极支持和配合中央定点单位开展帮扶工作。充分发挥中央单位优势，接续帮扶四地州巩固提升县发展壮大乡村特色产业，持续助力脱贫人口稳岗就业。持续推进自治区机关、事业单位、国有企业、大专院校定点帮扶工作，继续选派结对帮扶干部、驻村干部，强化帮扶责任，保持帮扶总体力量稳定。持续开展区内协作帮扶，鼓励参加帮扶县市要积极推动产业向受援县市转移，共建产业园区；组织帮扶县市党政干部和专业技术人才到受援县市帮发展、促振兴、受锻炼，不断深化干部交流和人才培养。三是加强社会力量帮扶。继续实施"万企兴万村"行动，建立帮扶机制，组织企业以"一帮一""一帮多""多帮一"的方式参与帮扶工作；继续发挥"民营企业助力南疆发展大会"的积极作用，宣传和引导社会组织、合作社、民营企业、致富带头人、个体工商户等社会各界力量参与帮扶工作。四是推动自治区厅局机关和企事业单位干部下沉基层任职。建议未来五年每年从自治区党委、政府和相关厅局机关，事业单位和国有大中型企业，下派青年干部前往南疆四地州县市担任部门重要职务，充实南疆基层干部队伍。

第六，建立完善农民主体性培育机制，提升农户内生发展能力。要注重从培育农民主体性角度出发，提升农户内生发展能力。要从体制、市场、社会和文化等多方面提升农民的主体地位，这其中最重要的核心是"增权赋能"。其中，在增权方面主要是要提高农民的经济权、公民权和治理权。要通过推动经济体制机制改革，按照市场经济原则，逐步破除城乡二元经济结构，构建城乡融合的市场经济体制，尤其是要明晰农民财产权、交易权和收益权。在公民权利上，核心在于推动公共服务实现逐步均等化，要深化财政体制改革，逐步推动财政资源在基础设施和公共服务配置上实现城乡均等化。在治理权上，要逐步改变目前村两委主要对上负责的单项治理模式，要充分调动村民参与村庄事务管理的积极性、主动权和主导权，尤其在生产经营上政府不能过多进行直接干预。在赋能方面重点是要帮助农民培育参与乡村发展和治理的各项能力。一方面就是要提高农民技能，构筑乡村科技培训和传播体系。尤其在当下的南疆要围绕普通话培训、种养殖技术、特色手工艺、建筑工艺、家政服务等实用技术，开展技术培训，让农民群众获得长久的"脱贫之技"，走上稳定致富道路。另一方面，就是要培育文化自信和批判能力。要通过教育、科普和乡土资源开发利用，促进农民文化素质提升和思想观念转变。挖掘和培育乡村优秀健康民族文化，吸纳城市现代文化，采取"扬""弃"并举的方式，树立正确的文化观、劳动观，加强贫困"耻感文化"建设，树立自力更生的奋斗意识，克服攀比心态、依赖心理，激发主体意识，形成积极向上的社会风气。

参考文献

参考文献

阿马蒂亚·森. 2002. 以自由看待发展［A］. 任赜等. 北京：中国人民大学出版社.

阿马蒂亚·森, 王燕燕. 2005. 论社会排斥［J］. 经济社会体制比较（3）：1-7.

白永秀, 宁启. 2021. 巩固拓展脱贫攻坚成果同乡村振兴有效衔接的提出、研究进展及深化研究的重点［J］. 西北大学学报（哲学社会科学版），51（5）：5-14.

毕昌萍, 杨吉. 2022. 后扶贫时代乡村相对贫困治理长效机制探究［J］. 浙江理工大学学报（社会科学版），48（3）：334-342.

闭红. 2016. 基于资源禀赋的桂东北生态功能区生态文明跨越式发展路径选择［J］. 经济与社会发展，14（1）：18-21.

卞海霞. 2013. 整体性治理视野下我国食品安全治理的困境与出路［J］. 中共南京市委党校学报（5）：46-51.

伯恩斯坦亨利. 2011. 农政变迁的阶级动力［A］. 汪淳玉. 北京：社会科学文献出版社.

曹海林, 童星. 2010. 农村社会风险防范机制的建构依据及其运行困境［J］. 江海学刊（3）：105-112.

曹立群, 杜少臣. 2018. 以国际化视野做中国研究：社会学研究的祛魅与回归［J］. 清华社会学评论（2）：1-12.

曹诗颂, 王艳慧, 段福洲, 等. 2016. 中国贫困地区生态环境脆弱性与经济贫困的耦合关系——基于连片特困区714个贫困县的实证分析［J］. 应用生态学报（8）：2614-2622.

陈全功, 程蹊. 2011. 空间贫困理论视野下的民族地区扶贫问题［J］. 中南民族大学学报（人文社会科学版），31（1）：58-63.

陈文胜, 李珊珊. 2023. 城乡融合中的县城：战略定位、结构张力与提升路径［J］. 江淮论坛（5）：13-19.

陈锡文. 2015. 中国农业发展的焦点问题［J］. 农机科技推广（7）：

4-7.

陈晓晖,石毅.2022.民族地区农村贫困治理的政策工具及其量化评价——基于N省13个县面板数据的实证分析[J].湖北民族大学学报(哲学社会科学版),40(4):79-92.

崔凤,张海东.2003.社会分化过程中的弱势群体及其政策选择[J].吉林大学社会科学学报(3):65-71.

戴宗贡,解力,平王炜.1991.农村工业化、商品化、城镇化综合研究[J].浙江学刊(5):57-66.

道格拉斯·诺思.1999.经济史中的结构与变迁[M].上海:上海三联书店、上海人民出版社.

邓大才.2021.积极国家:反贫困战略中的政府干预与理论基础——基于国际反贫困战略的比较研究[J].新疆师范大学学报(哲学社会科学版),42(2):41-50.

邓崧,周倩.2021.边疆地区"三维一体"的乡村治理逻辑框架——基于云南省的多案例分析[J].云南行政学院学报,23(2):24-35.

邓婷鹤,聂凤英.2020.后扶贫时代深度贫困地区脱贫攻坚与乡村振兴衔接的困境及政策调适研究——基于H省4县17村的调查[J].兰州学刊(8):186-194.

丁建军,金宁波,王璋.2019.深度贫困生成逻辑与贫困陷阱跨越路径——习近平关于深度贫困问题重要论述的启示[J].吉首大学学报(社会科学版),40(3):114-121.

豆书龙,叶敬忠.2019.乡村振兴与脱贫攻坚的有机衔接及其机制构建[J].改革(1):19-29.

杜国明,刘美,薛濡壕.2021.基于多维测度框架的贫困县脱贫质量评价[J].地理科学,41(7):1227-1236.

冯海发,李溦.1993.我国农业为工业化提供资金积累的数量研究[J].经济研究(9):60-64.

冯晓龙,刘明月,张崇尚等.2019.深度贫困地区经济发展与生态环境治理如何协调——来自社区生态服务型经济的实践证据[J]. 农业经济问题（12）：4-14.

甘晓成，蔡瑶瑶，肖鸿波. 2023. 中国多维相对贫困测度及其分布动态演进[J]. 统计与决策，39（6）：50-55.

高杰，郭晓鸣. 2020. 深度贫困地区贫困治理的多重挑战与政策选择[J]. 中南民族大学学报（人文社会科学版），40（1）：131-134.

高静，武彤，王志章. 2020. 深度贫困地区脱贫攻坚与乡村振兴统筹衔接路径研究：凉山彝族自治州的数据[J]. 农业经济问题（3）：125-135.

高强. 2019. 脱贫攻坚与乡村振兴有机衔接的逻辑关系及政策安排[J]. 南京农业大学学报（社会科学版），19（5）：15-23.

高强，曾恒源. 2022. 巩固拓展脱贫攻坚成果同乡村振兴有效衔接：进展、问题与建议[J]. 改革（4）：99-109.

郭儒鹏，王建华，罗兴奇. 2019. 从"嵌入"到"互嵌"：民族地区贫困治理研究的视角转换——基于贵州省T县调研[J]. 贵州社会科学（11）：160-168.

郭英勇. 2002. 试论中国农民结构性贫困成因及对策[J]. 商洛师范专科学校学报（4）：56-58.

国平. 2009. 试论中国农民结构性贫困成因及对策[J]. 老区建设（1）：16-18.

韩文秀. 2020. 以高质量发展为主题推动"十四五"经济社会发展[J]. 机械研究与应用（6）：I0002.

韩峥. 2004. 脆弱性与农村贫困[J]. 农业经济问题（10）：8-12.

杭承政，胡鞍钢. 2017. "精神贫困"现象的实质是个体失灵——来自行为科学的视角[J]. 国家行政学院学报（4）：97-103.

何爱爱. 2021. 脱贫攻坚与乡村振兴有效衔接的路径探析[J]. 学校党建与思想教育（6）：68-69.

何德旭，饶明. 2008. 我国农村金融市场供求失衡的成因分析：金融排斥性视角[J]. 经济社会体制比较（2）：108-114.

何仁伟，李光勤，刘邵权等.2017.可持续生计视角下中国农村贫困治理研究综述[J].中国人口·资源与环境，27（11）：69-85.

黄宝力.2021.乡村振兴背景下的广州从化美丽乡村建设探究[J].农家参谋（21）：106-107.

黄承伟.2023.在共同富裕进程中防止返贫与全面推进乡村振兴：理论逻辑、实践挑战及理念创新[J].西北师大学报（社会科学版），60（1）：5-12.

黄承伟，王小林，徐丽萍.2010.贫困脆弱性：概念框架和测量方法[J].农业技术经济（8）：4-11.

黄少安.2018.改革开放40年中国农村发展战略的阶段性演变及其理论总结[J].经济研究，53（12）：4-19.

贾海发，邵磊，罗珊.2020.基于熵值法与耦合协调度模型的青海省生态文明综合评价[J].生态经济，36（11）：215-220.

姜芳.2018.乡村振兴战略中社会主义核心价值观的培育与践行[J].文化创新比较研究（22）：20-21.

蒋雨东，王德平.2021.贫困地区脱贫攻坚与乡村振兴衔接研究——基于广西N县624户脱贫户的调查数据[J].干旱区资源与环境，35（6）：24-29.

久毛措.2017.基于贫困脆弱性与可持续生计的我国藏区扶贫开发的长效性思考[J].中国藏学（2）：10-17.

李斌.2002.社会排斥理论与中国城市住房改革制度[J].社会科学研究（3）：106-110.

李春根，陈文美，邹亚东.2019.深度贫困地区的深度贫困：致贫机理与治理路径[J].山东社会科学（4）：69-73.

李华.2006.去年新疆稳定解决24万贫困人口温饱问题[N].新疆日报.

李静，覃扬庆.2016.西部少数民族地区贫困农户生计、脆弱性与治理策略——基于湘西自治州L县的实证调查与理论分析[J].湖南工程学院学报（社会科学版），26（2）：68-71.

李俊杰，耿新.2018.民族地区深度贫困现状及治理路径研究——以"三区三州"为例[J].民族研究（1）：47-57.

李松有.（2020-05-01）.打赢脱贫攻坚战后农村贫困治理的优化与升级[DB/OL].https：//ccrs.ccnu.edu.cn/List/Details.aspx?tid=16166.

李小云.2015a.新时期农村贫困问题及其治理[J].国家治理（38）：20-23.

李小云.2015b.贫困人口陷入"结构性贫困陷阱"了吗[N].农民日报（2015-05-27）.

李小云，苑军军，于乐荣.2020.论2020后农村减贫战略与政策：从"扶贫"向"防贫"的转变[J].农业经济问题（2）：15-22.

李小云，左停.（2018-02-06）.深度贫困地区脱贫攻坚：挑战与对策[N].中国社会科学报（8）.

李雪萍，王蒙.2014.多维贫困"行动—结构"分析框架下的生计脆弱——基于武陵山区的实证调查与理论分析[J].华中师范大学学报（人文社会科学版），53（5）：1-9.

李雪萍，王蒙.2015.多维贫困"行动—结构"分析框架的建构——基于可持续生计、脆弱性、社会排斥三种分析框架的融合[J].江汉大学学报（社会科学版），32（3）：5-12.

李忠平，李雄军.2023.长三角地区乡村振兴发展水平评价及障碍因子诊断[J].统计与决策，39（6）：77-81.

李卓，左停.2022."后精准扶贫"时代的贫困：性质、成因及其治理路径——基于基本公共服务的视角[J].西南大学学报（社会科学版），48（5）：1-9.

廖洪泉，田钊平，杨建春等.2022.后扶贫时代民族地区农村贫困治理转型：理论逻辑与实现路径——以贵州为例[J].西北民族大学学报（哲学社会科学版）（5）：109-117.

廖运建.2021.记录好脱贫攻坚伟业是年鉴工作者的责任担当[J].中国年鉴研究（3）.

林小如，黄亚平，李海东.2014.中部欠发达山区县域城镇化的问题及其解决方略——以麻城市为例 [J]. 城市问题（2）：49-55.

林毅夫. 1994. 中国的奇迹：发展战略与经济改革 [M]. 上海：上海三联书店.

刘长江. 2018. 以发展新理念建设川东革命老区"美丽乡村" [J]. 四川文理学院学报，28（2）：35-40.

刘岚丽，许佳，彭志强. 2015. 农民家庭结构性贫困问题研究——以湖南省岳阳县云山乡为例 [J]. 经济研究导刊（18）：26-30.

刘鹏. 2002. 结构性贫困：对中国农民弱势处境的分析 [J]. 东北师大学报（1）：54-60.

刘欣. 2020. 内生偏好与社会规范：脱贫内生动力的双重理论内涵 [J]. 南京农业大学学报（社会科学版），20（1）：33-40.

陆汉文. 2015. 我国扶贫形势的结构性变化与治理体系创新 [J]. 中共党史研究（12）：12-15.

陆学艺. 2002. "三农论"——当代中国农业、农村、农民研究 [M]. 北京：社会科学文献出版社.

罗玉辉，侯亚景. 2019. 中国农村多维贫困动态子群分解、分布与脱贫质量评价——基于CFPS面板数据的研究 [J]. 贵州社会科学（1）：141-148.

马楠. 2016. 民族地区特色产业精准扶贫研究——以中药材开发产业为例 [J]. 中南民族大学学报（人文社会科学版），36（1）：128-132.

纳克斯. 1996. 不发达国家的资本形成问题 [A]. 谨斋. 北京：商务印书馆.

牛胜强. 2017. 多维视角下深度贫困地区脱贫攻坚困境及战略路径选择 [J]. 理论月刊（12）：146-150.

牛胜强. 2021. 深度贫困地区推动两大战略有效衔接的使命任务及重点领域 [J]. 当代经济管理，43（9）：57-63.

潘文轩. 2021. "后脱贫时代"反贫困体系城乡一体化的前瞻性研究 [J]. 经济体制改革（2）：28-34.

潘泽泉，许新 . 2009. 贫困的社会建构、再生产及应对：中国农村发展30年［J］. 学术研究（11）：44-49.

曲海燕 . 2019. 激发贫困人口内生动力的现实困境与实现路径［J］. 农林经济管理学报，18（2）：216-223.

全国人民代表大会常务委员会 . 1955. 中华人民共和国第一届全国人民代表大会第二次全体会议文件［M］. 北京：人民出版社.

石彤 . 2004. 中国社会转型时期的社会排挤——以国企下岗女工为视角［M］. 北京：北京大学出版社.

斯科特·拉什，王武龙 . 2002. 风险社会与风险文化［J］. 马克思主义与现实（4）：52-63.

宋川，张宁 . 2023. 河北省乡村振兴水平评价及空间差异研究［J］. 中国农业资源与区划（3）：187-195.

孙久文，李方方，张静 . 2021. 巩固拓展脱贫攻坚成果加快落后地区乡村振兴［J］. 西北师大学报（社会科学版），58（3）：5-15.

孙立平 . 2002. 资源重新积聚背景下的底层社会形成［J］. 战略与管理（1）：18-26.

孙立平 . 2007. 中国社会演变的新趋势［J］. 廉政瞭望（4）：12-14.

孙向文 . 2018. 山区小县精准扶贫、精准脱贫路径——以山东省东平县为例［J］. 决策与信息（4）：81-88.

覃志敏 . 2017. 推进深度贫困地区的精准扶贫治理［J］. 中国国情国力（12）：48-50.

覃志敏，韦东阳 . 2020. 可持续生计视角下深度贫困村产业扶贫治理——以广西L贫困村为例［J］. 开发研究（4）：80-86.

谭俊峰，陈伟东 . 2018. 深度贫困地区脱贫攻坚路径研究——以嵌入性理论为视角［J］. 天津行政学院学报，20（5）：78-87.

唐丽霞，李小云，左停 . 2010. 社会排斥、脆弱性和可持续生计：贫困的三种分析框架及比较［J］. 贵州社会科学（12）：4-10.

唐任伍，肖彦博，唐常 . 2020. 后精准扶贫时代的贫困治理——制度安排和路径选择［J］. 北京师范大学学报（社会科学版）（1）：

133-139.

涂圣伟.2020.脱贫攻坚与乡村振兴有机衔接：目标导向、重点领域与关键举措［J］.中国农村经济（8）：2-12.

汪斌，江新宇.2005.关于经济发展战略研究的文献回顾与最新进展［J］.社会科学战线（2）：272-276.

汪三贵.2018.中国40年大规模减贫：推动力量与制度基础［J］.中国人民大学学报（6）：1-11.

汪三贵，冯紫曦.2019.脱贫攻坚与乡村振兴有机衔接：逻辑关系、内涵与重点内容［J］.南京农业大学学报（社会科学版），19（5）：8-14.

汪三贵，黄奕杰，马兰.2022.西部地区脱贫人口内生动力的特征变化、治理实践与巩固拓展路径［J］.华南师范大学学报（社会科学版）（3）：5-15.

汪晓文，何明辉，李玉洁.2012.基于空间贫困视角的扶贫模式再选择——以甘肃为例［J］.甘肃社会科学（6）：95-98.

汪洋.2020.坚持依法治疆团结稳疆文化润疆富民兴疆长期建疆努力建设新时代中国特色社会主义新疆［J］.兵团工运（10）：4-6.

王春光.2021.从农业现代化到农业农村现代化：乡村振兴主体性研究［A］.北京：社会科学文献出版社.

王恩胡.2016.二元经济社会结构转型与农民增收［M］.北京：中国社会科学出版社.

王国敏，何莉琼.2021.巩固拓展脱贫攻坚成果与乡村振兴有效衔接——基于"主体—内容—工具"三维整体框架［J］.理论与改革（3）：56-66.

王慧，夏学英.2012.基于大推进理论的辽宁沿海经济带旅游业发展的路径选择——基于大推进理论的思考［J］.发展研究（2）：45-48.

王静媛，李明慧，许超.2023.脱贫攻坚与乡村振兴耦合协调效应分析——基于山东省泰安市6县区的数据［J］.山东农业大学学报（社会科学版），25（4）：118-127.

王亮亮，杨意蕾.2015.贫困陷阱与贫困循环研究以贵州麻山地区代化镇为例[J].中国农业资源与区划（2）：94-101.

王敏，张晓平.2017.生态脆弱区社会经济与资源环境耦合协调度研究：以云南省昭通市为例[J].中国科学院大学学报，34（6）：684-691.

王明黔，王娜.2011.西部民族贫困地区反贫困路径选择辨析——基于空间贫困理论视角[J].贵州民族研究，32（4）：141-145.

王文雅.2018.深度贫困地区脱贫攻坚内生动力研究[J].决策咨询（2）：42-46.

王汐牟.2018.用声音讲好新时代的新疆故事[J].新疆新闻出版广电（3）：42-44.

吴丰华.2023.巩固拓展脱贫攻坚成果同乡村振兴有效衔接的三重逻辑、重点维度与支撑体系[J].改革与战略，39（5）：78-93.

吴鹏森.2003.论弱势群体的"社会报复"[J].江苏行政学院学报（1）：58-63.

武汉大学易地扶贫搬迁后续扶持研究课题组.2020.易地扶贫搬迁的基本特征与后续扶持的路径选择[J].中国农村经济（12）：88-102.

习近平.2019.建立健全城乡融合发展体制机制和政策体系，加快推进农业农村现代化——习近平关于"三农"工作论述摘编[J].中国农业文摘：农业工程，31（4）：11-15.

邢成举，李小云.2019.结构性贫困视角下的民族地区精准扶贫研究[J].中央民族大学学报（哲学社会科学版），46（6）：99-112.

徐亚东，张应良.2021.脱贫攻坚与乡村振兴有效衔接的制度供给研究：以重庆S乡农村"三变"改革为例[J].农林经济管理学报，20（2）：256-266.

薛刚.2022.深度贫困脱贫地区巩固脱贫成果与乡村振兴内生动力问题及对策[J].西南民族大学学报（人文社会科学版），43（11）：121-128.

颜军，周思宇，何莉琼.2022.西部民族地区相对贫困：现状、困境及治理［J］.民族学刊，13（2）：60-73.

杨更生，王东，李秀花.2020.全域乡村旅游与乡村振兴的耦合度评价及发展对策探究［J］.南方农业，14（29）：190-192.

杨涛.2023.共同富裕目标下全面推进乡村振兴的逻辑机理、现实挑战与实践进路［J］.西安财经大学学报，36（3）：3-14.

杨文静，孙迎联.2022.我国反贫困治理与农户生计转型：历史回顾与改革前瞻［J］.经济学家（5）：97-106.

杨艳琳，袁安.2019.精准扶贫中的产业精准选择机制［J］.华南农业大学学报（社会科学版），18（2）：1-14.

杨迎亚，汪为.2020.城乡基本公共服务均等化的减贫效应研究［J］.华中科技大学学报（社会科学版），34（2）：75-82，140.

于开红，付宗平，李鑫.2018.深度贫困地区的"两山困境"与乡村振兴［J］.农村经济（9）：16-21.

余欣荣.2016.特色产业扶贫重在"精准"［J］.行政管理改革（4）：25-28.

袁立超，王三秀.2017.嵌入型乡村扶贫模式：形成、理解与反思——以闽东南 C 村"干部驻村"实践为例［J］.求实（6）：76-86.

袁玉洁.2020.长宁县乡村产业融合问题与对策研究［D］.重庆：西南大学.

曾群，魏雁滨.2004.失业与社会排斥：一个分析框架［J］.社会学研究（3）：11-20.

张翠娥，王杰.2017.弱势的累积：生命历程视角下农村贫困家庭的生成机制［J］.华中农业大学学报（社会科学版）（2）：23-30.

张等文，陈佳.2014.城乡二元结构下农民的权利贫困及其救济策略［J］.东北师大学报（哲学社会科学版）（3）：47-51.

张红霞.2021.脱贫攻坚与乡村振兴衔接下的"三农"工作全面发展［J］.粮食科技与经济，46（3）：34-36.

张明皓，豆书龙.2018.深度贫困的再生产逻辑及综合性治理［J］.中国行政管理（4）：44-50.

张明皓，叶敬忠 . 2021. 脱贫攻坚与乡村振兴有效衔接的机制构建和政策体系研究［J］. 经济学家（10）：110-118.

张南 . 2020. 乡村振兴战略背景下民族地区深度贫困的脱贫路径研究［J］. 兰州学刊（3）：168-180.

张永丽，高蔚鹏 . 2021. 脱贫攻坚与乡村振兴有机衔接的基本逻辑与实现路径［J］. 西北民族大学学报（哲学社会科学版）（3）：139-147.

张媛媛，卢荣旺，唐波等 . 2021. 贫困地区生态—经济系统脆弱性时空格局及障碍度研究——以粤北韶关市8县为例［J］. 生态经济，37（8）：213-220.

赵鑫，苏武峥，王晓伟 . 2021. "三区三州"脱贫地区防止返贫致贫应对策略研究——基于脆弱性分析视角［J］. 江苏海洋大学学报（人文社会科学版），19（2）：123-132.

赵雪纯，张汝立 . 2021. 贫弱群体的风险抵御：脆弱性与社会排斥［J］. 社会治理（1）：45-52.

赵妍 . 2023. 国家通用语言文字教育助力民族地区乡村振兴的现实困境与优化策略［J］. 民族教育研究，34（4）：154-159.

赵忠亮 . 2023. 乡村振兴评价指标体系研究——基于辽宁省县域层面的实证［J］. 农业经济（7）：61-62.

郑长德 . 2018a. 深度贫困民族地区提高脱贫质量的路径研究［J］. 西南民族大学学报（人文社会科学版），39（12）：103-112.

郑长德 . 2018b. 深度贫困民族地区提高脱贫质量的路径研究［J］. 西南民族大学学报（人文社会科学版），39（12）：103-112.

郑和平 . 2001. 浅析物质资本决定论向人力资本决定论的转变［J］. 华中科技大学学报（社会科学版），15（4）：27-29.

郑瑞强，赖运生，胡迎燕 . 2018. 深度贫困地区乡村振兴与精准扶贫协同推进策略优化研究［J］. 农林经济管理学报，17（6）：762-772.

郑岩，孙一平 . 2022. 乡村振兴中民族地区贫困治理战略转型与进路

［J］. 湖北民族大学学报（哲学社会科学版），40（1）：107-117.

郑瑜晗，龙花楼. 2023. 中国城乡融合发展测度评价及其时空格局［J］. 地理学报，78（8）：1869-1887.

中共中央马克思恩格斯列宁斯大林著作编译局. 2009. 马克思恩格斯文集：第5卷［M］. 北京：人民出版社.

周林刚. 2003. 社会排斥理论与残疾人问题研究［J］. 青年研究（5）：32-38.

朱海波，聂凤英. 2020. 深度贫困地区脱贫攻坚与乡村振兴有效衔接的逻辑与路径——产业发展的视角［J］. 南京农业大学学报（社会科学版），20（3）：15-25.

朱慧涛. 2005. 结构性贫困：流动农民工的弱势处境分析［J］. 湖北行政学院学报（2）：29-31.

朱明熙，冯俏彬，郭佩霞. 2008. 从扶贫看少数民族地区"新农村建设"的艰巨性和复杂性［J］. 经济研究参考（4）：2-23.

左停. 2020. 提升抗逆力：乡村振兴进程中农民生计系统"风险-脆弱性"应对策略研究［J］. 云南社会科学（4）：129-136.

左停. 2020. 脱贫攻坚与乡村振兴有效衔接的现实难题与应对策略［J］. 贵州社会科学（1）：7-10.

左停，刘文婧，李博. 2019. 梯度推进与优化升级：脱贫攻坚与乡村振兴有效衔接研究［J］. 华中农业大学学报（社会科学版）（5）：21-28.

左停，徐加玉，李卓. 2018. 摆脱贫困之"困"：深度贫困地区基本公共服务减贫路径［J］. 南京农业大学学报（社会科学版），18（2）：35-44.

Becker G S, Tomes N. 1994. Human Capital and the Rise and Fall of Families［J］. NBER Chapters, 4（3, Part2）：S1-S39.

Giddens A. 1984. The Constitution of Society：Outline of the Theory of Structuration［M］. Oxford：Policy Press.

Jalan J, Ravallion M. 1997. Spatial Poverty Traps？［R］. Policy Research

Working Paper Series.

Royce E. 2009. Poverty and Power: The Problem of Structural Inequality [M]. Washington D. C. : Rowman and Littlefield Publishers.

Stenberg S. 2000. Inheritance of Welfare Recipiency: An Intergenerational Study of Social Assistance Recipiency in Postwar Sweden [J]. Journal of Marriage & Family, 62 (1): 228-239.

后 记

2020年脱贫攻坚目标任务完成后，中央明确提出"十四五"期间脱贫地区重点任务是巩固拓展脱贫攻坚成果同乡村振兴有效衔接。党的二十大提出，全面推进乡村振兴，巩固拓展脱贫攻坚成果，增强脱贫地区和脱贫群众内生动力；统筹乡村基础设施和公共服务布局，建设宜居宜业和美乡村。同时，习近平总书记反复强调：共同富裕是社会主义的本质要求，是中国式现代化的重要特征。推动乡村全面振兴，扎实推动共同富裕，是我们党矢志不渝的奋斗目标。本研究选择从结构性视角分析研究新疆南疆四地州农村结构性贫困治理与乡村振兴统筹衔接问题，旨在从更长远、更深刻的视角揭示南疆四地州贫困生成的内在运行规律，分析呈现中国特色结构性反贫困治理的显著效应，测度反贫困治理与乡村振兴耦合协同性，提出结构性治理衔接路径与应对策略，旨在为新时期巩固拓展脱贫攻坚成果同乡村振兴有效衔接，推动乡村全面振兴，迈向共同富裕提供有价值的理论与政策借鉴。

此书稿即将付梓，内心五味杂陈，痛并快乐着。在此，我要深深感谢多年来支持我开展此项研究的老师、同事和家人们。正是由于大家的不吝提携、鼎力相助，才使我克服了一个又一个困难，最终顺利完成了书稿的研究撰写工作。回想面临困难时的焦灼、收获时的喜悦，一幕幕恍如昨昔，心中感慨万千，充满无限谢意和感激！

首先，我要感谢我的导师，本项目研究选题灵感得益于与导师的交流与沟通，很多研究思想也得到导师的谆谆教诲。我的博士导师左停教授是中国农业大学人文与发展学院的一名资深学者，在国内农村减贫、乡村振兴、社会保障领域享有很高的声誉。他始终秉承"以爱为师，以德立人"

的育人理念，鼓励我们在科研工作中积极探索，勇于创新。

也要感谢我的工作单位新疆农业科学院农业经济与科技信息研究所领导戴俊生、王晓伟、郭君的栽培和培养，以及帮助过我的包艳丽、赵鑫、蒋国伟、张利召、李琼诗、丁建国、程红梅、许士东等同事。作为一名科研工作者，离不开工作单位的支持。

最后，我更要感谢我的爱人陈玉兰和女儿苏芊予，感谢我的父母和兄弟姐妹，正是他们多年来对我学业、事业、家庭和精神上的全力支持、鼓励和默默奉献，给予我莫大的关怀，才使我能够全身心投入到科研工作中来，正是亲人们的共同支持，使我能潜心开展科学研究工作，最终收获到今天的成果！

苏武峥
2024 年 5 月于乌鲁木齐